一线素养
语文阅读高分突破

吴小轶 编著

清华大学出版社
北京

内 容 简 介

语文阅读能力，特别是文学类文本阅读能力只靠枯燥的答题方法很难有所提升，无论中考、高考，考查背后隐藏的是出题人对学生文学素养的关注。《一线素养——语文阅读高分突破》将素养和应试有机结合。书中选取的小说、散文，多数出自历年高考真题、名校模拟题，在题目的解读和难度的把握上，作者从中学生实际情况出发，一方面穿插了有高屋建瓴之用的文学专业名词，帮助学生站在出题人角度理解阅读出题方向；另一方面积极迎合考纲要求，从考点设置和应试提分角度给出细致入微的答题方法。本书适合初高中学生使用，亦可作为中学教师的教学参考用书，对提升文学素养和语文阅读成绩，有较好的辅助作用。

本书封面贴有清华大学出版社防伪标签，无标签者不得销售。

版权所有，侵权必究。举报：010-62782989，beiqinquan@tup.tsinghua.edu.cn。

图书在版编目（CIP）数据

一线素养：语文阅读高分突破 / 吴小轶编著 . — 北京：清华大学出版社，2022.1
（2025.6 重印）
ISBN 978-7-302-59513-7

Ⅰ.①一… Ⅱ.①吴… Ⅲ.①阅读课—高中—升学参考资料 Ⅳ.①G634.333

中国版本图书馆CIP数据核字（2021）第230501号

责任编辑：陈　明
封面设计：陈玉婷
责任校对：欧　洋
责任印制：沈　露

出版发行：清华大学出版社
　　　　　网　　址：https://www.tup.com.cn，https://www.wqxuetang.com
　　　　　地　　址：北京清华大学学研大厦A座　　邮　　编：100084
　　　　　社 总 机：010-83470000　　邮　　购：010-62786544
　　　　　投稿与读者服务：010-62776969，c-service@tup.tsinghua.edu.cn
　　　　　质量反馈：010-62772015，zhiliang@tup.tsinghua.edu.cn
印 装 者：三河市君旺印务有限公司
经　　销：全国新华书店
开　　本：165mm×235mm　　印　张：14.5　　字　数：213千字
版　　次：2022年1月第1版　　　　　　　印　次：2025年6月第13次印刷
定　　价：56.00元

产品编号：090331-01

前　言

有人说，你读过的书、走过的路，最后都会成为你身体和思想的一部分。我这一路，深深地爱着我的讲台，也爱着大家的语文。

（一）

语文是你们的，也是我的。

如果要在我少年时代的学习生活里找出一个关键词，"语文"会是第一个词，也是唯一一个词。而我漫漫求学路上的悲欢也和这个词不断纠缠，以至难舍难分。

小学毕业后，我被就近分到市里一所历史悠久的重点初中。那时，我有一位语文老师，她热爱教学，循循善诱，让我对语文学科产生了浓厚的兴趣。三年后，我考入全国百强高中。朱自清、闻一多、沈从文、林徽因、冯友兰……这些沉甸甸的名字伴我走过高中三年。"学，然后知不足"，在民主、自由的气氛中，我不仅受到优良传统的熏陶，还结识了一帮"臭味相投"的朋友。我们谈诗说词，红楼做梦，编剧本，演话剧……高二文理科分班后，我被推举为班里的语文科代表，在众名师和"明师"的影响下，我把成为语文老师作为自己的职业理想，十年来为之努力，从未放弃。

然而，我的第一次高考却与师范大学擦肩而过。执着的我继续奋战了八个月，走出考场便暗自欣喜，终于可以选报师范大学了。于是我把志愿表里的所有师范大学都用红笔勾了个遍，在密密麻麻的红圈中，我的理想终于照进了现实。

转眼，我已在讲台上度过了十二载光阴。梁静茹唱"风筝有风，海豚有海，我存在在我的存在"，找到存在的支点，找到你心中的"一"，清风明月自来相会，人生大自在也。

在全国百强名校工作了十余年后，我到了一所新学校，担任教科研主任。位置转换了，还能静心教书吗？还教得了书吗？其实，教育科研与一线教学并不矛盾，如果说教研使我获得了无论是做人还是作文都需要的一份审慎与理性，那么一线教学便使我在进行教研时依然保持了一份必要的、可点石成金的感悟。了解学生的所思所想，并将其作为我理论研究的源头活水，获得取之不尽的鲜活素材。

为了更好地把教育理念和教学设计传播出去，让更多欠发达地区的孩子获得更好的学习体验，我利用网络平台免费为大家输出教学视频和学习干货。在与全国各地的同行、家长、学生交流的过程中，我也更加明确了自己今后的工作方向，同时愈发感觉到肩上的责任与使命。大家热切的留言与期待的眼神，让我庆幸自己在教育如此制度化的今天还未慢慢被时间一点点蚕食。

我"脚踏两条船"的身份，让我能够思考语文教学中普遍存在的问题，在第一时间努力改进，并通过学生的反馈及时调整教学策略。我相信，好的方法来自勤于实践并善于总结的人。

语文是我的，更是你们的。

我的学生曾和我谈到语文学习。某位同学说，提起学习语文的目的，第一反应就是避免词不达意，《词不达意》这首歌给他留下了很深的印象，以前觉得语文就是认字和写作，听了歌之后觉得真的是要用一辈子去学习与人沟通的技能。还有一位工作多年的朋友聊起来说，语文的阅读理解是他最讨厌的题型，没有之一。因为我们可能永远都不理解作者想表达什么，不理解出题人觉得作者在表达什么，内心总是和出题人抬杠，而且那些被挑选的文章的作者多半都已去世，出题人说作者是怎么想的，我们就必须怎么答，反正死无对证……

每次听完大家对语文的看法，我的内心都无比焦灼，五味杂陈。教师讲课本身就是教师对文本的理解活动，无论老师还是学生，都很难一开始就做对。如果你上来就做对了，可能这堂课就达不到真正意义上的有效教学了。真正有意义的教学在于"为理解而教"。法国女哲学家西蒙娜·薇依在《注意力的质量》一文中有段话，她说，人们全神贯注地去解决一个习题，虽然可能经过一小时的努力也没取得比刚开始时更多的进展，然而，在这一小时中的每一分钟里，在另一个更神秘的领域中还是取得了进展。这种努力，人们感觉不到，也无人知晓，从表面上看并无结果，但却给灵魂带来了更多的光辉，它的成果肯定会在某一天出现在智力的某个领域。也许有一天，做出这番无效努力的人会更直接地——由于这种努力理解更多事物。在语文学习和教学的路上，我们是否脚步太快，而效率太低？或许我们忘了一件重要的事：路两旁的风景也是我们最好的语文学习素材，我们出发的目的不是到终点，而是在行走的过程中丰富我们的智慧，让我们走向终点的每一步都充满力量与勇气。能够给予你力量的不是遥不可及的终点，恰恰是这一路吸引你继续走下去的风景。

你们的语文在路上，也在心里，所以不要太着急，以免把这一路最美的风景错过了。

（四）

我们的语文究竟在哪里？

在高考改革的热潮中，语文这个"无用之用"的学科面临的挑战最严峻。

随着2017年最新版课程标准的颁布，2019年国家统编语文教科书开始使用。提升语文核心素养，"大单元设计"和"整本书阅读"的理念进入了语文教育实践环节。过去应试化、技术化的阅读与作文思维正在面临重大的调整和改变,而这恰恰是现代文学教育与传统语文教育融合的契机。

2021年高考语文试题删减了大量死记硬背的内容,突出了语境的作用,真正体现新课标的精神。一场考试也是一种学习,让学生在考试的过程中自主、自觉地思考。

如何重新认识阅读,如何进行探究性阅读、创造性阅读,正在成为语文教育核心思考和实践的方向。

"语文课不可教"这个话题早在2000年就引发过一场无比激烈的论战。可是风头过去,大家依旧在一线默默地教着,至于教的是不是语文,是不是专业的语文课,都不重要。苦心地教,出成绩,搞排名,这些似乎是目前的语文教育永恒的主题。

语文怎么就不可教了呢?不,可以教。关键是该怎么教。

某著名作家在培训机构教学生写作文这件事引发讨论。我也在关注,发现问题不在于作家教作文显得多么大材小用,而是其依旧在大肆宣讲作文套路、写作模板,这才真的让我倒吸一口凉气。

有人把不能好好教书归罪于考试。考试很无辜啊,人家早都改了,你怎么就不正眼看人家呢?我在一线教书十余年,面对家长和学生迷茫的眼神,特别反对一些将语文神秘化的言论,也反对语文老师将课标玄虚化。我非常赞同倪文尖教授的呼吁:"希望不断拓展语文可教的地盘,注重开动学生学习的主动性,(老师们)以具体的、明言的知识和默会的知识相互穿插的方式来创造性地进行语文教学。"

我们的语文就在每一天的时光里。清晨的露珠划过青草,这里,有语文;放学回到家,热腾腾的饭菜满屋飘香,这里,有语文;夜深人静,一个人面对考试的压力意兴阑珊,这里,有语文……语文并不神秘,生活中处处都有语文。

将自己的文字沉淀下来,结集成册并出版,在我原本看来那应该是50岁

前言

之后的事情。这些年不断有出版社的编辑与我商谈出版事宜，但都被我拒绝了。原因很简单，我并没有觉得我是个"大IP"。之前写过的那些关于语文学习的内容和自己的生活感悟不如就安静地、凌乱地存在电脑里吧。直到2020年的夏天，我辞职了，那是一段通体清澈、万虑皆空的日子，却也让我遇到了清华大学出版社的编辑。她从北京打电话来和我谈教育，谈阅读素养。她说看了我曾经的文章和作品后，发现我能够站到学科的高度俯视高考，更重要的是如果我能结合一线教学经验，从高考和终身学习的角度写点儿东西，应该会让孩子们受益一生。

听完后我有那么一丝心动，但又觉得这些年繁忙的一线教学工作让我既没有把学问做好，也没有把文章写好，唯参加了国家级课赛并获得了一等奖，教学成绩还算说得过去。我担心没有名头作者的作品会被这个功利心满满的市场迅速淹没。

可是，如果我这个时候不动笔，可能往后就再也没有时间去做这件事情了，在编辑的鼓励之下，我还是决定努力地把这本书写出来。

在整理素材的过程中，我翻阅了自己十多年前写下的文稿——有学生时代写的学习感受、方法归纳，也有工作之后对自己教学的反思以及对学生反馈问题的归纳与总结。心想着这些东西都快过时了吧，可现在读起来，我还是惊讶欣喜于自己多年前的文字与思想并没有完全成为槁木死灰，于是心中不免有些得意。可是过去的文字毕竟激情有余而沉淀不足，我曾试图将那些过度膨胀的东西删除，但最后还是将它们保留了下来，正值青春年少的你们读到这本书的时候，或许会有那么一丝亲切感。

我不希望语文离我们的生活太遥远，所以在讲解原理的时候尽可能地结合了当下的流行元素，比如影视作品《隐秘的角落》等。这本书里甚至有我自己的作品，比如在讲到散文的时候，我就直接从自己的作品里找了一篇出来当例子和大家谈文学创作者、教师（命题者）、读者三者之间的关系，并涉及某些文类的创作原理和阅读方法。

我在教学过程中发现，同学们对语文考试常有三类困惑：一是根本不知道该如何答题；再就是，根本不知道题目问了什么；另有一类同学，虽知道题目问什么，也知道答题方法，却总也得不了高分。

本书不同于一般教辅书以考点来编排章节，而是从文类溯源、文体特点两个角度给大家做了一个整体的梳理，以便较为完整地呈现小说、散文在发展流变中的概貌，同时以影响阅读理解的重要术语为出发点，直击要害，对文体术语、命题术语进行细致的讲解，以期解决同学们的困惑。

术语为什么如此重要？

我始终认为，要从根本上解决阅读理解的问题，必须在学习过程中努力构建学科思维。而培养学科思维的前提就是准确理解学科语言，学科语言中思维程度最高的就是本学科的术语。甚至可以说，我们对一门学科术语的理解越深刻，我们的学习也就越深入。术语会使概念变得更加凝练，更容易给人留下深刻的印象。从某种角度来看，术语和成语有相似的地方，当要表达某种情境下的某种看法时，我们只需要说出这个极为简洁的成语而不必讲述整个成语故事。当然，你必须懂成语的内涵，否则这个表达对你来说如同"天书"。术语亦然。

当我们在学习过程中出现问题时，一定要问自己，在学习一个概念的时候是不是真的学透了，我们要将概念的内涵和外延一层层、一条条地彻底厘清。随着探究式学习的深入，我们会发现自己过去对知识的理解有偏差，比如在概念的层次上划分不清，又或者发现其实可以划分得更细。进而发现过去的学习是比较粗糙的，甚至是有理解上的错误的，而正是这种细微的发现，能让我们获得某种进步。比如提到"浪漫主义"这个词，很多同学会觉得和谈恋爱有密不可分的关系，因为爱情总是浪漫的嘛，其实"浪漫主义"和爱情根本不是一回事。

作家创作文学作品是一种叙述，而我们赏析其作品是一种判断，要判断准确就必须使用术语。在考场上，赏析作品的前提是准确理解和把握题目中涉及的术语；在作答的时候也要能够筛选、整合信息，用与之相匹配的术语概括或者进一步阐释分析。

孙绍振教授在《文学文本解读学》中说，由于语言作为声音符号的局限性，一切事物和概念的内涵都有定义所不可穷尽的丰富性，我们并不能因此而否决外延的存在。比如:"江流天地外,山色有无中。"这句诗意蕴极其丰富,只是难以用简明有趣的语言加以全面概括,这些言外之意丰富到不能以一般的语言词汇穷尽。而在有限范围内,对情感和语言的"唯一性(非'他'不可)"有高度的敏感和洞察力,我想这正是我们阅读水平的体现。

  作为教师,我一直在寻找语文学科在自身陈述中绝对不容怀疑的基础,它可以使我们在混沌中看到秩序,从眼花缭乱的表象中发现学科的本质。我不迷信任何学习方法,甚至也不想把自己的方法强加给任何人。比起"术",我更愿意从"道"的层面去寻根溯源。术语无法做到绝对的抽象,只有当我们把它放到特定的时空中,才具有正确性。所以,我将语文小说、散文阅读中涉及的术语放在了文类发展的进程中去解释,有了语境,大家才能正确理解。当然,我的能力和学养有限,对于一些问题的阐释肯定有局限性,由于时间仓促未能将所涉及的术语一一梳理,但好在能够于高考语境中自圆其说。盼大家能举一反三,触类旁通,以弥补成书之不足。

  还要说明的是,撰写这本书的过程中,我一刻都未停止对相关专著的阅读,只是于本书中并没有大量援引原著,因为我始终觉得作为一名教师,把深奥的原理用最通俗的话说出来是一项基本能力。如果我的想法和某位作家不谋而合,但他说得非常拗口,我一般选择直接保留我的表达,而非用"某某哲学家说、某某教育家说、某某语言学家说"这类话术来显示本书的权威性。一线教学过程中存在的一个问题就是权威诞生之地——它真实、源自实践,它不断变化又充满挑战。

  徐复观在书中写道:"因为心的虚静,是有生命力的虚静,生命力由虚静而得到解放。"

  我们语文亦是如此,她面容安详、神态平静地坐在那里,仿佛以一种大智慧、大胸怀的姿态等待我们去追随、去亲近、去感悟。让我们以语文的姿态去阅读——读书、读生活、读人生。

目 录

前 言   I

第一章 阅读的秘密原理   1
    第一节 为什么读了那多书却依旧考不好语文   2
    第二节 语文学科的阅读角度是什么   4
    第三节 选文作者的答案和角度难道还不够权威吗   6
    第四节 阅读理解的焦点在哪里，阅读有标准答案吗   9
    第五节 开启阅读秘密的四把钥匙   13

第二章 如何在中学语文学习中布局备战高考   23
    第一节 考试改革后语文试题的共性   24
    第二节 语文核心素养是什么   29
    第三节 小说阅读要义   41
    第四节 散文阅读要义   68

第三章 小说核心术语解读   87
    【人物形象】书匠（节选）   88
    【次要人物】表妹   92
    【心理变化过程】安娜之死   96
    【物象】鞋   99
    【环境】到梨花屯去   103
    【情节】风雪日月山   108
    【情节的作用】七岔犄角的公鹿   111
    【叙事手法】穷人的专利权   116

【情节结构手法】赵一曼女士　　　　　　　　　119
【艺术效果】爱的牺牲　　　　　　　　　　　124
【语言风格】安乐居（节选）　　　　　　　　129
【主题探究】面包　　　　　　　　　　　　　132
【情感态度】小哥儿俩　　　　　　　　　　　135
【警示】霍乱之乱　　　　　　　　　　　　　138
【科幻小说】微纪元（节选）　　　　　　　　143
【反复】石门阵　　　　　　　　　　　　　　148

第四章　散文核心术语解读　　　　　　　　153
【意蕴】水缸里的文学　　　　　　　　　　　154
【线索】建水记（之四）　　　　　　　　　　157
【层次感】记忆里的光　　　　　　　　　　　161
【物象和意象】松之风　　　　　　　　　　　164
【共情】旧日光阴里的私人订制　　　　　　　168
【语境义】稻田里的等待　　　　　　　　　　171
【象征】合欢树　　　　　　　　　　　　　　174
【景物描写】一日的春光　　　　　　　　　　178
【文化精神】北京的"大"与"深"　　　　　181

第五章　小轶老师陪伴阅读　　　　　　　　185
第一节　小说部分　　　　　　　　　　　　　186
【真题深度解读】越野滑雪　　　　　　　　　186
【真题全面解读】雪　　　　　　　　　　　　194
【素养拓展阅读】丈夫支出账单中的一页　　　201
第二节　散文部分　　　　　　　　　　　　　203
【真题深度解读】建水记（之四）　　　　　　203
【真题全面解读】从音乐和美术认识生命　　　209
【素养拓展阅读】窗外一本芭蕉　　　　　　　214

第一章

阅读的秘密原理

本章主要揭示大家的课内外阅读误区。希望同学们在学习时能够更有方向感,老师们也能够更深入理解阅读试题的命制原则,及早做好准备,正确引导学生阅读作品。

第一节　为什么读了那多书却依旧考不好语文

这要先从阅读的目的说起。许多人阅读就只是为了好看的故事或有趣的段子所带来的乐趣，就如同看肥皂剧一样，一集集看下去，又是哭又是笑，观看时无比投入，被情节内容牵着走以至停不下来，自己被自己这份深陷其中的追剧忠心打动——这是典型的以消遣为目的的阅读。就拿电视剧来说，你丝毫不用考虑刷这部剧要从中学到些什么，只是被剧情吸引住了，有时候遇到比较难理解的剧情，可能会去搜一些剧评，结果发现别人观看的角度竟然和你如此不一样。你感叹别人好专业，看到了你看到的，更看到了你看不到的。在别人的解读里，情节脉络更清晰，演员的演技也得到了专业的点评，甚至连配音、运镜、色彩、构图都分析得头头是道。最后，那些专业的影评人还能作为意见领袖把自己观剧之后的感悟抒写一番，与诸君共享。这时候你的狂热刷剧就显得"弱爆了"。

刷剧如此，刷题也如此。

同学们经常会有这样的疑问，为什么我做题时读出来的内容和作者的想法相去甚远，我作答的内容和命题人的答案完美错过？然后觉得语文学科简直就是玄学，除了死记硬背那些字词和答题套路外，几乎没有别的办法让自己获得学科素养的提升。

谈谈阅读的有效性

考试是检验阅读是否有效的途径，阅读成绩受制于以下两个方面：

第一，个体能力发展水平不足。比如，虽然阅读量大，但理解和思考能力比较弱。再比如有阅读障碍，看到文字就读不进去。专注力差会导致粗心、出现小错误，参加长时间的考试时错误会更多。记忆力差，会导致对已读信息处理加工不足。共情能力不足，会导致阅读理解方面出现困难。这些都会影响阅读成绩。

第二，虽然能力发展没问题，读的书也比较多，但在阅读过程中缺乏科学有效的指导，导致能力提升不明显，阅读成绩不高。很多家长都说孩子读过许多书，可是为什么考不好语文？事实上，缺乏科学有效的教师指导，就算阅读很多书，成绩也难有显著提高。因为学生虽可以通过自由阅读学习某些词汇甚至发展理解力，但还有一些能力是需要在专业老师的指导下形成的。

研究显示：一般阅读越多，理解测试的成绩会越好。某种程度上，通过课外阅读量，能够预测某个阶段的学生在各种阅读理解测试中成绩的高低。

那为什么还会出现阅读量大但语文测试成绩不好的现象呢？特别是对于同样的阅读题，为什么有的学生的答案会与标准答案相差甚远呢？

读者接收的信息为何会有所不同？

第一，理解的历史性和有限性。人的生命是有限的，人对自身和其他一切事物的理解也必然受到时间的限制，这就决定了理解总是具有历史性和有限性。我们不可能和所有作家生活在同一个时代，甚至你自己对同一部作品的理解也会因时光流逝、年岁渐长而有所不同。

第二，理解的主观性。不同地域、不同环境中的不同的人，对一件事物、一种现象的理解各不相同，理解的过程永远不会最终完成。一般而言，大家更容易辨识出自己熟悉的、能想到的以及想看到的。比如各类网站的推送信息，总是能根据我们的喜好准确地推送我们想看的内容。但反过来想，其实你能够看到的是极其有限的，是非常具有个人倾向的。孔子所说的"三季人"、东南亚国家翻拍《西游记》时给演员设计的奇葩造型、迪士尼公司拍摄的《花木兰》……这些都是主观认识的典型例子。

第三，理解的过程具有创造性。理解的过程是意义生成的过程，不是固定不变的，理解在本质上是创造意义的活动。书只有被读者阅读了才具有意义，正因为没有界限、没有标准，我们在阐释概念、解读文本的时候往往会不由自主地把自己对文本的理解强加到文本上，并赋予它新的意义，但这种解读造成的结果往往是"哈姆雷特"已经不是哈姆雷特本身了。

第二节 语文学科的阅读角度是什么

我每学期都会给学生上自己设计的"语文第一课",我手拿一杯自来水,将一滴淡蓝的墨水滴进水里,让同学们观察并告诉我感受。我会要求他们尽可能用语文的角度看这杯水。有的同学会说,"老师,我觉得这是分子在运动";还有同学说是因为有光,所以我们感受到了色彩,因为流动和融合我们看到了色彩在变化;还有同学说闻到了淡淡的墨香,感受到一滴墨水如此从容缓慢地在水中晕染,就像一个身披彩带的仙子在舞蹈……我想这些表达都值得分享,但哪一个才是有语文味的表达呢?如果把一滴墨换成一把彩笔,一定会有人说,"哇,我看到了光的折射""我看到笔尖和水发生了化学反应",还有人会说,"好贵的笔,泡坏了"。从语文的角度,我们会怎么表达?我们会说,水中的彩笔在粼粼的水波里被映照得好美!

语文核心素养有四个维度——语言、思维、审美、文化。这种对美的直观感受是审美力最直接的体现。无论面对生活里的语文阅读,还是面对书本里的文字阅读,我们不光要开动脑筋去想,还要打开心扉去感受。语文是一门学科,这意味着它有自己的特点。如果读了很多书却还考不好语文,你就要问问自己,有没有用语文的眼睛阅读?

看到太多的同学努力刷题,但方向是错的,我不免心生遗憾。如何站在学科高度去看待语文、看待考题,是我们学好语文的关键。有一个学生曾和我分享他对语文的看法:语文是描述事物、表达思想的技艺;语文水平决定了个人对外部世界的感知能力,以及向外部表达自己思想的能力。

这位同学说得很有道理。在语文学习中,有两个大的环节非常重要,一是输入,二是输出。阅读是我们输入信息到大脑的方式,写作是我们将信息融入自身的情感判断并以文字形式输出的方式。很多同学在读写上出现问题,归根结底是在处理信息的过程中缺乏对学科的准确认识。

也许有人会发出质疑,说自己对阅读充满热爱,可一考试就觉得试卷简直是在摧残语文,破坏人类赏析美好作品的愉悦感。

我的第一届学生中的一位,给我来信时谈到了语文,她说:"我可能永远都不理解作者想表达什么,或者说不理解出题人觉得作者在表达什么,特别在上学的时候,内心总是和出题人抬杠——作者又没告诉你他是这样想的,这是你自己的想法,居然还要求学生和你的想法一致。我觉得考试阅读理解中挑选的文章的作者多半都是去世的,出题人说作者怎么想,我们就必须怎么答,反正死无对证……如果作者健在,就会出现之前那种很搞笑的新闻,记者采访某篇文章的作者,作者说当时没想这么多。自己平时看书的话,就不会有人来评判你想法的对错,如果全部读者都一个想法的话,也就不会有什么交流会了吧。"

这位同学说得确实有一定道理,但又不够专业。首先,作者想表达的内容与思想不一定能被读者接受,甚至产生共鸣。读者读到的内容和作者所写的内容也绝对不会是完全重合的。其次,语文不能等同于文学,语文考试更不能等同于文学研究。

语文的阅读,究竟读什么?

马克思说,对于没有音乐感的耳朵来说,最美的音乐也毫无意义。我们要努力培养自己的这种"感",就阅读而言,就是我们的语言敏感度。语文核心素养的四个维度中,最难理解的就是审美,因为不好拿捏它在语文阅读中如何体现。写文章是需要动情的,连接语言与审美两个维度的纽带就是某种特殊的介质——审美意象与结构形式。

孙绍振教授说,在表层意象中有情感价值,渗透并将之同化,就构成了审美意象。这种情感,完整的说应该是情志,趣味中包含智趣。但我们会发现,一篇文章里的这种情感甚至志趣并非凝固的,而是随时流动变化着的。把这种变化的点连成线就构成了一篇文章的意义脉络。无论小说还是散文,其意脉转折也往往是最精彩的所在,比如辛弃疾的《破阵子·为陈同甫赋壮词以寄之》中,"了却君王天下事,赢得生前身后名"后接"可怜白发生"一句,瞬间转换了情感,那种英雄迟暮、壮志难酬的心情来得猝不及防,让人内心为之一颤。又比如朱自清的《背影》中，父亲爬月台买橘子的场景令无数读者难忘，可也有人说，孩子的父亲违反了交通规则，是违法行为。如果从工程师的角度出发，就可以认为月台设计不合理，容易引发安全事故，要改进设计。但是文章从儿子的视角出发，以一种惭愧的情感去关照父亲的行为，就令人感动了。文章中儿子对父亲的观察细致入微，正是这种凝视让父亲的形象附上了浓重的情感，曲折、委婉的意脉表现了情感的特殊性，而这种特殊的情感价值就叫作审美价值。

除了读懂审美意象和它在文章里的情感变化外，解读过程中最大的误区就是以为只要读懂了内容就读懂了艺术。歌德说，材料是每个人都可以看到的，而意蕴需在实践中和他打交道的人才能找到，而形式对于多数人却是一个秘密。（朱光潜《西方美学史》）

比如我们看一幅画，大部分人能够看到的是这幅画上的物品与景观，再用心一些的人可以看出这幅画中作者的情绪、态度以及整体的氛围。更进一步，要能说出这幅画好在哪里就难了。因为需要量的积累和某个领域的专业素质，获得某种品鉴作品的能力，才有可能解读出形式风格的奥秘。就好像大众心中会对"美人"有一种预期，我们经常说，"我欣赏不来"，其实就是我们的预期中没有这种类型，也就不会觉得它美。而我们要培养的正是这种心理预期，这种预结构。通过阅读，积累审美意象、完善审美图式，在阅读中形成敏锐的语言感受，同时获得思维能力的提升。这就是语文学科阅读的方向和目标。

第三节　选文作者的答案和角度难道还不够权威吗

历史上的研究者从来都是以阐释作品为主的，作者生平只用于知人论事及阐明文本。无论古代还是当代、西方还是东方，都不曾有过唯作者中心的解读。作者会去世，读者也免不了一代代逝去，然而文本和作品却是永恒的。

但直到今天，每年高考都有人搬出原作者来说事。

就拿当年逼疯考生的"那条草鱼"为例吧。2017年浙江语文阅读高考《一种美味》的作者巩高峰自述道："今年高考语文考试，29万浙江考生被一条草鱼逼疯了。我是巩高峰，这条草鱼的原作者，它出现于我的短篇小说《一种美味》中。小说讲述了物资匮乏的年代，来自农村的一家人第一次喝鱼汤的经历，以'从锅里跳出来的鱼，眼里闪着一丝诡异的光'作结尾。浙江高考的语文考试选择这篇小说作为阅读理解题，问考生对结尾设置的看法。没想到我说'不知道想表达什么'的玩笑引发了那么多热议。事实上，最后的正确答案与我落笔时想表达给读者的有80%相符。我想，作为一个创作者，能把心中所想让读者接收，何其荣幸。而作为读者，如何阅读理解、揣摩作者意图也需要一些悟性、技巧和耐心。"

2021年高考语文考试一结束，我和巩高峰老师以及其他几位老师一同参与了澎湃新闻高考直播访谈节目。在节目里，我特地向巩高峰老师求证了他对"那条草鱼"的真实看法。他进一步解释说，一个创作者是没办法解释自己的作品的。所以他一直都认为，小说就像作者的孩子，写完改到觉得没法再改了，就跟自己没关系了。谁拿去看，怎么解读，都没关系，老师拿来出题当然也可以。如果他是考生，也会严肃认真地按照高考标准乖乖作答。

但巩高峰先生还是表示，拿《一种美味》这种带有年代背景的作品当阅读理解，其实是有点儿不太合适的，此文对没有这种生活体验的"95后"小朋友而言，的确有难度。可是我觉得有时候为了拉开差距，高考必须要选取一些有难度的素材来考查，那么我们能做些什么来应对呢？我们不可能回到那个"饿肚子的年代"，但是我们可以通过阅读丰富自己的知识储备，这也正是读"闲书"在语文学习中的意义之一。阅读打开我们的视野，丰富我们的阅历，同时让我们的眼睛充满温度，让我们的笔下流淌诗意，也让我们能够更全面地审视生活本身。作为考生，我们自己的知识储备、情感储备越多，我们答好考题的先决条件就越充分。（当然，答好阅读题还需要具备其他几项重要能力，在后面的章节中我会和大家一一讲解。）

我曾写过一首诗，叫《隔阂》

隔阂

打开报纸
像是撕裂了乌鸦的翅
满眼黑影
顾不上看任何内容
立即合上报纸
那刹
一根睫毛
借用微弱气流
钻进我眼里
泪流直下
一个影子
端着一杯冰牛奶
走过来对我说
她昨天也
看了那篇
感人的通讯

  我当时想表达的是和母亲之间的某种隔阂与误解。但是很多同学读完后竟然觉得它表达了母亲和我的默契以及母亲对我的关爱。

  为什么会出现这样的情况呢？

  我们思考作者写了什么，并试图把这些内容做一个串联，虽然物象断裂了，但情志的脉络潜藏其中，这就是意脉。找出其中情感联系的过程就是找寻意脉的过程。如果你试图梳理这首诗的意脉，就会发现一根睫毛（流泪的真实原因）和感人的通讯（母亲推测的我流泪的原因）之间的意义空白是需要读者自行填充的。而这首诗的意境就在语言不可穷尽的空白中显现。

  伽达默尔说，诗人对自己的诗歌的解读只是其中的一种，因为读者的解释也有权威性。为什么对同一篇文章的主旨会有不同的观点，甚至作者的出发点跟读者的理解完全不同呢？

如何解决作者和读者在文本理解上不统一的问题，在文学界早有很多讨论，其中包含三种主要观点：

第一，追寻作者的原意。对于一般的文章，我们要去追寻作者说了什么，要从作者的时代背景、语言系统以及个人经历入手，再现作者创作作品时的心理状态，并设身处地地在多义的文本解释中，确定符合作者原意的解释，比如翻译经文，这样做是为了保证思想的高度一致。

第二，只分析文本的原意。这一观念坚持文本的独立性与文本意义的客观性，认为意义只存在于文本自身的语言结构中，也就是说，只考虑文本写了什么、表达了什么，不考虑作者原来想要表达的意思。

第三，强调读者所接收的意义。这是德国当代哲学家、美学家，现代哲学、解释学和解释美学创始人伽达默尔所开启的诠释学方向。在伽达默尔看来，文本的意义并不存在于被读者阅读之前的作者写好的文字当中，而是产生在读者阅读之后的大脑里。换句话说，意义是读者大脑里拥有的世界和文字提供的世界融合之后产生的。

目前我们普遍赞同的是，阅读理解不是纯客观的对文本的认识，也不是完全主观的读者行为，而是作为主体的读者，基于特定的历史条件对事物的认识。

第四节 阅读理解的焦点在哪里，阅读有标准答案吗

至今没有，且不可能有一套方法或者放之四海皆准的理论让你找到阅读的焦点。要想真正获得赏析作品的最佳角度，唯一的办法就是具体分析，从个别文本开始，追求最大限度地解读文本的唯一性。通俗地讲，这个"唯一性"就是这个文本区别于其他文本的最突出的特点，有一种非它不可的意味。这是文学研究的要义，但必须要注意的是，这和我们中学阶段课程标准对学生阅读文学作品的要求是有差别的，学生不需要搞文学研究，也不用单枪匹马

地探究这个"唯一性"。在考试中，题目要么会言明学者的探究结果，让考生在文本中寻找相应的内容来支撑，要么避开作品的形式，直接考查考生对内容的理解。

对内容的理解，有许多层次和维度。作为考生，我们的理解力要到什么程度才能符合考试标准呢？

考生在阅读理解中，既不应一味追随作者原意，也不应完全撇开作者孤立地分析文本，而应在兼顾两者的情况下同时遵从自己内心的感受。一言以蔽之：每一样都得考虑到位。看到这里你一定捶胸顿足：这也太难了！但反过来想，这也凸显了到学校上语文课的意义。

加拿大儿童文学家佩里·诺德曼在《儿童文学的乐趣》中提到对文章的理解和评价，需要遵循一些特定的原则，什么样的阐释可接受，取决于该共同体，这个共同体就是课堂。学生要跟着课堂走，从而获得这份共同体验。我们也可以把这份共同体验看作图1中的交集部分：

图1 读者、作者、命题者交集图

回到上文巩高峰的一句"不知道想表达什么"的回应，我觉得很真实，其实大部分人认为试题在刁难考生，理由就是："你看，连作者都不会吧！"然后对考题命制产生怀疑。其实，大多数人不明白命题是有考点和理论依据的。任何阅读题从命制到标准答案的成型都经历了一个诠释过程，考生应学会把自己的答题焦点放在出题人和作者的交集上，而非其中一方。把焦点放在研究作者上，这是文学家的职责；把焦点放在出题人身上，你将失去阅读的乐趣和能力提升的空间，只能鼠目寸光地看到考点。唯我独尊地、想当然地作答，你就只能在答题舒适圈里转悠，最后的结果是考完试只能两眼含泪抬头望向北极圈——凉出圈了。

语文阅读该有标准答案吗

有考试就有标准。可是究竟有没有标准答案呢？标准答案就是学习的方向吗？

我们先来搞清楚什么是考试。考试是一种知识水平鉴定方法。有鉴定，就一定会有标准。考试可以检查学生的学习能力和知识储备。这一点和"言有尽而意无穷""萝卜、白菜各有所爱"的文学解读还不太一样。试题的评分标准是经过层层筛选、打磨后得出的。

阅读题有答案，但是谁都不敢说这是绝对标准的一份答案。考完试，老师们拿在手里的那份叫作"评分标准"。试题是命题人出的，评分标准是阅卷人参考命题人的意旨，在阅卷过程中预估考生的认知水平，结合考生的实际作答情况，再三斟酌后给出的"踩分点"。

我们把语文学习中遇到的答案做一个区分：

1. 参考答案：一般练习或者教辅书后面的答案，会给出解题的一般思路，有些仅列出关键词，较为精简，可以视为出题人给出的答案参考。

2. 标准答案：供教师阅卷用的评判标准，一般不会公布出来，每次大型考试会根据考生的作答情况对出题人给出的参考答案作出赋分、关键词、答题思路上的调整，以保证整套试卷的效度，能够更好地区分不同考生的水平。

3. 备考答案：这才是考生复习时候应该遵循和训练的答题思路，详尽具体、思路清晰、逻辑严密，考生可以遵循解题思路作答。

考试之所以公平，就在于它有标准，或许这个标准并不适合每个学生，有的学生需要通过艰苦训练、磨砺思维、启迪智慧，才能最终达到要求，这也正是学习的意义所在。在这里，我们不谈应试制度的优劣，你可以对此表示反对或者质疑，但考试拿分毕竟是迫在眉睫的日常，放平心态是必经之路。

命题者一定会"为你考虑的"

最后，送大家一颗定心丸，分享来自我的前辈兼好友，江苏省语文教研员徐杰老师在命题方面的一些具体做法和态度，希望能够打消语文试题在你心中的"神秘感"。

徐老师说，命题研究也是一种科学研究。在谈及命题时，他分享过自己的做法：先召集部分骨干教师讨论命题纲要，对考查范围、题型、分值等进行规划，然后下发；接着组织三人一组的命题小组，根据命题纲要，独立原创命题；然后集中一天，封闭讨论、磨题。

"这个程序应该还算科学，前两年就是这样做的。但是后来我发现，三人磨题，也很容易陷入判断的盲区。所以今年命题之后，我增加了一个程序：找对应学段的一位老师来'考试'，然后对照答案，再次优化命题。我选择命题人员的时候，会考虑'一老带两新'，也想通过磨题，来培养老师的命题能力。"

从命题专家的日常工作来看，我们不难发现，一套题的答案绝非是一个冰冷的机械怪兽。无论考题还是答案，都是经过双向打磨后以期能够调动大家的知识储备和情感思维能力的存在。根据我的命题经验，有些考题还会根据模拟测试者的作答而修改得更易于被读题者接受，答案也会修改得更方便教师阅卷给分。

老师作为教育工作者，之所以专业，就在于了解这个阶段学生的心理状态和知识构成，能够推断出学生究竟可以把一个文本读到什么样的境界和程度，而好的考题，也能起到锻炼学生能力的作用。

读完这一章，你应该了解了阅读题本来与作者就没有太大关系，高考是高考，作者是作者，考试向来寻求的是诠释与过度诠释的边界合理性，把作者搬出来只会更尴尬。考题有考题的逻辑，各有各的自圆其说。作者可以随便写写，可你不能随便答答，不然真是求那么多锦鲤，最终却败给"一条草鱼"了。

语文不是虚无缥缈的学科，走出误区，把握正确的方向，培养好能力和素养，是迎接语文新高考的正确姿态。下一章我们谈谈新高考究竟有哪些值得我们关注的导向，在日常学习中具体有哪些提升核心素养的方法。

第五节　开启阅读秘密的四把钥匙

要从根本上解决语文学习的难题，须培养思维能力。

没有思维的语言，是没有力量的，难免停留于事物的表面。唯有在思维方面作出必要的努力，才有学习规律的产生，才有学习方法的延续。没有思维，就没有我们的学习，你的思维有多深刻，你所理解的语文就有多深刻。

要让所学的学科变得井然有序，必须要树立学科思维意识。庖丁在解牛上的高超技艺，其根本并不在于熟能生巧，而在于深谙牛的生理构造。我们不能只做"唯手熟尔"的卖油翁。

然而在中高考阶段，由于学业压力，我们不可能阅读大量的思维著作，比如亚里士多德、黑格尔、康德的作品。更无暇阅读刘勰的《文心雕龙》之类的大部头古代文论或大学中文系的教材。如何了解文学的脉络、学科的演进，破解一些看似高深的术语……我自身也觉得这个问题迫切且有难度。语文学习离不开我们的思维格局，更离不开我们的生命、生活体验。我愿意把这一路在语文阅读中收获的小秘密与大家分享，助力同学们透过现象看到考试的本质，从素养层面入手，以思维能力为牵引，帮助大家真正爱上语文、爱上阅读，那么理想分数的取得将是自然而然的事。

接下来和大家谈谈用语文思维阅读的几把关键秘钥。

秘钥一：文字里的真假虚实

从中国文化的叙事审美角度看，实与虚并非处于简单对立状态，两者常有互补的部分。中国古代的批评家，对什么是真、什么是假的看法与西方不一样，西方人喜欢模仿，中国人喜欢传述。模仿在于假定所讲述的一切都是出于虚构，而传述在于宣称所述的一切都出于真实。"真实"一词在中国更带有主观和相对的色彩，或是真实意义上的真实或是人情意义上的真实。举个例子，陈凯歌导演的电影《妖猫传》讲述了白居易创作《长恨歌》的心路历程。

电影里的白居易一心想探求杨贵妃死亡的真相，后来在对历史进一步的挖掘中，发现事情的真相不是他心中所想的那样。马嵬兵变，李隆基为了皇权一步一步骗杨玉环死去。至此，白居易心态"崩"了，这种痛苦正是源于他想在作品里展示事实真相的创作初心，而到电影结尾，白居易终于放弃了历史真相，选择了人情意义上的真实。电影中，唐玄宗与杨贵妃的爱情故事是假的，白居易对李隆基与杨玉环的爱情的执着，实际是他自己心中对爱情的向往。所以对于已经写完的《长恨歌》，他选择"一字不改"。

文学作品是作家打造出来的。"打造"这个词，有艺术手段在里边。艺术源于生活而高于生活，是一种高级的真实。曹文轩教授曾说，"虚伪"和"假"是中国作家一直区别不开的两个概念。"虚伪"是道德范畴的问题，而"假"则是一个必要的东西。当人类第一次把树叶遮在他的羞处时，假就已经开始了。在炎热的夏天，为什么还要拿个东西遮住，拿掉不是更真实吗？但这正是文明的开始，是文明的第一步，"假"从这个地方已经开始了。

我们却常常把这对概念混为一谈，认为只要是不真实的，就是虚伪。试举个例子，老师每天上课，能只穿大背心去吗？当然不能，天气再炎热，老师都得着装得体，非常庄重地站在讲台上。不能因为热天，就不管什么场合都袒胸露背。这个就是"假"，"假"是必要的。

再如《荷塘月色》："这些树将一片荷塘重重围住，只在小路一旁，漏着几段空隙，像是特为月光留下的。"这句话所描述的景象平常得很，倘若不经过语序的颠倒完全可以表达为：树将荷塘重重围住，只在小路一旁为月光留下几段空隙。但正是由于作者独特的语言表达方式，使树、月光、空地之间产生了一种全新的关系，从而创造出了一个全新的境界。学生也是通过这一独特的语言表达方式才真正进入作者所描绘的意境。只有在有意义的情境中使用语言，才能学会语言。

很多同学不明白生活的真实和艺术的真实有什么区别。比如小学时，老师让我们写作文，一再强调要求真。但是这个"真"，究竟该如何理解？夏曾佑先生提出艺术形象的真和假的问题，比如武松打虎的方法是不真实的，如果说不真实，那假的还能动人吗？但是武松打虎的艺术生命力特别强，已经成为经典文本，一般读者并不那么计较武松打虎的方法。为了让你体会得更清楚，下面我再举一个例子。

摄影师乔·罗森塔尔是"二战"时期美联社的随军摄影记者。他登上硫磺岛，准备拍摄一些有价值的新闻照片。当天美军海军陆战队刚刚攻占了折钵山，并在山顶举行了升旗仪式。乔·罗森塔尔闻讯赶来，在路上他碰到刚从山上下来的记者，这位记者得意地说他已经拍到士兵在山顶升旗的照片，罗森塔尔听后有些失望，但他仍决定上山去看看。到了山顶，他看到六位陆战队队员正在把一面破旧的军旗从旗杆上取下来，以便换上一面新的旗子。他马上意识到机会来了，便把一些石块堆在一起，自己站了上去，选好角度，待士兵插旗杆的时候按下了快门。拍照时他还对战士们大声地说："振作点，这可是历史性的。"9天后，照片在《生活》杂志上发表并引起轰动，也一度惹来争议，因为有人认为他的照片是摆拍的结果。当误会被澄清后，乔·罗森塔尔获得了当年的普利策新闻摄影奖。

经过对比，确实后拍的这张照片更能反映美国军人浴血奋战的英雄形象。这个"摆拍"的部分正是摄影师匠心的体现。德国戏剧家莱辛在他的《汉堡剧评》中开宗明义，"艺术乃是逼真的幻觉。"艺术家的工作就是"造梦"，通过艺术手法，我们能更加精准地感受作者的意图，即他想让我们用心凝视的某个时间片段。

再举个例子，《红楼梦》里语言最没有质感的人当属薛蟠了，他邀请宝玉到家里过生日，说："只因明儿五月初三日是我的生日，谁知古董行的程日兴，他不知哪里寻了来的这么粗这么长粉脆的鲜藕，这么大的大西瓜，这么长一尾新鲜的鲟鱼，这么大的一个暹罗国进贡的灵柏香熏的暹猪。""这么粗这么长……""这么大的……""这么长的……"或许在生活中我们找不到一个人会这样省去所有形容词来说话，但为了突出人物形象，作者在语言描写中对人物作出了自己的艺术设定，人物形象也因此跃然纸上，而我们并不认为作者欺骗了我们。这段描写让我们想到生活中那些大大咧咧、豪爽粗犷的朋友。之所以看完之后会深刻感受到人物的性格特点，正是因为生活中也有类似的人存在，我们对这样的人持有相似的情感，只是表达起来使用的词汇不一样罢了。人与人之间语言可以不通，但情感或多或少一定是相通的。

解读作品不可太"实"，"实"在这里就是指文章的语言和事实，共情力在解读文学作品中有关键作用。基于这一点，广泛的阅读其实也能给我们较为单薄的情感经历增加一些厚度，以便我们更好地理解他人的情感世界。我们要透过文字传递给我们的感觉去理解作者创作的主旨，最后上升到思维高度去品评作品。孟子强调的"以意逆志"，刘勰的"披文以入情"，指的就是这种阅读方法。

阅读时，我们必须接受作品虚构的部分，并且还要积极思考作者这样处理的意义和价值，这就是文学作品里的虚与实。那么我们如何去以"实"悟"虚"，读出作品的意蕴呢？

秘钥二：景物——景语——情语　物象——意象——意境——意蕴

"未经凝视的生活是无价值的生活"，苏格拉底是这么说的，而未经凝视的文字也是毫无价值的文字。作者凝视生活，撰写作品；读者凝视文字，理解作品的价值。

那么，阅读中我们究竟要"凝视"什么？

初中课本里有一篇苏轼的作品《记承天寺夜游》，这篇文章写于1083年，也就是作者苏轼因乌台诗案被贬到黄州的第四年，那时他在黄州做着有职无权的闲官。某天他刚"解衣欲睡"，忽而"月色入户"，于是他"欣然起行"去找同样被贬的张怀民一同赏月。作者对月夜景色的描绘，想必大家都熟背过："庭下如积水空明，水中藻荇交横，盖竹柏影也。"这是写月光的极度传神之笔。作者用"积水空明"四个字，比喻庭院中月光的清澈透明；用"藻荇交横"四个字，比喻月下美丽的竹柏身影。读到此处，你的目光与作者的目光一并注视着千年前某个夜晚皎洁的月光，交织在一起。如果你能够通过文字走进作者创设的意境，你就有了凝视作品的机会。如果你更进一步去凝视这一"庭"清水，结合苏轼彼时彼刻的心境来读这些景物，这一连串画面便像疯狂生长的枝丫，上面缀满了语言的果实，等待你去摘取。这如水的月光里有对皎洁月光的爱慕，也有对自己不幸遭遇的自解、自矜、自嘲；有对自然生活的向往，亦有对汲汲于名利的官场小人的鄙夷。如果我们不能全心投入其中，是很难体会到作者幽微的感慨和随缘自适的旷达心境的。所以说，体验与凝视是阅读文学作品的入口，是感知作品的前提，愿你也能拥有这一"庭"清水。

那么，如何才能培养凝视的习惯，什么样的凝视才是有意义的呢？

生活中有许多看得到、摸得着的事物，比如桌子、椅子、水、电视机、蓝天、大海……当这些物象被我们凝视并放入特别的情境中，当它寄托了观察者特殊的情感时，就成了意象。原本的景物（意象）因为附着了情感而有了倾吐的愿望，仿佛在向我们诉说着什么，这便是"景语"。我们把景语结合情境"翻译"出来，就成了情语，而与周围的（景物）意象组合起来就形成了某种意蕴。有些意象的情韵义在历经千百年后逐渐沉淀且凝固下来，而有一些则要靠我们根据当下情境来感受。前者，比如中国传统意象——柳。

袁行霈先生指出："语言的情韵义是由于诗人反复使用逐渐涂上去的，这种情韵义在诗里所起的作用，有时甚至比词语的原有意义更重要，它可以给人以多方面的启示和联想，使诗的含意更丰富饱满。"接下来我们一起梳理柳意象的情韵义是如何形成的。学界一般认为，柳作为意象发轫于《诗经》，形成于六朝，盛行于唐宋。

"昔我往矣，杨柳依依；今我来思，雨雪霏霏。""杨柳"实际反映的是一种很典型的民间生活场景——砍下柳枝围院子。所以，柳可以当作家庭生活的象征，当作家乡的象征。

一旦作者开始凝视生活，眼前的物象就会因作者的主观意识而染上特定的色彩。今昔景物在作者心中形成强烈比照，由此产生的情愫使"柳"在作者眼里变得多愁且脆弱，这就是意象层面的柳。鲁道夫·阿恩海姆曾说，垂柳本来看上去不会是"悲哀"的，人们之所以觉得它悲哀，是因为垂柳枝条的形状、方向以及柔软性本身就传递了一种被动下垂的表现性。柳丝柔长，象征情意绵绵；飞舞不定的柳絮又与游子飘零、分离时的离情别绪相合；柳枝下垂，和离别之人压抑低回的情态同构。柳生长于春天，它的荣枯容易让人产生一种年华易老、岁月流逝的沧桑感，人们对柳树的观感便成了一种意境。

如此，柳在人们心中便成了相思、离别以及岁月流逝的象征。将以上情感体验与作者的创作主旨结合，柳就有了独特的意蕴与内涵。

当"观感凝结成一种意境"，作者就开始准备写作了。情感丰富了，文才能由心生。阅读时，只有随作者一同展开想象之翼，充分体会意象的情韵义，透过景物读景语，透过景语悟情语，才能思接千载，视通万里。阅读时，也只有在对语言的情韵义有了认识，不断积累物象附着的情感的基础上，我们内心的独特感受才能被触发并进而更好地理解作品的意蕴与内涵。或许最后你的理解和作者的写作目的有一些出入，但也因你在阅读时有了自己的思考路径，最终在解读时能做到自圆其说。

秘钥三：自热火锅里隐藏的解题原理——情境

对语言的理解直接关系到我们对世界的认知，同时，对世界的认知反作用于我们对语言的理解。

伽达默尔说，"我们用学习讲话的方式长大成人、认识人类并最终认识我们自己。"我从伽达默尔的话中得到启示：人的成长和对语言的认识是一个双方都连续渐变的动态过程。对语言的理解源于生活经验，学习者只有在有意义的真实情境中使用语言，才能学会语言。下面举一个例子。

你吃过自热火锅吗？我们来预设一个情境：你和朋友们去爬雪山，雪山上没有热水，你特别喜欢吃自热火锅，请你给自热火锅准备所需的水。接下来我们做策略分析。

1. 信息输入：带一份自热火锅用水，爬山的时候充饥。

2. 方案选择：

　　A. 一瓶自来水＋一瓶矿泉水　　B. 两瓶矿泉水

　　C. 两瓶自来水　　　　　　　　D. 其他（比如自行融化山上雪水之类）

3. 思考最优方案：

　（1）自来水——不卫生但可用于自热包加热。

　（2）矿泉水——价格高、卫生、适合浸泡食物。

4.信息输出：带一瓶矿泉水和一瓶自来水。

我们现在孤立地看第4点。如果你在不知情的状态下接受了这个信息指令，最终在准备水的时候可能会出现如下反馈：

A.按照要求准备好一瓶矿泉水和一瓶自来水

B.带两瓶矿泉水

C.带两瓶自来水

D.不带水

（其他不合要求的反馈不再一一列举）

一到考试，再简单的题也会有人做错。你有没有反思过，为什么会出现这样的状况？简单题够直接、够机械，为什么还是有人出错或者无法获得满分？是因为粗心吗？不，绝对不是。是因为在做出反馈前，我们省略了第一步和第二步之间最关键的一个环节：自热火锅的发热原理。如果明白原理，你一定会去思考发热包用水和浸泡食物用水，并做出最优选择。明白原理后，在任何情况下你都能应对自如。答题遗漏信息、对信息不敏感，从本质上说是不了解答题原理。而为什么有的人可以迅速准确做出反馈并付诸实践呢？与其说他们吃过自热火锅，不如说他们了解其中的发热原理。不总结、不思考，吃遍天下火锅也白搭。所以，在阅读的时候一定要注重过程，我们要从根本上了解每种文体的特点，透彻理解各文体的差异，在有意义的情境中规范作答。

日本作家池田大作曾说："每句话里都有一颗心。"句子是最小的情境，这颗心就是我们要读出的情感。理解语言要在语境中进行，更要依赖语境在阅读中逐步获得语感的提升。而就语文答题而言，请一定记住：所有阅读题均随文考查，题从文中来，答案文中找。考查一个词，你要关注这个词所在的句子；考查某个句子，你要关注这个句子所在的段落；考查某个段落，你要纵览整篇文章。

阅读时请记住下面的口诀：上看、下看、回头看；远看、近看、跳出来看。就是要看上下文，同时回看前文留下的线索，要不拘泥于文段，跳出当前段落结合全文内容进行分析，只有这样才能对所考查的内容作出细致全面的解读。

下面介绍八类句子和七类文章写法，特别值得多留意。

【八类关键句】

1. 点题句：点明题目，引起下文
2. 中心句：点明中心，亮出主旨
3. 悬念句：设置悬念，引发兴趣
4. 过渡句：承上启下，自然衔接
5. 照应句：前后照应，和谐统一
6. 烘托句：侧面烘托，间接映衬
7. 铺垫句：后文铺垫，埋下伏笔
8. 修辞句：增加文采，突出特征

【七类文章写法】

1. 对比
2. 象征
3. 烘托
4. 以小见大
5. 先扬后抑
6. 虚实结合
7. 夹叙夹议

答题时不要一字不漏地照抄原文，也不能完全用自己的话回答。答案所涉及的关键词句要在原文中找，再根据这些词句重组出答案。

秘钥四：五感阅读法

不是所有的作品都能在阅读后加上一个标签，无论电影、小说、戏剧还是绘画。我们总想在观看作品之后挖掘出一个出人意料的结局或者品鉴角度，但好的作品往往并没有那样一个"结束语"，它的美好和精髓就在我们欣赏她的过程中产生。好的作品会一层层打开我们的感官，触发我们身体中贮存的生命记忆，通过视觉、听觉、触觉、味觉、嗅觉打开记忆的大门，让我们沉浸其中并获得美的享受。

面对一些写作手法和遣词造句没有明显特色的段落，我们该如何赏析呢？在阅读中，我们要把语言转化成生命体验，必须动用身体的全部感官去入文、入情、入境、入理。接下来，我们一起体会一下感官描写带来的震撼。

[视觉] 雪野中有血红的宝珠山茶，白中隐青的单瓣梅花，深黄的磬口的蜡梅花；雪下面还有冷绿的杂草。蝴蝶确乎没有；蜜蜂是否来采山茶花和梅花的蜜，我可记不真切了。但我的眼前仿佛看见冬花开在雪野中，有许多蜜蜂忙碌地飞着，也听得他们嗡嗡地闹着。（鲁迅《野草》）

评：雪的纯白与花的艳丽夺目，交相辉映，留下了强烈的视觉效果。

[听觉] 泉声浸着月光，听来格外清晰。白日里浑然一片的泉鸣，此时却能分出许多层次：那柔曼如提琴者，是草丛中淌过的小溪；那清脆如弹拨者，是石缝间漏下的滴泉；那厚重如贝斯轰响者，应为万道细流汇于空谷；那雄浑如铜管齐鸣者，定是激流直下陡壁，飞瀑落下深潭。至于泉水绕过树根，清流拍打着卵石，则轻重缓急，远近高低，各自发出不同的音响。（谢大光《鼎湖山听泉》）

评：作者以细腻的笔触写出了听泉时内心的美妙感受，泉水的声音唤起了读者内心的共鸣：仿佛能够听到岁月的流逝，历史的变迁，生命在诞生、成长、繁衍、死亡……

[触觉] 青年时在深山溪涧泅泳，潜到几股回流深处，让身体在水流中浮荡旋转，那些水流，交互缠绕着，好像许多抚摸你的柔软的手指。你还记得赤裸的脚丫，踩踏在沙滩上的快乐吗？潮汐一波波地袭来，脚下的沙，一步一步都在移动，脚掌陷下去，被沙包裹，沙砾留在脚趾缝隙，使你想起吃番石榴时，留在牙齿缝隙一粒坚硬的籽，常常剔不掉，却真真实实存在在那里。（蒋勋《给青年艺术家的信》）

评：触觉是一种与身体没有距离的记忆留存，潮水在细沙间渗透的质感引领读者不断深入这个世界，体会与世界的联系，疼痛或者舒心。

[味觉] 这是高汤焦掉发出的香味，确实这样的话就不用蘸酱了，高汤渗入皮之后，适度的焦黄确实让味道更香了啊，不过应该还不止这样，也不能

说粉粉的，能让皮的口感这么清爽，应该是还有用山芋吧，每吃一个都有新的口感，感受新的味道，内馅柔润得好像要化掉一样，每嚼一口嘴里就溢满了鲜汁，微麻微辣的风味，轻轻地刺激着舌头……（小川悦司《中华小当家》）

评：虽然是一部动漫作品，但其中对美食的描写真让人垂涎欲滴；作家们在描写美食的时候大多喜欢写气味，这种单独写唇齿间细腻感受的段落读来更让人难忘。

[嗅觉]我像往常那样用脊背顶开杰氏酒吧沉重的门扇，深深吸了一口空调机凉飕飕的气流。酒吧里边，香烟味儿、威士忌味儿、炸薯片味儿，以及腋窝味儿、下水道味儿，如同年轮状西餐点心那样重重叠叠地沉淀在一起。（村上春树《且听风吟》）

评：酒吧的特点，全在嗅觉中体现出来了；有些事物最重要的特征就靠气味来体现，没抓住独特的气味就是失败的描写；通过气味，营造真实环境，把人带入故事情境中。

莫言说，作家必须用语言来写作自己的作品，有了感觉才可能有感情。没有生命感觉的小说是不可能打动人心的。读者在阅读小说时，也应该同步调动自己的全部感觉器官，这样，小说的生命质感就更能接触到读者的生命气息，读者也能够循着这个敞开的通道一步步走进作者搭建的艺术宫殿，如临其境，如在其中。这也就是为什么许多优秀的小说，我们明知道是作家虚构的，但却依然能深受感动。

让我们像乌苏里江里的大马哈鱼那样，追寻着母河的气味，英勇无畏地前进吧。（莫言《小说的气味》）

第二章

如何在中学语文学习中布局备战高考

> 很多同学和家长都对老师押题情有独钟。其实与其说预测或者猜押,不如说是这些年来老师一直对学科改革和时事政治保持着敏锐度。作为老师能在考前悉心整理,给考生放几条"鱼",也算是这一千多天的"授之以渔"在收网时,给学生的一份实实在在的"毕业大礼包"吧。
>
> 当今时代,经济、科技的迅猛发展和社会生活的深刻变化,对人才培养提出了更高要求。通过考试促进教育深化改革,是非常有效且直接的手段。学生不是考试机器,未来需要的人才如果可以被人工智能取代,就不叫人才。考试不仅是国家选才的重要途径,也在培养社会主义建设者和接班人方面发挥着独特作用。一场好的考试就像一堂好课,能够让考生收获知识、启迪智慧。

第一节　考试改革后语文试题的共性

一、在试题中引导考生认清自己的价值和使命，勇于担当，以国际视野，面向未来

引导考生关注个体对社会的责任与价值，培养家国情怀，透过时代主题，以学科立德树人之目标，在试题中考量青年人的使命与担当。成大业，铸就中国梦要有大格局，面对国际化竞争要有大国风度，青年一代需要准确定位自身价值，牢记使命与责任。比如2020年，这一届高中生经历了抗击疫情的各个阶段，这是考生的特殊经历。新高考Ⅰ卷作文以"疫情中的距离与联系"为题切入时代主题，让高中生回到这场全面"抗疫"战争中去，引导学生结合自己参与全民"抗疫"的切身体验，在中外"抗疫"对比中，发现我国的制度优势、中国力量和中国精神，引发当代青年思考历史使命和责任担当。再如2020年温州市中考考题"追踪科考热点"和"品味画里人生"板块，选择"珠峰重测"相关材料和夏目漱石的经典散文《子规的画》，既让学生真切地感受到祖国日渐强大的科技实力和科考路上不懈探索的精神，也让学生跟随作家，在品画过程中感受朴拙的人性美和真诚可贵的情感。

二、进一步加强对思维能力的考查

清华大学教授谢维和说："从2019年的高考语文试题看，服务高校选才和引导高中教学这两个功能都体现得非常好。"高考语文考查能力的背后需要很好的逻辑支撑。过去的中小学教育中缺乏逻辑训练，现在考试和课标都加强了。过去有一段时间，语文课过于文学化，理性因素不足，缺乏思辨色彩。新的考题，特别是选择题里暗含的推理、概括、辨析等理性思维要素，精准度很高。要求学生审慎思考、分析推理，用联系、发展、全面的观点看待事物和思考问题，这充分体现了语文课程的特质。如2020年全国Ⅰ卷实用类阅读聚焦"新基建"，引导学生从多个文本中全面获取这项政策的出台背景、基

本内涵、发展前景和国际反响等相关信息，试题主动适应信息时代特点，加大了对信息整理能力的考查力度。

新课标把在语文学习中体现的思维类型分为形象（直觉）思维、实证性思维和思辨性思维，前两种思维都需要思辨性思维来调节。这一点在2021年的考题中也很突出。所谓思辨能力，就是思维和辨析事物多重属性的能力。有了这种能力，我们会把问题考虑得更全面一些，分析得更透彻一些，选择得更精当一些，从而收到意想不到的效果。

这个特点在2019年的作文题上就有明显的体现。2019年全国Ⅰ卷文学类文本阅读材料选用了鲁迅的《理水》，命题设置就是在着意引导考生思考"中国的脊梁"，进一步强化奋斗者形象。再比如江苏卷以"五味调和"为主题，"物各有性，水至淡，盐得味。水加水还是水，盐加盐还是盐"。实际上是在引导考生对自然事理进行思考，在对比反思中自主探究、自我发觉。如果没有很好的思辨能力，很难写出优秀的作文。

另外，在阅读上值得一提的是，信息时代，人们面对纷繁的信息该如何甄别、整理、评估并加以利用，也成为当今时代重要的语文能力。

三、命题在保持相对稳定的同时更加重视能力素养导向，材料选取在保持多元开放的同时更加重视具有时代意味的语文生活情境的引入

2020年安徽省中考语文第3题"走近博物馆"：综合实践活动中，在"建筑文化展厅"，导游介绍古代建筑亭、台、楼、阁时，请学生填写相应建筑物的名称。学生沿着古建筑的脉络，在美好情感的感召下，开启记忆闸门，在理解、判断的基础上通过对古诗文的积累完成试题。既注重考查学生的思维过程，又注重考查学生的创新思维。

2019年高考全国Ⅰ卷、全国Ⅲ卷、江苏卷和浙江卷中，高考语文试题的社会生活取向突出，与学生生活关联性较强。其中，社会生活情境主要以两种方式呈现：第一种是学生在社会生活中可能遇到的阅读材料，这为学生提供了生活化的阅读情境，如全国Ⅱ卷的实用类文本阅读试题的阅读材料摘自《人

民日报》《光明日报》等报刊，全国Ⅲ卷则选用了介绍共享单车遭破坏的《卷入的消费者——以摩族猎人为例》等反映社会热点的文段；第二种是学生在社会生活中可能面临的场景，这为学生提供了语文实践的具体情境，如全国Ⅰ卷第22题：请结合材料内容，面向本校同学写一篇演讲稿，倡议大家"热爱劳动，从我做起"，体现你的认识与思考，并提出希望与建议。试题创设了校园生活中存在不尊重劳动现象的情境，要求学生运用语文知识开展写作实践活动，参与校园演讲活动。

2019年全国Ⅱ卷的论述类文本阅读选择的是叶嘉莹先生的《论杜甫七律之演进及其承先启后之成就》，这是一篇专业的杜甫诗研究论文，学生对杜甫诗歌的学习贯穿整个初高中，对诗人的学科基础情境是非常了解的。而课题任务"杜甫七律之演进及其承先启后之成就"则需要学生在语文学科思维方式的指导下展开思考和研究。这篇阅读材料能够通过典型的学科本体情境，体现知识与思维的适切性。

此外，北京卷现代文阅读在选取情境材料上做了进一步的探索。2019年北京卷第21题，情境材料取材于现代文学研究者赵园的同名散文《北京的"大"与"深"》，突出了"书写北京"这一情境材料主题与北京学生生活经验的密切关联。作者久居北京，对北京文化既有亲切的感性体验，又有学者自觉的理性思考。试题要求学生借助这种由表及里的感知方式，来谈谈个体对自己所生活的周边世界（大至全球，小到家庭）的认识与思考。

再比如，2020年陕西省中考古诗词默写把古诗词放在了真实的任务情境中，以美为主题，让美源于自然，驻在心间和跨越时空，同学们在美中读文品诗。其间考查了《诗经》的自然美、秋瑾的秋天美和张养浩的边关美，还有李白、杜甫、陆游美的不同情态以及《论语》中的时间美，更甚至是诸葛亮的担当美。整体而言，把美变成了既是一种具体的，也是一种抽象的事物，体现命题者在考查传统文化基础上有一种欣赏美的眼光。让语文回归传统，回归真实的生活情境。

四、通过考试筛选出有文化积淀、有文化自信的高配置人才

标配人才，有知识，没文化；高配人才，有知识，有文化。中华民族自古以来就有发奋图强、众志成城、守望相助的文化底色。如 2020 年天津卷高考作文"中国面孔"，材料中提到了充满家国情怀的杜甫，以中医药造福人类并荣获诺贝尔奖的屠呦呦，医务工作者、快递小哥以及用各种方式共同形塑"中国面孔"的你和我，考查考生对"中国面孔"新的思考和感悟。仁爱之心、舍生取义、包容和合、天下为公、众志成城……这些指向性的思考多维度地展示了中华优秀传统文化在当代的继承与发展。再如 2020 年陕西省中考文言文阅读节选自《明史·郑和传》，"郑和下西洋"的故事学生耳熟能详，消解了阅读陌生感，同时这一"示中国富强"的"明初盛事"与"一带一路"遥相呼应，也能激发学生的民族自豪感。又如 2021 年北京市高考文学类文本阅读《心灵的呼吸》，这篇散文主要叙写了作者牛汉从小在父亲的熏染与教诲下，对音乐的感受和理解不断深入的过程。选文体现了鲜明的民族文化特征，具有较强的思想性、艺术性，还能启发考生对生活作出积极思考，充分体现了语文学科以文化育人的作用。

五、健康、积极、向上的审美品位

例如 2021 年新高考 I 卷开篇映入眼帘的就是雕塑《拉奥孔》的图片，选择朱光潜和钱锺书的两段材料，讨论美学领域中"诗画异质"问题，让考生在阅读思考的同时，得到一种审美浸润，提升考生"感受美、表现美、鉴赏美、创造美"的能力，充分体现新课标对"美育"的重视。

又如 2020 年全国卷古代诗歌阅读中李白、杜甫、王勃、王昌龄、陆龟蒙、陆游、韩驹的诗，文学类阅读中海明威、沈从文、刘庆邦、葛亮、于坚、梁衡的小说和散文，语言文字运用中篆刻艺术、潍坊风筝等语料，无不体现着高考语文愈发"美"的审美取向。值得一提的是海明威的短篇小说《越野滑雪》，更引导学生突破传统阅读惯性，学会欣赏需要学科理论支撑才能更好地找准切入点的作品，这也是从另一个角度考查考生的审美品质。

六、文体调整

老高考现代文阅读板块分为论述类、文学类、实用类三类，新高考调整为现代文阅读Ⅰ（信息类阅读）和现代文阅读Ⅱ（文学类阅读）。现代文阅读选文贴近生活，很有现实意义、教育意义和人文精神，淡化技巧，重视考查学生真正的阅读水平。比如2020年重庆中考聚焦学生的真实阅读，通过对不同类型文本的把握，全面考查学生的阅读能力；文学类文本阅读，《在冬夜里歌唱的鱼》充分发掘小说的独特价值，引导学生进入丰富独特的文本空间，有效考查了学生对文学作品的深入理解和欣赏能力。

七、党史入题与学科特色相融合

比如2021年新高考Ⅰ卷小说《石门阵》中提到"守住了大门，不用关二门"，寓意只有保住国门才能守护家门。以小见大，从那个时代百姓日常生活的侧面，引导考生体会革命斗争时期的社会生活，体会中国共产党为民族谋解放、为人民谋幸福的精神。

近年来，中考及高考语文命题不忘铸魂育人的考试初心，牢记为国选才的崇高使命。在材料选择方面，注重实用类文本、文学类文本与古诗文材料的相对均衡，试题所涵盖的思维量与表达量控制在一种理想的平衡状态，保证了大多数考生能在规定的时间内顺利完成答题任务，发挥出正常的能力水平。以考育人，通过精心设计，将语文核心素养以及国家对人才综合能力、思想情怀的期待浸润在语文试题中。文学即"人学"，语文虽不是单纯意义上的文学，但就阅读和作文而言，一定旨向对人类的终极关怀，我想这也是作家、文学家、受教育者和教育者的最高境界和毕生追求。天气晴明，万物皆可语文；生活中处处都有语文，我们都要做有心人。

以上文段中出现频率最高的词汇是"核心素养"，那么接下来我们好好了解一下什么是语文"核心素养"。

第二节 语文核心素养是什么

网上有位同学给我留言说，对语文最大的困惑是觉得语文不像数学一样，一道题拉开十多分，高中数学一道选择题就5分，而语文就算写了很多很多字，也跟别人差不了多少分。这可能也是高中生并不很重视语文的原因，甚至在上语文课的时候会在底下写数学作业。很多同学觉得教材上的内容跟考试并不挂钩，但这只是因为没有真正懂得教材的重要性。我很喜欢语文，因为我觉得在学语文的时候是很轻松的，语文带给我的是美的享受。我喜欢做阅读题，因为阅读题会告诉我很多人生的道理。

上面所说的"获得某种人生道理"就是语文核心素养的一部分，但语文核心素养远远不止这些。核心素养这个词提出的时间是2014年，它是我们国家落实立德树人的根本任务的重要举措，如果再细致一点儿，大家会发现：语文素养的起点是语言与思维，随后是阅读与鉴赏、文化传承……从阅读到写作正是我们语文学习从输入到输出的过程。图1是语文核心素养的清晰表示。

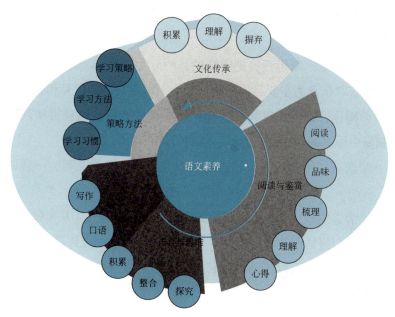

图1 语文核心素养

语言、思维、审美、文化是语文核心素养的四项核心要素。

第一，语言建构与运用语文课程的基本任务，意味着我们要提高语言文字运用能力。

第二，要获得思维的发展与提升，必须培养抽象思维和形象思维能力，使语文学习过程同时成为促进思维品质和探究能力发展的过程。

第三，审美鉴赏与创造，要求我们培养自觉的审美意识和高尚的审美情趣，培养审美感知和创造表现的能力。

第四，文化传承与理解，要求我们自觉选择和继承中华优秀文化，提高自身的文化修养，积极参与适应社会发展的新型文化的传播和建设。

如何提升核心素养

对于学生来说，提升素养最重要的方式就是阅读。

我们知道阅读是"读"，阅基本也可以等同为"读"的意思，但我们往往忽视"理解"，阅读其实是一个人依靠脑中原有的知识主动获取资讯、从文章中建构意义的过程，是一个"理解"的过程。如何建构意义做到"理解"，是一个人阅读水平的体现。

英国作家尼基·斯坦顿曾把阅读的目的分为三种：以娱乐为目的的消遣式阅读，以获取信息为主要目的的阅读和为了形成自己的意见和结论的阅读。无论哪一种阅读，都能丰富我们的知识储备，进而使我们获得阅读的快乐。一个人脑海中原有的知识就是通过不断的阅读获得的。

进一步而言，阅读对我们的语文学习究竟有什么意义呢？一言以蔽之：见多识广。

我曾经给学生和家长展示过我拍的一张特别有朦胧感（其实就是拍糊了）的照片，请他们猜猜照片上是什么。很多学生都说这个应该是城市，因为城市有很多灯，甚至有人推断是维多利亚港。然后，我又放上了同一个地点拍摄的第二张照片。

这张照片同样有些模糊，但能隐约看出人形轮廓。台下有家长说："好像是一个人在拍照啊！"话音刚落，突然有个家长说："吴老师，我知道，这是游乐场的旋转木马，我经常带二宝去玩。"

为什么学生和家长的判断会不一样，所用时间也不一样？

对这位给出正确答案的家长来说，游乐园的旋转木马是一种熟悉的事物，或者说就是他生活的一部分。因为曾经见过，所以可以根据最重要的特征和细节推测它的原貌。就拿阅读来说，通常我们读完一本书，并不能完全记住书里的内容，但是我们的记忆可能已经在不知不觉中储存了对那本书所述内容的真切感受甚至某些细枝末节。当我们看完一本书，合上它时，书中的内容会成为一种烟雾状的东西，它萦绕在我们的脑海里，甚至我们自己也说不清楚那一团团烟雾有什么用。可是，当我们需要它的时候，它便"心有灵犀"地从脑海里冒了出来，帮助我们做出某些判断，或者形成某种更高级的体认。

当然，见多识广的同时，我们也容易眼盲。

比如中学阶段，这个时期的青少年身心发育快速，内心复杂且充满了矛盾，既希望独立又依恋家长。美国著名发展心理学家爱利克·埃里克松认为，这一阶段青少年的重点是发展自我同一感，也就是一种关于自己是谁，在社会上应该有什么样的地位，将来准备成为什么样的人，以及怎样努力成为理想中的人等一系列的感觉。发现了吗？语文考试中选取的阅读材料包括写作的素材，其实都遵从、顺应这个时期青少年的身心发展特点。

同时，这一时期的青少年开始进入社会角色承担阶段，能够搜集整合周围的意见，通过比较来理解别人的意见，能够推断多数人面临某种情形时的观点。这其实就是一种推理，而这种推理恰好是建立在他们对自己和对社会认识方面的一个交集。

中考、高考的语文阅读题，属于哪一种类型的阅读

考试中的阅读当然不是消遣式的，除非你本人以考试刷题为乐。在规定时间内获取有效信息并做出判断，最终汲取知识内化为自己的主观意见，这就是我们接下来要说的深度阅读。所谓深度阅读，是对具有一定艺术性和思

想性的作品进行深度思考，就像用X光透视身体一样。

在考试中，面对阅读时要遵循以下几点。第一，默认选文具有足够的艺术水准和一定的复杂度。第二，要明白自己阅读的目的，不是获得轻松愉悦的感受，而是要进行深入的思考理解。第三，反复阅读文章，在适当的地方停下来思考。第四，考试中的阅读是深度阅读，但又不是一味求深，底还是可见的，阅读时不仅要关注文字表面所呈现的信息，而且还要对内容结构等进行整合、理解推理、反思与评价。

"题感"是什么

题感就是做题的感受，进一步来说，就是在阅读中主动感知考点的能力。

那么阅读的时候如何主动停下来思考呢？能够让你停下来思考的这种自觉性是什么？就是我们对考点的敏锐度。当你形成一种做题感知，自主自觉去发掘文本当中的考点，将主要的时间投放在考点集中的信息上，训练到炉火纯青的地步的时候，哪怕只读一遍文章，你也能确信目光和思维汇聚的地方很可能就是后面阅读题的考点所在。

考点究竟考什么

研究发现，人们很难通过一套成系统的、不受任何内容限制的推理方式对所有文章进行推理和思考，从而得出绝对客观公正的结果。推理尚且如此，更何况在阅读中个性化极强的审美鉴赏。

上一节，我们已经知道试题答案制定的标准。命题人其实清楚地知道你在此阶段的知识结构和认知水平，所以不可能以成年人的思维水平来要求你。但是，经过一定的思维训练后，同学们是可以学会从多角度看待问题的。

简单题谁都会做，但为什么偏偏有同学得不到满分呢

虽然在这个年龄段，青少年有了一定的评价能力，但是发展并不成熟，容易受到个人原有信念的影响。和原先脑海里不一样的观念、内容会受到你的格外重视；而与自己原来的想法相同的观念、内容，就会因司空见惯而不被重视。这也就是在阅读中，一些很简单的题会考倒很多考生的原因——他们觉得这些内容根本不值得关注和停留。他们认为本就该如此，而本就该如此的内容我们应该如何去审视它，并把它放到一定的高度去品析呢？比如：你妈妈为什么是你妈妈？可能很多人就没想过这个问题，其实剖析这个问题也需要一番功力。见多可以识广，可是见多未必能够把司空见惯的东西重新提取并彻底"复盘"。

总之，在整个中学时期，同学们大脑加工信息的速度明显加快，记忆广度达到一生中的峰值。在这一阶段需通过阅读复杂文本涉猎不同学科知识，发展阅读能力，以便更科学地理解内容、识别信息、反思作者观点。阅读会促使我们不断思考探索，这种好奇心使我们的生活更加有趣，让我们的学习更有方向，让我们的人生充满期待，最终成就自己。

做题时如何避免读了后面忘了前面

答题质量的好坏真的和记忆力有关吗？有关。答题时，我们通常会将瞬时、短时记忆存储的信息调取出来，然后进行加工编码，再用考题要求的表达方式表达出来，而此种表达又需要你调动之前的阅读积累。比如长时间阅读所积累的独特观点、想法见解、词句等，所以如果你的阅读积累无法存入长时记忆并被灵活调取，并且你的注意力也不够集中，你的瞬时、短时记忆又无法立刻响应，这样的作答必然是无源之水、无本之木。那么，即便这篇文章你读懂了，但也没有办法在作答上得到期待的那个满分。

一般阅读题下边为什么最多只有 4 道题

这要从工作记忆容量说起。工作记忆容量是指在一个复杂的工作记忆任务中能回忆起的项目数目。研究发现，成年人的工作记忆容量在同一时刻只能维持大概 4 个项目，这也就是我们的阅读题为什么每篇文章后面基本上最多只有 4 道题。研究还发现，工作记忆容量对人的思维与学习活动影响巨大，在如此复杂的信息处理过程中，工作记忆容量不佳的同学可能会因为超负荷出现思维困难、逻辑不顺、结构混乱、词不达意的情况。

另外，阅读与注意力也有很大的关系。经常会有学生问我，究竟是先看题还是先看文章？

阅读和写作是高强度的脑力工作，需要长时间集中注意力，所以对于难以保持长时间注意力的人来说，完成这样的工作可能有难度。

你究竟适合哪一种作答方式，要看你自己的记忆习惯和记忆方式。记忆力比较差同时阅读时容易分心的同学，可以采用边看短文边看题，然后按进度答题的模式。如果长时记忆能力比较强并且思维能力较好，看完一篇文章能够迅速形成逻辑架构的同学，建议可以先看完所有题目，然后再读文章。

一般来说，读得越流畅，速度越快，意味着理解得更好。如得读得太慢，前面读过的内容就有可能忘掉，导致一篇文章被拉得太长，不利于从整体上理解文章。所以阅读的时候一定要边读新的内容，边记录刚刚读过的内容。在做题的时候，需要圈点勾画，有意识地对考点进行标注，对答题内容进行梳理，培养对考点的敏锐度。不要死记模板，应把答题的语言结构汇入到整个阅读的理解过程当中去。这么做，就等于把作答时才需要动用的思维直接放到了阅读的过程中，这样一方面提高了效率；另一方面避免了由于阅读时间太久，导致遗忘前面阅读的内容。

在对中国中小学生的调查中发现，小学高年级学生的有效阅读速度为 250~300 字每分钟，初中生为 300~400 字每分钟，高中生为 400~500 字每分钟，大家可以参考一下。

为什么会答偏

方法和技巧是在重复做一些事情的过程中自动产生的，当这些技巧被熟练运用时，我们可能已经意识不到自己是在使用技巧。阅读需要掌握最基本的陈述性知识，比如字词的意思；同时也需要掌握理解、联想和推理的程序性知识；还需要掌握关注段落主题句和结构的策略性知识，也就是方法和技巧。要改善阅读的方法和技巧，涉及的不是简单的几个动作和思路，即使知道了这些方法和技巧，在真正的执行过程中还会受很多因素的影响。因为在阅读和处理具体信息的时候，我们会从容量有限的心理资源中拿出一部分，有意识地执行"额外策略"。这时候，大脑整体的工作能力就会降低。做题时总答偏，就是这个"额外策略"捣的鬼。

逻辑和推理能力是阅读所需的非常重要的两个能力，能力的培养在阅读外，但策略的培养却需要专门的训练。如果你在阅读方面表现出明显的弱势，那可能需要一系列强化训练来提高策略。比如阅读各种不同文体的文章，有不同的阅读方法和技巧。如果在阅读方面存在障碍，在处理信息和理解文章时表现出特别明显的弱势，那就需要进行长期的训练来干预。阅读是一个读者运用自己的背景知识和期望，通过文章构建意义的过程。阅读的主体是你，别人无法替代，所以只有你自己多读才会有改善，要走量，也要有方法。

超保护合作原理：为什么要分析那些看起来奇怪无聊的句子

通常情况下，我们会把考试文本看作作家深思熟虑后精心构思的艺术佳作，具有非常高的价值，作为读者就要尽量去发现、识别、欣赏这些创新之处，即使遇到令人费解的语句，也要尽力寻找合理的解释。这就是文学理论家乔纳森·卡勒提出的超保护合作原理。在一般交流中，参与者都是相对平等和互相配合的，但是对一部被公认很有价值的文学作品来说，读者会自发认为需要去努力理解作者表达的意思，这种读者与作者之间的合作是超保护的。在这样的背景下，学生被要求去分析作者的修辞手法、写作目的甚至"奇怪无聊"的句子也就非常好理解了,这就是我们应该对考题持有的态度。

考纲取消了,如何知道考点呢

什么是语文,什么是文学?为什么会出现文学作品,文学作品的意义何在?高考的意义何在?你能够厘清这些问题,也就知道所谓的考点在哪里了。

那么,说到底应该如何面对阅读题呢?需要加强哪些能力才能以不变应万变呢?我们来做一个诊断:

阅读能力自我诊断表

请对照下列表格,结合自身实际进行反思,在你认为自己还需要加强训练、培养的阅读能力项上画"√"。

阅读能力自我诊断表

能力分类	读文能力			读题能力		解题能力					答题能力		
	整体把握文意	厘清文本思路	抓准关键语句	全面理解要求	抓准题旨关键	明确答案区间	理解准确	分析得当	综合完整	筛选准确	整合无遗	评价合理	鉴赏到位	答问一致	准确完备	条理分明	书写工整
自我评估																	

诊断分析:

1. 没有发现任何需要加强的项目,说明这本书你可以直接忽略。

2. 2~3个项目有问题,说明你语文能力尚可,还需努力突破个别问题。

3. 4~6个项目有问题,说明你要努力强化短板,让语文能力获得全面提升。

4. 7~10个项目有问题,你真该好好把这本书研究透,一定会开启语文学习新的境界。

5.15 个以上的项目有问题,那这本书也不太适合你阅读。你要从语文的基本能力抓起,比如书写和概括能力。

最被忽视的阅读能力——答题能力

(一)内容读懂了,答题却困难重重

很多人读书读得多,但是为什么内容读懂了,答题却困难重重?

阅读和写作属于两个不同的执行过程,阅读是通过文字构建意义,而写作是语言生成的过程。写作的人要把意义和思想转换成语言,然后以文字的形式表现出来。相对来说,写作比阅读更复杂,难度也更大。研究者发现,两者使用的大脑区域有重叠的地方,但并不完全相同,所以我们可以据此推测,写作和阅读的技能可能存在不完全对等的情况。对有的同学来说,阅读是能促进写作的,两者相互结合,共同提升;而对另一部分同学来说,阅读不能促进写作,写作的提升,要靠专项的写作训练。而答题本就是一个需要调动多种能力的写作过程。

答题质量的好坏取决于考生的思维过程,为了强化思维过程,有的老师会直接将答题模板发下去让考生背,可为什么总还是有一部分考生语文得不了高分呢?

(二)所谓的答题模板,真的那么香吗

研究发现,如果说话者最近听到了某种结构的语言,在接下来自己的表达中也会采用类似的结构,先前阅读文章的结构对接下来的写作具有迁移作用。阅读越多结构相同的文章,对写作的迁移效果就越明显。如果在阅读训练中把答题框架固定下来,让学生反复地记忆背诵,这么做究竟是好是坏?

答题有特定的语言模式,而掌握和运用一个简单的策略,却要涉及很复杂的心理活动。天才学生是能够举一反三的,但有阅读障碍的同学则不能熟练运用作答策略。在阅读教学中,老师给予起步阶段的学生以答题的具体

要求，是可以帮助大家顺利开启作答之路的。这种做法对起步阶段的学生很有帮助，但是对于想要取得语文高分的学生来说，这个方法可能就不适用了。因为这部分学生最大的问题不是不懂答题套路，而是不懂基本术语的概念，由于中学阶段的阅读量实在太小，大家很难接触到更多、更典型的文学类文本，所以本书中小轶老师就是要帮大家把这些难懂的术语梳理一遍。

我们对以上内容做总结：

阅读训练总的原则： 把握学科规律，探究命题规律，加强逻辑训练，培养思辨能力。

一个注意事项： 一定要注意区分参考答案与备考答案，你要做的是弥补自己的思维漏洞，主动备考，而不是为了追求"参考答案"而复习。

阅读的焦点： 在漆黑的环境中，你手拿一个手电筒照亮前路、找寻方向，手里的手电筒就是考点，你手拿手电筒的动作程序就是你答题的思路，而一片漆黑当中被照亮的可能是独木桥也可能是大路，请一定记牢，往大路上走；我们理解文章的时候不是要随意解读，而是要努力踩准作者、考生、出题人三者阅读的交集。

不思考这五个问题，刷遍阅读题也白搭

（一）这道题你是怎么做出来的？（想想你解答时采用的解题方法是什么）

（二）为什么要这样做？（你的解题原理，如果没有就意味着你没有踩到考点）

（三）为什么想到这种方法？（你的解题思路）

（四）除了今天用的方法外，还有没有其他方法？

（五）能否变通一下，把这道题变成另一道题，如果可以变，原来的这道题就是母题，或者如果它不是母题，你再往上推一下，它的母题应该是什么样的？

总的来说，刷题不在于多，而在于通过刷同一类型的题，训练我们在最短的时间内找到它的作答方式，以最快的速度进行反馈，在考场上不留遗憾。

中学生课外补充阅读建议

中学阶段应该深入发展文本评价的能力，它主要体现在以下几个方面：

（一）对于非虚构文本内容，要运用领域内的知识和批判性思维评估其中的假设数据分析和结论，并用其他信息来源证实或质疑结论，识别和评论作者的意图和结果。

（二）对于文学读物，要结合相关的知识理论，对文学作品进行更好的分析，了解重要的文学模式和文学史，关注文学作品产生的社会背景和作品中的思想冲突。

（三）学会运用专业术语分析作品，比如需要同学们理解文学作品中的语言结构、技巧和风格，以及这些因素对作品的影响，同时还要利用这些文学要素对作品进行分析。

（四）批判地理解读者语境如何影响文本意义的构建，说明不同观点是如何影响对文本的阅读的。

（五）如今，虚拟现实技术、传播技术不断更新，我们也必须发展理解和解释与文本相关的视觉图像的能力，即视觉文化素养。

同时，我们应该加强对所读材料的审视和批判性思考。进行独立思考之后，再决定是否接受作者的观点，养成批判阅读的习惯。那么，阅读什么样的内容有助于提升我们的素养呢？下面给大家梳理了七类读物，希望你能广泛涉猎。

（一）人物传记

看尽他人一生，从中汲取意义。模仿是一种很重要的学习方式，就像虚构小说中的人物会激励读者一样，传记作品中主人公积极的行动也会影响读者，让读者在事实面前做出清醒的判断。

（二）成长主题的情感小说

这类作品以青少年可能遭遇的困惑、烦恼、挫折、痛苦、反省为主题，以细腻的笔触描写人与人之间的情感。从情感小说中发现人情，有了温度的眼睛更容易看到世界的伤痛和喜悦，我们也更能在阅读中不断提升自己的情商，成为拥有共情力的"有情人"。同时，在遇到挫折时，也可以自我安慰，做好心理调适，在自我疗愈中健康成长。

（三）冒险科幻类图书

世界发展迅猛，青少年接触到的概念和信息量逐步增加，学科知识不断丰富，阅读科幻作品能激发更多的想象力，培养创造力，让我们的思维在各类知识中穿梭游走，以未来之眼看待这个神秘的世界。

（四）人文类图书

这个世界上有很多人，他们生活在不同的地方，过着不一样的生活，对这个世界有各种各样的思考。人文类图书更关注人、人类社会，涉及哲学、心理学、伦理学、人类学、历史学、政治学等众多领域。阅读背景信息更抽象的人文历史、哲学、心理学等读物有助于更深入地认识这个世界，同时可以不断更新对自我的认识，从而更好地理解人类社会的运行规律。即便文学类文本阅读不直接考查此类型的读物，可它是我们透彻深入地理解散文及小说作品的基础，甚至是要领。

（五）文艺评论类图书

没有知识滋养的才华是无根之木，不可能枝繁叶茂；没有理论介入的观察是无源之水，不可能灌溉草木。评价与欣赏是审美能力的集中体现。只有在语言思维层面游刃有余，我们才能拿起自己的量尺品评他人的作品，调动自己的背景知识、过往经历、逻辑思考能力，对阅读材料加以辨析和评判。

（六）经典文学作品

经典文学作品代表了文学史上重要的文学模式，也反映了时代文化价值观，是人类文化的重要载体，对理解某个时代具有重要意义。古今中外沉淀下来的诗歌、小说、散文、戏剧等作品都囊括其中。伟大的小说就像精神巫师，能带来灵魂出窍的体验，让我们随着故事情节嬉笑怒骂，建立个人的内在秩序。适合中学生阅读的作品非常丰富，如现实主义小说、科幻小说、动物小说、历史小说，等等。同时，经典散文和杂文因蕴含作者对生活及生命的观察、感悟、思考而对青少年大有裨益。

（七）科普读物

这类图书在概念定义、现象陈述、逻辑表达、问题分析上会使用专业术语，有助于同学们在专业领域更好地实现纵向研读和写作。

以上七类经典作品历经时间检验，具有稳定的价值。它们凝聚了作者的艺术才华，有着深刻的时代背景，饱含对人性的探讨与哲思，对青少年理解人类社会及历史文化传承有不可替代的作用，也是高考语文阅读选文的主流。

我们的大脑并不是静止着等待被填满的罐子，我们应该主动观察和发现以构建知识体系，发展各种能力。人们生来就对各种事情感兴趣，会问各种各样的问题。阅读无疑是解决"十万个为什么"的最好方式。通过阅读实现终身学习，这是时代对我们的要求，阅读的效果是潜移默化的，相信有一天，这些课内外阅读的效果定会在实际生活中显现出来。

第三节 小说阅读要义

一、什么是小说

同学们从小学开始就在写记叙文，把自己的亲身感受和经历通过生动、形象的语言写下来，记叙文要求所写内容必须真实。小说同样也是写事，广义上讲属于记叙文大类，但它更强调艺术的氛围和虚构性。亚里士多德曾说，诗人的职责不在于描述已发生的事，而在于描述可能发生的事，小说家也是这样。他们不能机械地复制现实生活,而应对真实生活进行艺术的再现和创造。要了解小说这个概念,我们必须做一个追溯,这样大家才能对它有一个系统、全面的认识。

在古代中国,到底什么是作为文类的小说,这个概念几乎从未特别明晰过。陈平原先生在《中国散文小说史》中说:"人世间没有放诸四海而皆准,较诸古今而皆通的散文或小说的概念。所以当我们谈到文体的时候,'大同'保证了文类的生存,'小异'则意味着文类的发展。正是此等打破定体的不断努力,使得文类永远保持了新鲜与活力。"作为虚构类文学作品,小说可以启发想象力,为读者了解人情世故提供情感体验并帮助他们建立信念感和价值观。

在三大文体中,小说属于叙事文,可以约等于我们所说的记叙文。它侧重于表现时间流中的人生体验,并不直接去概说人生的本质。抒情诗直接描绘静态的人生本质,较少涉及演变的过程;戏剧关注的是人生矛盾,通过角色和场面冲突传达人生本质;只有叙事文在故事中展示人生本质。但在具体的文学现象中,同一部作品往往可以同时包含上述三方面的因素,它们互相包容渗透,比如大家公认的伟大的叙事文学作品《红楼梦》,其中也充满了诗词歌赋乃至灯谜、对联等各种文体。

二、中西方小说的差异

中国古代文学传统以抒情诗为核心,而地中海文学传统以早期的叙事文学为核心,这是它们本质上的区别。《荷马史诗》是西方文学最初的源头,文艺复兴后,古希腊罗马时代的西方古典史诗文化逐渐式微,到了启蒙时代,终于摇身一变,借novel(小说)的形式复活了。小说以叙事为主,而在中国,叙事其实是出自史学的传统。后来随着儒家"子不语怪力乱神"观念的不断强化,以及小说作为文类的日趋独立,鬼怪神仙和琐事轶闻才退出史部。西方文学重叙事,而中国文学重抒情。中西文学的传统在源头流向和重心方面存在差异。

就拿神话来说,中国神话与其说是在讲述一个个故事,倒不如说是在罗列一个个事件,而西方神话则更注重对事件整个过程的呈现。比如《荷马史诗》里的"阿喀琉斯之怒"可以占据几十页的篇幅，而《淮南子》中"怒而触不周之山"，仅有"天柱折，地维绝"等寥寥数十字。希腊神话的叙述性与其时间化的思维方式有关，而中国神话的非叙述性则与其空间化的思维方式有关。希腊神话通过时间展开，注重过程而善于讲述故事；中国神话以空间为宗旨，注重本体而善于画图案。这让我想到平遥古城里那些大院墙壁上雕刻的"忠孝义"的故事，这些故事都不以文字呈现，而以一整块图画呈现，没有时间线上前因后果的具体展示。

《尚书》和《荷马史诗》标志着中西叙事文学的源头和特色。正如词为诗余，曲为词余，古人倾向于把文言小说视为"史余"。明代是中国文化发展史上一个很重要的时期，宋明理学潜移默化地渗透到文学创作中，于是有了崭新的虚构文体，中国的叙事文体发展到虚构化的巅峰境界。叙事能力的成熟乃是作为文类的小说得以独立的关键，所以到了大学，你们会发现研究小说的学问有个特别的名字——叙事学。

三、中国现当代小说是怎么发展而来的

除了叙事与虚构外，小说之所以可以成为一个独立的文类，还和铺饰有关。在关键时刻增加一点儿夸饰与铺排，小说可能显得更加动人。

我们在考场上阅读到的中国现当代小说，它们能有今天这样的面貌，必须追溯中国小说的转型。20世纪初发生了一场"小说界革命"，这是一场文学运动，它揭开了中国小说史上新的一页，这一时期，各位意见领袖引进西方小说给民众阅读，无论是为了中华之崛起还是为了消愁解闷，无疑都使中国小说的艺术形式产生了巨大变化。

1909年，鲁迅、周作人出版《域外小说集》，以介绍西方小说的现代思想和技巧为己任。可以说，域外小说的引进是20世纪中国小说发展的原动力。从这一点上讲，中国文学能进步，同时期的翻译家功不可没。当然，还有一批新小说家，他们有自己的主张，在文学改革的浪潮中选择了另一批外国作家模仿借鉴。比如有人注重史传，所以热衷于引用逸闻、游记。而还有一批作家起于五四运动，更注重诗骚，所以喜欢在小说里引用日记、书信。

这一时期，新小说家强调小说创作要传承中国传统小说。而起于五四运动的作家大多想要割裂自己的作品同传统的一切纽带。其实，在东西方文化碰撞与交汇中演进的中国小说，既不可能完全固守传统，又不可能被西方小说同化，而是在诸多个平行四边形的合力作用下蹒跚前行。

　　晚清文坛上，西方的政治小说、科学小说、侦探小说呼声都很高。而中国读者的小说阅读习惯如果说有，那还真是从茶楼说书先生那里培养起来的。中国读者大多擅长鉴赏情节，所以在当时最受欢迎的便是侦探小说。然而，"五四作家"之所以能初步完成中国小说叙事模式的转变，在于他们着力表现人物在特定情境下的特殊心态，而不是讲述一个曲折有趣的故事。强调艺术个性与表现普通人的日常生活，决定了这些小说的非情节化倾向。心理化与诗化的趋向让作家注重人物感受，追求小说的情调和意境，而这些都是说书人与听书人绝对无法理解和接受的，这些作品也明显不是面向普通听众，而是面向有一定文化修养且愿意认真阅读甚至掩卷沉思的读者。

　　正因为以情节为中心的阅读心理至今仍旧镌刻在我们的阅读习惯里，我们中的大部分人无法摆脱以情节为中心的阅读心理，希望看到的是有趣的故事。所以看到情节比较弱的电影，我们会说"太文艺了"，读到情节比较淡的小说，我们就觉得无法欣赏。在高考考场上遇到的比较棘手的小说不也有相似的特点吗？现在明白了吧，有些文学作品之所以难读是有原因的，不是你一个人不懂，而是大家都觉得难读，这多半要追溯到文化基因的层面。当然，这并不是你逃避的借口。我们一定要破除读不懂的"魔咒"。比如，"五四作家"的小说的情节性比较弱，那么面对这种作品，我们其实应换一种读法，去感受它的情调品味，它的细节与风格。与此同时，那些被中国作家推崇的外国作家，他们的作品要怎么阅读，相信在这样一番梳理中，你也就明白一二了。

　　晚清小说革命的最大功绩在于极力提高小说和小说家的地位。小说成为文坛的杰出代表，笑话轶闻、答问、游记、小品、寓言、书信日记，都曾为新小说叙事模式的形成提供必要的养分，小说包罗万象、无所不有，融入了整个人类文化的精华。

四、阅读小说之前必须要清楚的关系原理

（一）什么是叙事，什么是故事，什么是话语

通俗地讲，叙事就是讲故事，讲述事件的起因、经过、结果。越来越多的学者把缺乏因果关系的现代和后现代作品视为一种叙事类型，但有一点大家都没有争议，就是叙事必须涉及两个或两个以上的事件或状态。比如"吴小轶老师骑自行车去上班"就是在叙事，"吴小轶老师骑车"就不是叙事。故事围绕着主角展开，而我们不能只是说故事，还需要让这个故事在特定的环境里展开。

每一个叙事都有两个部分：一个是故事，指事件的内容或串联，再加上存在物；另一个是话语，就是写出故事的方法。简而言之，故事是指讲什么，而话语是指怎么讲。

作为考生，我们可以这样理解：一部小说好不好看，除了故事本身之外，小说家如何把故事写好也是值得进一步研读的。而语文阅读中的小说考题也正是基于话语层面，对我们的文学素养和语文能力进行考查。所以，在阅读小说的时候你也可以问问自己，你对小说的爱属于哪一种，是被故事牵着走，还是能够跳出来在话语层面做一些理性思索。

（二）叙述视角：指的是叙述者采用人物的感知来观察、过滤故事事件

当我们翻开某一篇叙事文学时，常常感觉到至少有两种不同的声音同时存在。一种是事件本身的声音，一种是讲述者的声音。陈寿的《三国志》、罗贯中的《三国演义》和无名氏的《全相三国志平话》都在叙述三国故事，却是三本截然不同的书。这不仅因为它们各有不同的哲学深度，显示出不同的艺术质量，体现了不同的时代精神，更因为它们代表三种不同的叙述人的口吻。陈寿用的是史臣的口吻，罗贯中用的是文人小说家的口吻，而无名氏用的是说书艺人的口吻。（浦安迪《中国叙事学》）

人物视角可反映出人物的思维方式、心情和价值观。一般而言，小说中的叙述角度可分为"全知视角"和"有限视角"两种。

①全知视角常见于传统小说，叙述者就像上帝，对所发生的故事、各个人物的心理都了如指掌，无所不知。全知视角不受时间和人物限制，方便读者了解故事的全貌，如莫泊桑的《项链》。

②有限视角的特点是叙述讲究遮蔽作者意图，故意隐藏一些环节，留给读者自己去推理、判断与评价，完全依赖于人物的眼睛来看小说里的世界。比如鲁迅的《孔乙己》，完全靠小伙计这个叙述者带领读者走进情节，这使得读者不像在阅读传统小说时只是被动地听故事，而必须调动自己的知识、经验和想象力。再如海明威的《桥边的老人》，一幅画面、一段对话、一个老人，以小见大地揭示出战争的罪恶和人性的善良，这就需要读者尽己所能地去体会作者的意图。

全知视角与有限视角无优劣之分，选择怎样的视角完全依照小说的具体需要。一篇小说可以通篇都用全知视角或有限视角，也可以有视角的转换。如《红楼梦》中关于林黛玉进贾府的描写就是作者的全知视角和林黛玉的有限视角的自然切换。对同一事件采取不同的视角叙述，便产生不同的事实。举个简单的例子：小明在家玩时不小心打碎了花瓶，如果小明作为故事的叙述者，他想要掩盖这个事实，在叙述的时候就会隐瞒这个事实。此时就必须存在第二个视角来叙述这个情节，读者才能知道有人在叙述中掩盖或改变了事实。

此外，还有一个特殊情况，第一人称叙述中"我"的叙述者功能与人物功能重合，叙述者在表达自己的故事，因此有时难以区分一篇文章里哪部分是作为叙述者看到的内容，哪部分是作为人物看到的内容。这两者，一个是话语层面的，一个是故事层面的。

最后，补充一个小说中不太常见的叙述视角——客观视角。又称"外焦点叙事"，纯粹客观地记录事物表象，摒弃一切主观思想情感，类似于电视台的新闻采访。使用这种手法，作者不能直接描写人物的心理活动，只能记录人物展现在外的语言和行为，其他交给读者去评判。不少纪实新闻报道，都采取此种视角。

（三）情节

简要通俗地说，情节就是对事件的安排。那么应该怎样安排事件、组织情节呢？情节首先必须是完整的，同时在起因、发展、结局的过程中必须有因果关系和有机联系，并且，构成事件的行动必须和事件具有相关性。大学语文课在讲小说创作时常常会用到下面的例子。

有一个四岁的小女孩儿写了一个小说，只有四句话：

1. 罗宾汉去打猎。
2. 来了一个坏人。
3. 他们打架。
4. 他赢了。

构成故事的事件在时间和空间上的排列方式就是我们所说的情节。情节和故事不一样，情节意味着说故事的人对故事的讲述方法进行了设计。同样的故事可以按照不同的方式来排列。比如上面的故事也可以先说罗宾汉打架，再解释打架的缘由，最后交代打架的结果。同样的故事能够形成很多不同的叙事，最后变成一篇篇小说与大家见面。这就是为什么有时候你看电影、读小说会觉得有些故事是雷同的，有的在情节安排上似曾相识，一些影视剧在播放前也会黑个屏广而告之：本故事纯属虚构，如有雷同，纯属巧合。

我们再梳理一下几种不同的情节观。

1. 传统情节观

传统小说家把情节看作故事内容。情节犹如一个人的骨架，不如脸部表情或符号那样有趣，但它支撑着整个人的结构。"国王死了，然后王后也死了。"这是故事。而"国王死了，然后王后因为悲伤而死。"这是情节。传统情节观从读者的审美角度来考虑，认为因果关系在情节中占主导作用。

2. 经典叙述学的情节观

西蒙·查特曼认为，每一种安排都会产生一个不同的情节，很多不同的情节可能源于同样的故事。比如上文提到的罗宾汉打猎、迪士尼公司的电影《花木兰》等。

3. 非典型情节观

还有几类叙事作品值得大家注意。现代和后现代作品中有一部分小说在情节上缺乏因果关系，比如意识流作品就打破了传统的因果关联的叙述，用人物的意识流动，如回忆、梦幻、感受、联想、情绪、心理独白等来组合作品。内心独白是意识流文学最常用的技巧，如弗吉尼亚·伍尔夫的《墙上的斑点》。

此外，提出"冰山理论"的海明威认为冰山在海里移动很庄严宏伟，这是因为它只有八分之一露出水面。他认为应该把思想、情感乃至语言与动作等的八分之七的内涵隐藏起来，同时，所有这一切被省略的东西，读者可以通过自己的想象加以联接与弥补。这类作品文本简洁，叙述者在叙述时常常不会让自己的情感介入。

（四）人物

人物是行动的发出者，在行动的时候表现性格。人物是叙事作品的首要因素，因为具有丰富内心活动的人物通常包含深刻的心理感受，作者可以通过人物传达出自己的思想观念。

安东尼·特罗洛普提出小说艺术的伟大之处在于小说作家通过塑造真实的人物形象，感动读者，引发泪水，最终揭示关于人的真理。弗吉尼亚·伍尔夫提出，所有小说都是人物的艺术。小说创作在于展现人物，让人物形象生动可信。从传统意义上讲，小说的主要任务就是塑造人物形象。重视故事，强调人物，使读者宛如置身于故事世界，也是传统小说艺术的美学原则。

小说艺术构建生动形象的人物，不仅使小说具有了道德伦理的功能，而且搭建了人与人之间交流的渠道。

在文学研究中，我们一般将人物分为扁平人物和圆形人物。

1. 扁平人物：这类人物比较典型。比如巴尔扎克的《欧也妮·葛朗台》中的主人公葛朗台无论是在语言上还是行动上都表现出十足的贪婪与吝啬，葛朗台成了表示吝啬之极的一个代名词。体现在扁平人物身上的单一特点实质上是高度抽象化、理想化的，某些人物形象在现实生活中是不可能存在的。作者之所以这样创作人物形象，主要是从事件背后的意义和价值方面来考虑。

由于扁平人物的特点太突出且单一，因此在描写手法上难免显得类型化，甚至有些俗套。

2. 圆形人物：与扁平人物相对。比如在提及《包法利夫人》时，作家苏童曾说，《包法利夫人》是一部包含人性弱点的百科全书，它几乎不带评判色彩地描述了一个女人在追求爱情和物质享乐时的可爱与可气、激情与痴狂以及任性与堕落。

可怜之人必有可恨之处，可恨之人亦有可怜之处。圆形人物的心理活动明显具有多面性和复杂性。

3. 主要人物：强调以主要人物作为故事主线的观点，通常关注人物关系结构，提倡根据情节发展的轻重，对人物进行分类。传统小说评论通常使用的一些术语，比如主人公、主要人物，就是这种观念的反映。

4. 次要人物：也可以称为陪衬人物。陪衬人物属于主人公和社会环境之间的一个中介，通常和主人公在认知能力、性格方面构成对照。主人公不知道的信息，陪衬人物看得清清楚楚。比如《范进中举》里的胡屠户，他所处的社会地位及生活环境的特点，对深化作品主题起了不可忽视的作用。又如《红楼梦》里的刘姥姥见证了贾府兴衰荣辱的全过程，一进荣国府，刘姥姥小心谨慎，与赫赫有名的金陵大户建立关系；二进荣国府，刘姥姥左右逢源、装疯卖傻；三进荣国府，刘姥姥挺身而出，侠肝义胆，成为情节上重要的收场人物。

陪衬人物除了在性格、行为、价值、信仰方面与主人公形成对照外，还能引导读者对主人公尚不明白的某种陷阱予以注意或是为后文埋下伏笔。比如刘姥姥二进大观园，就是为日后贾府败落、巧姐获救埋下伏笔。

我们在阅读某些短篇小说时，更容易关注作者着墨较多的主线人物，而特别容易忽略一些"透明人"。大家在学习课文《我的叔叔于勒》时，有人考虑过二姐夫的内心感受，分析过"二姐夫"的人物形象吗？作者赋予次要人物的意义或许值得我们不断咀嚼。

（五）人物性格和塑造手法

1. 直接塑造法和间接塑造法是塑造人物的两种基本方法。

①直接塑造法：主要通过直接点明人物特点的形容词、抽象名词、喻词，勾勒人物的主要特征。

比如交代人物的容貌、智力、经济情况、家庭背景、性情、年龄……为读者提供关于这个人物的基本概况。作为一种叙述常规，这种叙述方法具有不容置疑的客观性和权威性，虽然小说情节尚未展开，但读者已经对人物的基本情况有了大致了解。

直接塑造法在话语形式方面有时会显得简明扼要、过于笼统，因此现代小说家们更青睐于将其与间接塑造法相结合。

②间接塑造法：通过具体手法对人物形象进行多维度描述以映衬人物性格，包括人物的行动、语言、外貌，人物所处的环境及复杂关系。其中，关于人物行动的叙述尤为重要。这种聚焦人物行动的叙述方法，将人物的性格特征进行了形象化处理。比如《变色龙》里描写了奥楚蔑洛夫对军大衣穿而又脱，脱而又穿的细节，淋漓尽致地勾画出其"变色"过程中的丑态以及卑劣的心理活动，这个行动细节成为奥楚蔑洛夫人物性格的标志性特征，加深了读者对人物基本特点的印象。

2. 体现人物特性的另一个重要方面是人物的语言。

我们都知道《红楼梦》中的王熙凤精明能干、八面玲珑，但是作者很少使用这些直接概括个性的词语，而是通过人物自身的言语及行为予以展示。比如第三回王熙凤出场时有这样一段精彩的描写：一语未了，只听得后院中有人笑声，说："我来迟了，不曾迎接远客！"黛玉纳罕道："这些人个个皆敛声屏气，恭肃严整如此，这来者系谁，这样放诞无礼？"……黛玉连忙起身接见。贾母笑道："你不认得他，他是我们这里有名的一个泼皮破落户儿，南省俗谓作'辣子'，你只叫他'凤辣子'就是。"

作者先让读者感受到王熙凤人未到而声先至，这一特点与荣国府的整体氛围大相径庭。正如黛玉所见，贾府里所有的人都敛声屏气，一个女人竟然如此无礼，必定不一般。这些叙述除了突出王熙凤快人快语的泼辣特点外，还强调了她随机应变的性格特征，同时也表现了她在贾母面前的潇洒肆意，十分生动地刻画了王熙凤精明能干的个性。

3. 除了行动和语言能使读者直接感受人物形象外，关于人物的外貌描写也有此作用。

此种描写意在突出人物外貌和着装方面的个性化特征。通过描写人物外貌，暗示人物内在气质的写法在我国的古典小说中有很多，如《红楼梦》中有多处对林黛玉的外貌描写，透露了观察者对黛玉各不相同的情感。

4. 与人物塑造相关的另一个方面是人物所处的环境，也可以理解为人物活动的场景。

我们一般将小说里的环境分为社会环境和自然环境。

①社会环境指能反映社会、时代特征的建筑、场所、陈设等景物以及民俗民风等，是某一时间段内社会生活的横截面，小说就是由这样一个接一个的"面"构成的。我们还可以把它称作小说的场景，人物的活动在场景里展开。环境就像人物的外壳。仍以大家熟悉的《红楼梦》为例，第十七回讲述大观园竣工后贾宝玉、林黛玉并众姑娘都搬入了大观园，林黛玉住潇湘馆，薛宝钗住蘅芜苑，贾宝玉住怡红院。这些建筑结构各有不同的住所在不同程度上代表了居住人的性格特征。其中，潇湘馆的意蕴与林黛玉性格之间的隐喻关系尤为明显。潇湘馆绿竹环绕，斑竹又名湘妃竹，林黛玉爱哭，别人打趣说，将来她院子里那些竹子也是要变成斑竹的，以后都叫她潇湘妃子就完了。

如果社会环境描写出现在开头，一般有以下几个作用：A. 给文章定下情感基调或者叙述基调，使得叙述更舒缓自然或顺理成章。B. 营造特定的意境，渲染特定的气氛，感染读者或人物。如果社会环境出现在人物出场前，那么其功能便是导引人物出场；如果社会环境被置于小说的某个情节之中，其作用可能是推动情节发展；如果社会环境描写置于人物描写之中，那么其功能是揭示人物性格。

②自然环境指自然界中的景物，如季节变化、风霜雨雪、山川湖海、森林原野等。它出现在小说中一般有以下作用：A. 作为背景出现的风景，点名了地点、季节、时间，对事件起着衬托作用；B. 自然景物穿插在小说里可起

过渡和调整节奏、舒缓情绪的作用；C. 自然景物还有营造氛围、孕育美感和给人以精神启示等作用；D. 自然现象与情节结构联系在一起还能起到设置悬念、推动情节发展等作用。

如果某个自然环境（也有可能是自然环境与社会环境相结合）作为小说的主背景，那么其很可能是一种象征。比如海明威的《老人与海》中的大海，便是人生的象征，老人与海的斗争，便是人与自身命运的斗争。

不过，大多数情况下，小说中某个场景的功能不是单一的而是综合的，要结合具体的小说文本进行具体分析。如《我的叔叔于勒》，大家有没有想过，为什么整篇小说要把所有情节都放在游轮上？游轮和陆地最大的差别在于范围，上了轮船，生活环境被框定在狭小的空间里，便于情节集中紧凑地展开。更重要的是，通过船这一媒介，将菲利普一家的社会层级移到了等级森严的游轮上。菲利普夫妇爱慕虚荣、死要面子、生活异常拮据，离开栈桥到哲尔赛岛是他们向往已久的了。写他们去哲尔赛岛游玩时，有这样一处环境描写："我们上了轮船，离开栈桥，在一片平静得好似绿色大理石桌面的海上驶向远处。"水如此碧绿平静，极其真切地暗示了他们当时对外出度假的渴望与兴奋的心情，这与后文发现于勒是个卖牡蛎的穷鬼后的环境描写形成强烈的对比：在我们面前，天边远处仿佛有一片紫色的阴影从海里钻出来，那就是哲尔赛岛了。"天边远处""紫色的阴影""钻出来"，隐藏了令人不寒而栗的恐怖，也更能反映资本主义社会中金钱酿造的罪恶。

一方面，作为行动的发出者，人物在故事情节中承担特定的功能；另一方面，随着情节的发展，人物性格也会发生变化。我们需要同时关注人物的外在言行和内心活动，这样有利于了解人物命运发生改变的来龙去脉，对人物内心的价值体系有更为明确的把握。

5. 叙述视角

指叙述时观察故事的角度。观察并非一定用眼睛，也可以用耳朵等其他感官。

什么是视角？比如电影可以通过各种技术处理从某些方面超越舞台甚至文字的局限。蒙太奇手法可以让观众同时看到在不同地点、不同时间发生的事。特写镜头和慢镜头等，可以对故事进行艺术加工或者变形，使其产生特定的视觉效果。戏剧舞台可以通过布景尤其是灯光起到调节视角的作用。

这些技巧在小说里是借助叙述视角实现的。比如《变色龙》中的叙述者就不是一成不变的，小说家为了增加小说的信息量，往往会极快地变换叙述视角。这篇小说总体上以第三人称叙述，但也会根据需要从人物视角出发去观察。比如小说前面的部分，警官奥楚蔑洛夫走到广场时，有一段这样的文字："狗叫声响了起来，奥楚蔑洛夫往那边一看，瞧见商人彼楚金的木材厂里窜出一条狗，用三条腿跑路，不住地回头看。在它身后，有一个人追出来，穿着浆硬的花布衬衫和敞开怀的坎肩。他紧追着那条狗……"请注意，这一幕是警官奥楚蔑洛夫看到的。紧接着又叙述："在木材厂门口，他看见上述那个解开坎肩的人站在那儿举起右手……""奥楚蔑洛夫认出这个人就是首饰匠赫留金。闹乱子的罪魁祸首是一条白毛的小猎狗，尖尖的脸，背上有一块黄斑，这时候坐在人群中央的地上，前腿劈开，浑身发抖。它那含泪的眼睛流露出苦恼恐惧的神情。"细读这些描写我们会发现，警官奥楚蔑洛夫拥有准确的分析和判定事情真相的证据，但是他却没有这样做。我们还能发现，奥楚蔑洛夫和这个生活区内的人其实是很早就认识的。这就在有限的文字中最大化地表现了奥楚蔑洛夫有意掩盖真相，其变色龙一般的特征跃然纸上。

（六）记叙的顺序和时间距离

1. 记叙顺序

小说家写小说，本质上讲，故事的时间总是先于写作的时间，即便表面上看似与叙述时间同步发生的纪实作品也是如此。为什么？作家脑子里已经有故事了才能写下来嘛。

小说中的**顺叙**，实质上是以某个叙述时间为故事的开端，进而讲述主要事件的过程。在叙述过程中，如果事件还没有发生，叙述者预先叙述事件及其发生过程叫**预叙**；事件时间早于叙述时间，从现在开始回忆过去就叫作**倒叙**。其实，采用倒叙手法展现的事件，很多时候与主要情节是缺乏必然联系的。倒叙主要是为读者提供一些与主要事件相关的过去信息，可长可短，依照情节需要而定。**插叙**是在叙述进程中插入和主要事件相关或者无关的另一事件，这么做，多半是为了让情节更合理，人物形象更丰满。而**补叙**就是补充的意思，也叫追叙，指行文中用三两句话或一小段话对前边说的人或事做一些简单的补充与交代。

2. 时间距离

要理解这个概念，我们可以先聊聊近来刷过的电视剧和从前读过的小说。电视剧《和平饭店》讲述了1935年东北沦陷后，在一家名为"和平饭店"的豪华酒店中，一群神秘客人展开长达10天的生死博弈的故事。10天的事，拍了39集。电视剧《长安十二时辰》也是如此。小说《风声》同样用数章的篇幅叙述一天的事情。而詹姆斯·乔伊斯的小说《尤利西斯》用十八章描写了三个人物在都柏林一天的生活。与此相反，小说家有时用很少的篇幅概述较长时间段内发生的事件，比如鲁滨逊结束28年荒岛历险后，仅用一句话概述了自己的家庭生活："同时我差不多在这里稳定下来……然后有了三个孩子，两个儿子、一个女儿，那一年是1694年。"结婚、成家、生育三个孩子，这些通常要数年时间才能完成的事，在鲁滨逊的叙述中仅一笔带过。这一手法恰恰表现了婚姻生活以及三个孩子的出生对于鲁滨逊而言几乎可以忽略不计，突出了鲁滨逊身上的资本主义气息。

那么时间距离对于阅读而言究竟有什么意义？我们可以根据时间距离判断下面这些概念：

A. 叙述时间基本等于故事时间叫作场景，最常见的场景就是文本中的人物对话。这一手法使读者感到阅读这些文字的过程，基本上等同于人物说话的过程，就像看话剧，让观众直接听到、看到人物的言行。

B. 叙述时间为零，故事时间无穷大，即省略。当故事时间或者故事的某些事件没有在叙述中得到展现，就出现了省略。读者可以凭借自己的生活经验推测叙述当中的基本内容。

C. 叙述时间短于故事时间叫作概述，也就是说，事件过程实际所需时间远远大于阅读文本展现这些事件所用的文字篇幅。

D. 叙述时间无穷大，故事时间为零，叫作停顿。也就是说，当作品采用人物视角对观察对象进行描述时，故事时间转移到了人物的观察行为或心理活动上。比如在《红楼梦》中，贾宝玉有一回看到了薛宝钗的手腕，不觉发了呆，正巧被林黛玉撞见，贾宝玉就被说成是"一只呆雁"。贾宝玉看到薛宝钗白皙手臂时候的心理活动，使得故事时间停留在那一瞬间。再比如一些小说用一页多的篇幅进行环境描写，人物对话要等到叙述者把环境交代完后才能够展现在读者面前，这也是一种停顿。

以上叙述手法，构成了叙述作品中的不同节奏，它们往往交替出现在作品中，不同程度地影响叙事的速度。

3. 叙述频率

与叙事结构密切相关的另外一个概念是**叙述频率**，也就是事件在小说里有可能被重复地叙述。重复叙述，就是数次讲述只发生了一次的事件。比如《祝福》中，祥林嫂重复叙述她的儿子被狼吃掉的事件就是大家都熟悉的例子。祥林嫂无数次的重复叙述，揭示了作者对旧社会麻木冷漠的人们深刻批判。

以上，我们深入了解了叙事学原理和小说的整体结构，站在学科高度对小说文本做了精准感知，这是进一步解读文本的基础，也是阅读一切小说的关键。

4. 小说的主题

小说靠形象来揭示所蕴含的深刻思想。理解了小说中的人物形象，就离理解小说主题不远了。所有作品都是有主题的，"生与死""爱与恨""美与丑"是小说家写不厌的"母题"，作者试图通过小说来表达自己对人生的看法。好的小说就像多棱镜，主题具有丰富的探究性。但是我们之前谈到过，文本的解读并不是无边界的，尤其是在考试中，应该将答题的落点定在作者、读者、出题人三者的交集上。

基于以上，我们可以从三个方面把握小说的主题：①小说的人物形象；②作品的时代背景及典型的环境描写；③小说的精巧构思，比如叙述视角、情节安排等。

五、如何阅读小说

如果你能从小说阅读中获得乐趣，那一定是被小说的故事情节深深吸引。课外阅读和刷剧有相似的地方，被情节牵着走就是其一。但如果一味沉浸于阅读故事所带来的愉悦感，你的阅读基本上也就处于低水平循环状态。浮于表面的泛读，是语文学习中要极为警惕的。

那么如何让小说阅读不浮于表面？关于如何阅读小说，很多专家认为要把目光聚焦在对小说文学特征的分析和探究上。小说的文学特征包括节奏、情节结构、人物性格。加拿大儿童文学家佩里·诺德曼认为，场景、人物、情节、主题结构和视角是叙事文本的几大要素。除了小说故事内容本身提供的乐趣和意义之外，探索文学艺术也会给我们带来更高级的乐趣。人类与生俱来的好奇心一直致力于探索和寻找事物背后的原因，当找到事物背后的一些规律之后，人们就会获得自我效能感（成就感）。

如何对小说进行深度阅读？

首先，应该关注小说内容。问问自己故事主角都有谁，他经历了什么样的事情，面临哪些挑战、挫折和困难？小说中还有其他哪些人物，这些人物有怎样的性格特点？他们和主角之间是什么样的关系？他们原来是什么样的人，经历了什么事情，后来，他们发生了哪些变化？

其次，关注小说涉及的主题和作品在文学方面的思考与分析（也就是前面提到的小说的叙述人称、语言特点、叙事结构、叙述节奏、情节场景和视角等）。相信通过思索，你能发现作者在写作时设置的那些隐秘的角落，在感受故事乐趣的同时以更加专业的角度鉴赏品评作品，更深入地理解小说内涵，从而获得更高层次的阅读乐趣。

最后，要敢于打破传统经验的束缚，以开放的心态不断更新理念，重新审视小说情节。

这些年，或者说几十年以来，针对小说，语文课堂上最流行、最坚实的理论是情节包括开端、发展、高潮、结局四个部分。其实这个理论现在已经落伍了，到了19世纪下半叶，国际上已经废弃了这种一环扣一环的全过程式的情节,取而代之以"生活的横断面结构",即从生活中截取一个侧面,情节可以没有开端,或者在小说中表现为某种不露痕迹的交代,结尾或许也不复存在。胡适在《论短篇小说》中强调短篇小说是这样的:用最经济的文学手段描写事实中最精彩的一段。而鲁迅更前卫,他的《狂人日记》几乎废除了情节,《孔乙己》只写了酒店的三个场景。

之前说到的情节理论,据考证出自季莫菲耶夫的《文学原理》一书。此书原为苏联教育部核准的文学类教材。半个多世纪过去,苏联的许多文艺理论早已被废弃。只有关于情节的教条,仍然在教学中广泛流行。这个理论有非常大的局限性。

关于情节,亚里士多德在《诗学》中早就提过"突变"和"对转",可以理解为小说的情节发生变化,向相反的方向发展。这些变化集中体现在小说人物身上,比如《最后一课》中的小弗朗士,他原本不喜欢学习,成天逃课,可是最后为什么就醒悟了呢?因为这是他最后一堂母语课。其实他的内心深处一直有一个隐秘的角落,那就是对母语的热爱,看似故事有点儿没来由,但情境一变,却能立马彰显人物的内心世界,这就是生活情感的横断面。

再比如热播电影《你好,李焕英》,这部电影的叙事结构挺巧妙,影片末尾做了一个消解化叙事——把之前的一切都推翻了。这种推翻其实也是一种情节突变,让穿越的叙事线显得更为波澜。原本只是贾晓玲一个人的穿越,现在变成了母女的双向奔赴。

除了情节的突变和对转外,我们还要关注同一情感结构之中人物心理发生的错位。有首歌叫作《错位时空》:我吹过你吹过的晚风/那我们算不算相拥/可如梦初醒般的两手空空/心也空/我吹过你吹过的晚风/是否看过同样风景/像扰乱时差留在错位时空/终是空。

这些歌词让我想起新海诚导演的动画电影《秒速五厘米》。贵树和明里,曾经在少年时相爱,又在长大后错过。影片的最后一幕,两人十三年后在铁轨上擦肩而过,面对疾驰的列车,明里离开了,而贵树还留在原地。望着飘落的樱花和远去的列车,贵树的脸上露出一丝笑容。看到此处,视频弹幕上无数人敲出"炸火车"三个字。而就是这种错过才让观众刻骨铭心,不完美的错位结局能够引发观众对人生大孤独的思考。

在文学创作中,有了错位的情感情节,人物的个性都可以被淡化。你看《红楼梦》就是让最爱的人成天在感情上错位,没完没了地互相折磨,林黛玉的艺术性就在于她的多疑,她越怀疑就和贾宝玉误会越深,贾宝玉就要花越多的时间去澄清、去解释,这样也就越能印证人物的内心世界。再比如,让原来志同道合的人在一件事上分化,意志发生错位,甚至势不两立。曾经促膝长谈,通宵达旦,如今却各自有了各自的想法、各自的路,读者读了只叹人物命途多舛、天不遂人愿。

六、高考小说命题趋势

1. 选材:中外经典小说为主,近些年也会选择伟大作家的冷门篇目。比如海明威的《越野滑雪》(2020年全国Ⅰ卷)。

2. 篇幅:中长篇小说节选与短篇小说并重。

3. 人物选择:主人公大多平凡而典型。

4. 主题:以弘扬核心价值观为主,多展现中国人民在革命、建设、改革征程中表现出的高贵品质。

5. 考点设置:小说考查题型相对稳定,设问指向越来越具体细致。小说的情节、人物、环境、主题常考常新,以考查核心素养为目标,考点源自教材。2021年是新高考的第一年,依照课程标准的要求,为更好地培养学生的核心素养,统编教材在编排上注重学习任务群的设置,每个单元都贯穿一个主题,高中三年设置18个学习任务群。高考真题《石门阵》虽说是课外篇目,但与统编教材必修中茹志鹃的《百合花》有许多共同之处,比如两篇文章都是战争时期(题材)的作品。在写作手法上也有许多相似之处,比如两篇小说都善于运用反复的手法。《百合花》中那条绣有百合花的被子,一共出现了三次;通讯员衣服上的破洞,一共出现四次。而2021年全国Ⅰ卷阅读题《石门阵》就考查了王木匠讲石门阵时多次使用反复手法的效果。

七、小说解题必备核心知识

（一）"三要素"和"五方向"

1. 三要素之间的关系

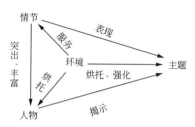

小说中的人物是"有故事的人"。读小说就是读者通过情节理解小说主题的过程。故事说得好或坏，看情节的安排，好的情节能够突出人物形象。同时，人物所处的环境服务于情节，并且能够烘托人物形象，而人物形象、环境、情节三者就是揭示主题的三个要素。

2. 五个方向梳理

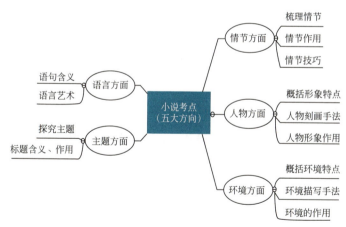

3. 复习建议

回顾课内小说，精读近几年的高考真题，结合本书讲解的内容，带着"写了什么？怎么写的？为什么这么写？"三个问题去阅读。从2021年新高考的趋势来看，我们备考时除了要回归教材外，平日学习时也应该重视教材的示范作用。

（二）客观题解题技巧

1. 选项规律

（1）正确信息多，利于我们疏通文意。

"4选1"选出"不正确的一项"意味着有3项对文本的解读和赏析是正确的，我们可以借助正确选项疏通文意。

（2）选项基本按照文本行文的顺序设置。

前面的选项往往从文本局部入手，按照文本行文的顺序排列次序。后面的选项往往从主题、整体思路角度着手，前后选项间形成梯度。我们可以通过这些选项迅速把握文本的结构层次。

（3）紧扣相关内容和艺术特色命题。

选项往往采用"写了什么＋怎样写的＋为什么这样写"的方式。

2. 设误类型

【三类错误选项】

知识性错误：知识点方面出现常识性错误。

语言性错误：表述不严谨，过于绝对。

理解性错误：不符合现实，主题倾向理解错误。

常见设误类型参考

设误类型细分	选项特征
情节理解设误	①对情节的性质或情节安排的作用判断错误。②曲解某情节的作用。③颠倒情节顺序或夸大某个情节。④情节构思特征有误。⑤对情节、结果发生的原因分析有误。⑥情节分析、人物情感推断过于绝对
人物形象设误	①人物性格特点概括错误。②特点概括过多。③特点概括不全。④将人物的行为、想法概括错误或者张冠李戴。⑤颠倒人物行为的顺序。⑥评价人物用语不当。⑦评价人物的说法过重或过轻。⑧违背文意，曲解人物
环境描写设误	对环境特点、作用及描写的特点进行错误解读
文本评述失误	①说错某处运用的表现手法及其作用。②说错某处运用的修辞手法及其作用。③说错某处运用的表达方式及其作用。④说错句子的含意、风格和表达作用。⑤对塑造人物、设置情节、描写环境等方面所用手法技巧的判定或解说错误。⑥对小说叙述语言、人物语言的特点、风格、作用的判定或解说错误。⑦评价脱离文本。⑧对小说的主旨（情感）曲解或拔高，甚至无中生有

3. 解题步骤

第一步：快速浏览选项，将选项大致分成内容概括和评价赏析两类。

第二步：圈画出评价赏析关键词，也就是选项中有关情节内容、人物形象、主题判断、作者情感、艺术手法等方面内容的核心词和关键词。

第三步：回归原文比对内容，注意选项是否改变原文判断，名称术语是否有原文依据。

第四步：判断验证，优先选"知识性错误"，然后再考虑赏析不当的选项，最后确定答案。

（三）阅读"新小说"的新视角

之前我们说过，西方文学起源于古希腊和古罗马。直到 17 世纪初，西方文学才首次出现了一个完整的流派——古典主义。古典主义倡导复兴古罗马、古希腊文学。而后的几百年里，西方文学界依次出现了反对古典主义的浪漫主义、反对浪漫主义的现实主义以及企图以自然规律特别是生物学规律解释人和人类社会的自然主义。到了近代，现代主义在世界范围内兴起。现代主义小说又称现代派小说，指 19 世纪末 20 世纪初在西方兴起的一种复杂的小说创作潮流，包括诸如意识流、超现实主义、存在主义、"迷茫的一代"等许多小说创作流派。

而中国小说在历史浪潮中也经历了从宫廷到市井、从个人到大众、从消闲工具到反映社会现实的蜕变。五四运动以来的新文学发展使得人们开始关注文学本身，关注"为人生"的主题。在中国，现当代小说的发展历时近一个世纪，相比于西方，这个时间并不长。但中国现代小说同样积累了丰富的作品和理论。下面我们来梳理一下中国现代小说的发展。

1925 年前后，作家废名在小说创作上表现出现代主义色彩。20 世纪 30 年代的新感觉主义小说流派是中国现代小说的第一个现代主义流派。他们的小说，往往以快速的节奏，表现大都市畸形、病态的生活和人物，运用弗洛伊德精神分析学说，写人物的潜意识、微妙心理和变态心理。20 世纪 40 年代，张爱玲的心理分析小说达到一个小高峰。

前面的章节也提到过，近代有许多翻译家开始引进外国小说，然而西方世界小说的变革在中国真正产生冲击要推迟到20世纪80年代。现代主义小说在内容上表现人与社会的对立，人们自我的孤独、苦闷、冷漠和对生存价值的怀疑，刻意追求形式上的标新立异；在艺术表现上，现代主义小说对许多反传统的技巧和手法进行了探索。

　　而从抽象化的信息与技术中寻找灵感的后现代主义更是至今都对我们的文学创作产生持续的、重要的影响。比如20世纪50年代在法国兴起的新小说派，反对以巴尔扎克为代表的现实主义小说的写作方法，认为它不能反映事物的"真实"面貌。他们认为，现实主义作家诱导读者进入作者事先安排的虚构境界，结果人们只能通过作者或作者塑造的人物的眼睛去看外在的事物，实际上使读者进入一个"谎言的世界"。新小说派主张只要把世界的本来面目呈现出来就够了，既不刻画情节，也不刻画人物，既不要结构，也不要细节，而是沉迷于一种气氛之中。

　　20世纪80年代以后，中国文坛上的现实主义文学是一道亮丽的风景线，随后由于改革开放带来的思想解放，后现代主义色彩也在各种艺术包括小说中出现。

　　了解了中西方小说发展的基本脉络后，在这里必须强调，我们把区别于传统小说，以现代主义小说为代表的颠覆传统审美和阅读习惯的小说笼统称为"新小说"，此说法仅限于高考备考。

考题举例：

　　1.《越野滑雪》：海明威的"冰山理论"将文学作品同冰山类比，他说："冰山在海面移动很庄严宏伟，这是因为它只有八分之一露在水面上。"本小说正是只描写了这露出水面的八分之一。请据此简要说明本小说的情节安排及其效果。

　　2.《理水》是鲁迅小说集《故事新编》中的一篇，请从"故事"与"新编"的角度简析本文的基本特征。

　　3.《呼兰河传》：分析本文叙述上的特征。

　　4.《赵一曼女士》：小说中历史与现实交织穿插，这种叙述方式有哪些好处？请结合作品简要分析。

以上这些高考小说文本都是"新小说"文本。应该讲，新小说是小说创作的新高度，体现了作家鲜明的个性特色，是小说艺术的新高峰。

传统意义上的小说情节按照开端、发展、高潮、结局展开，人物设置较为典型，主题宏大。而新小说一般采用非线性叙事，整体读完，我们甚至感觉它都不太像一篇小说。这类小说贴近生活，是创作主体内在的情感与体验，叙事主题切口小，选材都比较生活化。有的新小说还十分善于**营造意境**，在浅淡的叙事中流露出**作者的情感、情绪，也包括自然风光、民情风俗、生存状态的客观再现。以沈从文、汪曾祺的作品为代表**。这类小说读起来像散文甚至诗歌，可以把它们叫作"散文（诗）化小说"。

除了上面列出的区别外，这类新小说还有以下重要特点：

①淡化情节，散化结构，虚化人物

总体的阅读感受不鲜明，比较"朦胧"。传统小说是对现实的浓缩，新小说是对现实的截取。既然是截取，就显得不够完整。一方面，小说中的人物不再非黑即白，印着明显的标签，人物具体的个性似乎也无法轻而易举地显现出来，多了许多不确定的因素；另一方面，我们也不再能够用简单的道德标准来评判其中的人物和事件。甚至在一些新小说里，不可或缺的中心人物有可能不见了，除了情节的淡化外，作者对人物的外表、性格都做了淡化处理，还故意打乱时空顺序，使故事情节愈发变得模糊不清。

②个人化的写作

现代主义的作家在写作的时候，往往有意将自己摆在一个与外界环境完全对立的位置上，个人的内涵和价值不再集中展现，而是通过个体与外界的对抗体现出来。如卡夫卡在《地洞》中所表现出的那种对外界的恐惧和躲避，或者马塞尔·普鲁斯特的《追忆似水年华》中那种内心与外界、回忆与现实的对抗，都是如此。

③意义的消解

说得通俗点儿，意义的消解意味着你无法简单地用一两句话概括小说的中心思想。或者说，作者就没有在作品中植入意义的想法。比如《三国演义》

和《水浒传》概括起来，主题意义分别是"忠"和"义"。而《红楼梦》虽是清代的小说，那些碎片化的意识流梦境，有着强烈情节暗示性的判词，如断臂维纳斯的不完整性……就现代性而言，它完全可以称得上一部来自未来的作品。你始终无法用一句话概括它究竟要表达什么意义，或许这就是作者希望我们不断思索的吧。

④突出情调

主旨较含蓄，多是通过"气氛"反映人与自然的关系（和谐、抗争）、人在社会中的生存状态（思考人的命运），突出人与人之间的情感纠葛（爱与恨、情与欲）、人性的复杂多变（鲜活的、动态的）等主旨。

⑤读者要提升阅读水平

在阅读方法上，读者要根据文本提供的信息，进行独立地分析和判断，甚至参与小说的再创作，这是读新小说的方法和钥匙。

以上概括不算完整，文学作品本身也难以完整概括，需要我们用心去发现每部作品的独特之处。感兴趣的同学还可以进一步了解下面这些术语：互文性、复调小说、陌生化、视域融合、集体无意识、空白理论、女性主义批评等。

（四）高考"新小说"选文特点

①范围上： 中西经典小说，以现代派、后现代派小说为代表。

②内容上： 市井生活小人物、日常生活横截面。

③形式上： 淡化情节，虚化人物，凸显写作个性。

④技法上： 各有各的特点，下面列出一些具有代表性的高考语文阅读真题。

浓重的荒诞色彩：2009年四川高考语文阅读《想象》

舒缓的叙事风格：2012年江苏高考语文阅读《邮差先生》

散文化环境描写：2013年海南高考语文阅读《峡谷》

绵密的心理描写：2014年江苏高考语文阅读《安娜之死》

琐屑的市井生活：2015年江苏高考语文阅读《比邻而居》

历史现实的对照：2018年全国Ⅰ卷高考语文阅读《赵一曼女士》

内蓄的对话描写：2020年全国Ⅰ卷高考语文阅读《越野滑雪》

（五）高考"新小说"备考策略

很多同学会觉得这类小说难以捉摸，不好复习。请记住以下三点重要策略：
①抓牢小说阅读核心知识，了解命题特点，对相关术语要理解透彻。
②小说独特之处，"观千剑而后识器"，要想看得出文体独特在哪里，量的积累是必须的。平时选择一些现代派小说开展群文阅读，积累丰富的感性认识。
③虽然突破了传统审美，可它终究是小说，还是要围绕着小说的基本要点如人物、情节、环境、主题来作答。可以进行专题式练习，对文本特征把握清楚；练习从多个角度拟答案，总结做题的方法，在阅读练习中自然而然地提升审美素养和答题能力。

【典型例题】

邮差先生

师陀

邮差先生走到街上来，手里拿着一大把信。在这小城里，他兼任邮务员、售票员，仍有许多剩余时间，就戴上老花眼镜，埋头在公案上剪裁花样。当邮件来到的时候，他站起来，念着将它们拣好，小心地扎成一束。

"这一封真远！"碰巧瞥见从云南或甘肃寄来的信，他便忍不住在心里叹息。他从来没有想到过比这更远的地方。其实他自己也弄不清云南和甘肃的方位——谁教它们处在那么远，远到使人一生不想去吃它们的小米饭或大头菜呢？

现在邮差先生手里拿着的是各种各样的信。从甘肃和云南来的邮件毕竟很少，它们最多的大概还是学生写给家长们的。

"又来催饷了，"他心里说，"足够老头子忙三四天！"

他在空旷的很少行人的街上走着，一面想着，如果碰见母猪带领着小猪，便从旁边绕过去。小城的阳光晒着他花白了的头，晒着他穿皂布马褂的背，尘土从脚下飞起，落到他的白布袜子上，他的扎腿带上。在小城里，他用不着穿号衣。一个学生的家长又将向他诉苦，"毕业，毕我的业！"他将听到他听过无数次的，一个老人对于他的爱子所发的充满善意的怨言，他于是笑了。这些写信的人自然并不全认识他，甚至没有一个会想起他，但这没有关系，他知道他们，他们每换一回地址他都知道。

邮差先生于是敲门。门要是虚掩着，他走进去。

"家里有人吗？"他在过道里大声喊。

他有时候要等好久。最后从里头走出一位老太太，她的女婿在外地做生意，再不然，她的儿子在外边当兵。她出来得很仓促，两只手湿淋淋的，分明刚才还在做事。

"干什么的？"老太太问。

邮差先生告诉她："有一封信，挂号信，得盖图章。"

老太太没有图章。

"那你打个铺保，晚半天到局子里来领。这里头也许有钱。"

"有多少？"

"我说也许有，不一定有。"

你能怎么办呢？对于这个好老太太。邮差先生费了半天唇舌，终于又走到街上来了。小城的阳光照在他的花白头顶上，他的模样既尊贵又从容，并有一种特别风韵，看见他你会当他是趁便出来散步的。说实话他又何必紧张，手里的信反正总有时间全部送到，又没有另外的什么事等候着他。虽然有时候他是这样抱歉，因他为小城送来——不，这种事是很少有的，但愿它不常有。

"送信的，有我的信吗？"正走间，一个爱开玩笑的小子忽然拦住他的去路。

"你的信吗？"邮差先生笑了。"你的信还没有来，这会儿正在路上睡觉呢。"

邮差先生拿着信，顺着街道走下去，没有一辆车子阻碍他，没有一种声音教他分心。阳光充足的照到街道上、屋脊上和墙壁上，整个小城都在寂静的光耀中。他身上要出汗，他心里——假使不为尊重自己的一把年纪跟好胡子，他真想大声哼唱小曲。

为此他深深赞叹：这个小城的天气多好！

一九四二年二月

问：作品叙述舒缓，没有太强的故事性，这样写对表现小说的内容有什么作用？试作探究。（6分）

【核心术语·叙述舒缓】

叙述是一种表达方式，是将事情的前后经过记载下来或说出来，是写作时使用频率最高的一种表述方法，也是文学创作最基本的方式，各类文体多少都要用到。题目告知了赏析的落点——舒缓。舒缓在这里指叙述的节奏比较平缓。小说的内容就是指小说里面涉及的人、事、物，也可以理解为人物、情节、环境。

情节上没有太强的故事性，意味着这篇小说是一篇非典型性小说，也就是"新小说"。

【备考答案】

（1）有助于刻画邮差这一人物形象特征：经历平常，性格平和，行事从容。（2）也有助于表现小城惯常的生活状态（环境）。（3）淡化了情节，有助于形成作品的抒情风格。

【素养提升】

"没有太强的故事性"是非典型性文本的特征，"叙述舒缓"是这篇小说的鲜明特征。怎么答题呢？围绕小说三要素作答。"舒缓"跟**人物**的关系：经历平常，性格平和，行事从容。"舒缓"跟**环境**的关系：小城惯常的生活状态。"舒缓"跟情节、作品的**风格及主题**的关系。这样的答题思路依旧建立在传统小说的阅读原理之上，同时又能够在作答时关注到文本的个体特征。

第四节 散文阅读要义

一、什么是散文

广义的散文指诗歌、小说、戏剧以外的所有具有文学性的散体文章。除以议论、抒情为主的散文外，还包括通讯、报告文学、随笔杂文、回忆录、传记等文体。随着写作学科的发展，许多文体自立门户，散文的范围日益缩小。

狭义的散文指文艺性散文，是一种以记叙或抒情为主，取材广泛、笔法灵活、篇幅短小、情文并茂，运用生动形象的语言描摹社会生活中的人、事、景、物，深入挖掘其中的内涵、哲理，表达对自然、社会、人生的感悟的一种文体。

作家柯灵说:"散文是一切文学样式中最自由活泼、最没有拘束的。它可以是匕首和投枪，可以是轻妙的世态风俗画，也可以是给人愉快和休息的小夜曲。它可以欢呼、歌颂、呐喊、抨击，可以漫谈、絮语、浅唱、低吟，也可以嬉笑怒骂、妙语解颐。它可以是激越的风景，也可以像大江在月光下静穆地流动。"

要彻底明白什么是散文，必须从它出生的那一天说起。

（一）昔日文坛霸主走下神坛

今天所谓的散文，即与诗歌、戏剧、小说、杂文并称为五大文学体裁的散文，是五四运动以后学习并改造西方文学理论的成果。五四文学革命以提倡白话文、打倒文言文开篇，在语言上要求使用白话文写作，在文类等级上也进行了大洗牌。最突出的一点，就是传统认知里的散文由千百年来的中心位置退居到了边缘。

如果你还不清楚哪些是中国传统认知里的散文，我给你举几个篇目:《滕王阁序》《陋室铭》《马说》。古代的散文和今天我们所说的散文，完全不是一个概念。我国古代把与韵文、骈体文相对，凡不押韵、不对偶，包括经、传、史书在内的散体文章，一律称为散文。简单来说，就是除诗词曲赋之外的文章都是散文。

　　现代的散文指除诗歌、戏剧、小说以外的文学作品，包括杂文、小品文、随笔、游记、传记、见闻录、回忆录、报告文学等。近年来，由于传记、报告文学、杂文已经发展成为独具特色的文体，所以人们又趋向于把散文的范围进一步缩小。

　　五四运动后，千百年来中国读书人"立言载道"、博取功名之"不朽盛事"经过这么一番折腾，终于走入了寻常百姓家。

　　散文兼有文与学、骈与散、审美与实用的三大特性。

　　中国散文艺术的传统一向是深厚的。经史子集，子部、集部里面的书大都是散文，韩愈、柳宗元、欧阳修、苏轼都是优秀的诗人和词人，但是他们是以散文家的身份位居唐宋八大家之列的。鲁迅认为五四运动时，散文的成就是在小说、戏曲和诗歌之上的。

（二）散文和小说的血缘

　　予犹记周公之被逮，在丙寅三月之望。吾社之行为士先者，为之声义，敛赀财以送其行，哭声震动天地。缇骑按剑而前，问："谁为哀者？"众不能堪，抶而仆之。是时以大中丞抚吴者为魏之私人毛一鹭，公之逮所由使也；吴之民方痛心焉，于是乘其厉声以呵，则噪而相逐。中丞匿于溷藩以免。既而以吴民之乱请于朝，按诛五人，曰颜佩韦、杨念如、马杰、沈扬、周文元，即今之傫然在墓者也。

（节选自《五人墓碑记》，明，张溥）

　　《五人墓碑记》这是一篇碑文。文章记述和颂扬了苏州百姓敢于向恶势力进行斗争的英勇事迹，热情歌颂了五位烈士至死不屈的英勇行为。

　　同样是叙事，墓志铭与章回小说，从叙事容量到语言调性都大相径庭，但追根溯源，它们两者又并非了无干系。再如《岳阳楼记》，我们有的时候觉得它是古代散文，但是这篇文章也有情节和人物。

五四文学革命改变了中国小说、散文的整体面貌，在这场文学变革中，西方文学的启迪至关重要，传统的创造性转化也同样不容漠视，而这两者往往纠结在一起，很难截然分开。这一时期，无论西方还是中国，都存在着小说散文化、散文小说化的倾向。在今天的学术视野里，小说和散文更是难舍难分。

五四文学革命使得20世纪的中国散文、小说与唐宋明清时的同类作品产生了较大差异，今天在考场上出现的散文和小说，基本上就取这个时间节点之后的文类来进行文体阅读考查。

二、近现代散文的发展

今天我们在考场上看到的中国散文是怎么发展而来的？

五四白话运动中，胡适打倒了古文，流行五六百年的八股文也逐渐消亡。20世纪，中国散文最明显的特征就是用白话写作。

五四时期散文的革故鼎新和其他文学形式一样，是相当自觉和彻底的，这一时期产生了鲁迅、周作人等散文大家以及冰心、朱自清、郁达夫、林语堂等诸多不同风格的散文名家。在此期间，英国随笔也被引进到了中国。此前，中国文人眼里美的东西至少要在语言表达上寻求工整，比如宫体诗、汉赋。所以白话散文还是难有美感。周作人最早从西方引入"美文"的概念，给新文学开辟了一块新的土地，他的闲话体散文，有些类似明代人的小品文，又有国外随笔的那种坦诚自然，还有日本俳句的笔墨情味，他提倡的小品散文，淡中有味、饱含深意，看似笨拙，其实却别有一番情味和理趣。这一类作品获得了读者的好评，也因此成功打破了美文不能用白话的迷信。小品文的提倡确实是白话文走向美文的关键。

那什么是小品文？将英国的Essay（随笔）翻译为"小品"，其实也不大准确，但胡适和梁启超等人都抓住了这类文章的基本特征：家常絮语、文笔轻松、谈论人生、表达自我、切口独特，多抒写人生乐趣，文章比较私人化而且幽默诙谐。风格也各异，有的洒脱，有的含蓄，有的淡雅而充满闲情逸致。

生活在同时期的作家郁达夫曾说，20世纪中国作家接受的外国散文中，英国随笔的影响是最为深入而且持久的。

中国人为什么要以文章为中心？其实，这和我们的传统有关，我们一直认为文章乃经国之大业，而我们自己的小情小爱则要靠后。然而散文的世界里总有我们心灵栖息的角落。"一粒沙里见世界，半瓣花上说人情"，散文自带独抒性灵的土壤，这是现代散文的基本特征。

再往后，冰心的清澈童心与徐志摩如虹一般沉淀在柔波里的斑斓艳丽也走进了读者的视野。周作人以灵性及才气见长，许地山、丰子恺，他们的文字如空山灵雨，以禅味取胜。冯至的散文在自然原野中领悟生命以及体会永恒的美。朱自清的《背影》中夹杂了小说的笔调，他的散文结构缜密、脉络清晰、婉转曲折，保持一种温柔敦厚的气质，文字几乎全用口语，清秀朴素。在20世纪20年代，被看作娴熟使用白话文字的典范。

20世纪的中国散文不但没有消沉，反而因为它的个性，挣脱了旧时代的束缚，在东西方的碰撞中，更好地完成了蜕变与转型，并重新获得无限生机。

20世纪20年代，不同派系的作家朝着散文创作的不同路径探寻，并且均有所收获，比如林语堂所追求的是对现实做冷静、超远的旁观，显然不同于当时左翼作家所主张的战斗批判的现实文风。比照五四运动以来的现代散文，林语堂的幽默便显得从容睿智，从另一个方面拓展了现代散文的审美领域，融汇了东西方智慧，从学养与文化方面另辟蹊径，在当时和后来都有相当大的影响。

而20世纪30年代形成于北方的"京派"散文成就也不小，何其芳、李广田、吴伯箫等都是卓有建树的散文家。比如何其芳，他追求以很少的文字制造出一种情调。在各种文体相互渗透而散文日益朝叙事、说理方向发展的时期，何其芳的自觉追求独树一帜，有其特殊的艺术价值。

这一时期的散文创作五光十色，流派纷呈，将五四运动时期开创的现代散文推上了成熟的阶段。朱自清的《欧游杂记》、李健吾的《意大利游简》、郑振铎的《欧行日记》，这几位对抒情散文格外关注的作家也在用他们的才华证明散文是一种纯粹独立的艺术创造。

抗日战争初期，报告文学抢占了整个文坛。在抗日战争中期及抗战胜利以后，散文创作呈现更加多姿多彩的风致，普遍艺术水准比较高。这一时期，新的散文作者并不多，然而已经成名的作家所写的散文大多比以前更有风格，比如富于才情的萧红，到了解放区后，从唯美的梦境醒来走进现实生活的何其芳，包括巴金的散文创作也更加深沉而有力。

也有一部分作家并不直接干预现实，他们以旁观者的姿态打量人生，推崇生活的智慧，比如梁实秋的《雅舍小品》。以浅趣为主的散文家钱锺书通过《写在人生的边上》议论人生百态，充满机智幽默。散文家沈从文尤擅表现下层人民的实际生活状况，写尽了湘西的风土人情。小说家张爱玲的艺术个性在散文中也得到了集中发挥，她的散文集《流言》写出城市生活的种种烦忧琐事，注重以自己的审美感觉去玩味庸常人生，尤其受到城市读者的欢迎。20世纪40年代的创作多姿多彩而又普遍成熟，这里不再赘述了。

三、阅读散文必须要清楚的关系原理

（一）散文的特点

1. 散文最重要的文体特点是"形散神不散"。说得通俗一些就是写什么的都有，内容本来就比较丰富，如我们上文提到的：不拘一格，独抒性灵。且单就一篇文章而言，它所表达的情感和内容也是丰富的。我以为散文的"散"可以理解为"自由"之意，但没有限制的自由不是真正的自由。散文能够作为一种具有鲜活言语生命的文学体裁活跃至今，一定有着内在的精神支撑使其节奏统一、充满力量。而这种内在的力量就是散文的"神"。这个"神"可以理解为作者动笔的出发点，同时也是整篇文章行文思路的幕后编导。是什么力量可以如此强大并且毫无雕琢之感？"在心为志，发言为诗。"好的文章都是有感而发：小说通过虚构和想象来搭建叙事宇宙，散文则直面作者的情感、思想、志趣。

散文的"形散"具体体现在：①取材自由。可根据需要写人、记事、绘景、状物等，取材十分广泛自由，不受时间和空间的限制。②表达方式不拘一格。

可以叙述事件的发展，可以描写人物形象，可以托物言志、借景抒情，可以发表议论，也可以根据内容需要自由调整、随意变化。

散文的"神聚"具体表现为：主题集中、鲜明。"神聚"，指文章表述的中心思想明确而集中。无论散文的内容如何广泛，表现方法多么灵活，都要受中心思想约束。散文的"神"整体统摄内容和形式的各个方面，在结构上往往需要有一条鲜明的线索，比如事件、空间或者具体的人、物、情感的变化过程等，把那些看似随意的材料，联合成一个有意蕴内涵的整体。

2. 语言优美凝练、富于文采。所谓优美，指散文的语言清新明丽、生动活泼、富于音乐感。所谓凝练，是说散文的语言简洁质朴、自然流畅，运用简笔也能勾勒出动人的场景，显示出深远的意境。

要想透彻理解这个特点，必须从散文的笔法说开来。随着白话成为散文创作的主要媒介，作者可以使用的语言增加了数倍，表达同一个意思可以用不同的句式，选用不同的字词并使用丰富的修辞手法。让句子陌生化，与读者在审美上保持一种距离感，这是非常有必要的，故散文之美还在于"距离产生美感"。

好的散文形神兼备、思想深邃、情感蕴藉，我们要透过景语感受情语并最终领悟理语。

3. 意境深邃：注重表现作者的生活感受，抒情性强，情感真挚。作者借助想象与联想，由此及彼、由浅入深、由实而虚地依次写来，可以融情于景、寄情于事、寓情于物、托物言志，表达作者的真情实感，实现物我统一，展现出更深远的思想，使读者领会更深的道理。散文有意境深邃的特点，那么，我们该如何入境——把握住散文中的审美情感？

同样是看待一朵花，科学家和艺术家的眼光是不一样的。花作为植物的繁殖器官，一旦被艺术家赋予了情感，就有了艺术价值，给它一个好听的名字就叫审美价值。比如周敦颐眼中"出淤泥而不染，濯清涟而不妖"的莲花是他对高洁品质追求的写照，陶渊明写"采菊东篱下，悠然见南山"表现的是一种飘逸潇洒的境界。以花来喻人，托花以言志，这里的花就有了情韵意。打破文本的封闭性，最关键的是打破科学理性和实用理性对审美情感价值的遮蔽。

康德在《判断力批判》中认为审美情感是非逻辑的，非实用的。一旦审美活动开始，眼前的物象就会因审美主体的主观意识而染上特定的色彩，于是简单的物象就成了意象。

很多同学在初读诗歌的时候便会接触到"意象"这个术语，但并不了解意象的由来，这导致大家在阅读诗歌、散文时总不能完全入境，甚至觉得这些附着在意象上的情感就像另外一种语言，对其中含意全凭猜测，在不断猜测中，自己的心也迷失在了文本里。了解意象的形成过程就是为了更好地理解它身上蕴含的情韵，这一点对我们阅读诗歌、散文、小说都有至关重要的意义。

（二）散文分类

我们总喜欢将散文分为抒情散文和叙事散文，其实散文的类型是多种多样的，但就目前的考试而言，我们大体把散文做以下划分：

1. 写人记事散文

（1）偏重于记事的散文：人少事多。

（2）偏重于记人的散文：一人多事。

【特点】①以叙述和抒情为主要表达手段，多由日常生活中较为平淡的人与事生发感悟，寄寓情感。②讲究以小见大。很少有单一、完整、曲折的故事情节，常以若干零碎、琐屑之事来反映一个主题，这是散文"形散神不散"的特点在叙事中的体现。③重视行文的技巧，其构思之精妙、结构之严谨、感情之细微，尤其耐人寻味。④写真人真事，不虚构、不夸饰，语言朴实，感情真切。

2. 写景状物散文

【特点】①以描写和议论抒情为主要表达手段。②运用虚实结合、比喻、拟人、对比等手法，多感官地观察、描摹景物，以突出景物特点。③文中的景或物是作者抒情的依托，为了让情感更加具体，作者常运用比兴、象征、拟人等手法，或写景抒情、情景交融，或托物咏志、有所寄托，以达到抒情的目的。④情景关系富于变化，投注在景物上的情感常常会发生变化。

3. 议论说理散文

【特点】①以议论为主要表达方式，议论往往缘事而发，因物而起。②带有人生感悟性质，往往切口较小。③说理不同于议论文，讲究含蓄，言有尽而意无穷。④内容丰富，注重知识性和趣味性，易于引发读者的兴趣。④语言与一般议论文相比，文学色彩更浓厚，议论生动、形象，很有感染力。

4. 文化游记散文

【特点】①将游历过程中领悟的"理"与文学创作的"情"结合起来。②所写对象多是文化含量丰富的社会现象或自然景观，多借助名人、文化古迹，咏史怀人，阐发作者的认识和评价。③有时联系现实，借古讽今，引发人们对历史、现实、人生、社会的深沉思考。有时讲述文化知识，或感悟文化现象，或评析世态人情，充满理性思考和文化关怀。④比起因景抒情的散文，游记更侧重对自然景观和与之相联系的人文景观的描述。

四、散文阅读核心原理——意脉

无数家长、学生，甚至教育同行曾说，"语文课上与不上都一样！"原因在哪里？就是我们没有深入文本去理解。文本自身包含着非常深层的结构，而老师却把极大部分的精力花在了"说文解字"的低层次循环上。作品的表层带着很强的封闭性，我们的任务就是突破它的表层，进入深层的情感，这个情感层有一个机关，好像玄幻小说里某个关键通道，只在某个契机出现，这个契机就是文断意连的空白处。所以我们在分析一个作品的时候，如果不用心去感受，不动脑去思考，就很容易陷入被动，我们要反过来跟作品对话。

要知道散文怎么读，必须知道一篇散文是怎么写出来的。假设自己和作者有同一双眼睛、同一颗心，一起体验这个世界，才能切实地感受到他为什么写月光而不写灯光，写山野的落英而不写机器的轰鸣，写一个人的孤单而不写一群人的狂欢……经过一番思考总结，那些作者"心不在焉"的反面，或许正是他的心向往之。散文的思想和情感就是要这样一点点去感悟。

我不是作家，但一直有写作的习惯。下面就给大家讲述我在散文写作中的真切感受。我从工作了十余年的学校辞职后，曾有过一段比较清闲的时光。那段时间，自己就好像从一辆高速行驶了十余年的车上突然跳下来，脚步终于落在了地上，忽然走进生活的柴米油盐里，一点点感受这个城市的灯光、晚霞和烟火气。某天，当我因肠胃炎输完液，拖着疲惫的身体走在大街上时，心里只想吃一碗现煮的热腾腾的小锅米线。吃完米线后，借着心里和胃里的温度，我在凌晨写下了这篇叙事散文。

22点01分的小锅米线

——送给这世界上平凡而微小、心中却始终有爱的你

夏夜，城市的天空是灰色的。

这几日肠胃炎、肠绞痛，每日吃药，茶不想，饭不香。忙了一天，夜里好歹有了一点儿胃口，作为昆明姑娘，最得意的就是那口小锅米线了。地下集市22点关闭。我远远地望着店铺，灯亮着，仿佛整个人都有了活力。再走近些，发现店门口的松木凳子已被整齐地翻到了桌子上。通透的店铺让店内的大小物品一目了然，就连那火上烧的紫铜小锅的热气都能通过灶台弥漫进人的口鼻，更何况，我是真的饿了，或者说，饿几天之后终于开胃了。

员工们有的忙着拖地，有的忙着清算今日的账目，虽说打烊了，工作的劲头似更足。服务生也和上班族一样，收工前就看到了这一天的希望，期待着早点儿回去照顾老人孩子，恋爱的恋爱，睡觉的睡觉。可我还是馋这口米线，竟也开口问道："还能做一碗外卖吗？我带走，不放辣。"收银的小伙听了，扭头问了厨房里正在收拾锅碗的小厨师，我戴着口罩，踮着脚尖满怀期待地朝厨房望去，此般垂涎欲滴，口罩一摘只怕是要"飞流直下"了吧。小厨师点了点头。我看有戏，心里暗自高兴。收银小伙说："因为打烊了不能刷卡，微信转可以吗？25元。"我心想："啊？25元？这常吃的老店什么时候涨价涨得这么猛？"又转念一想："唉，也那么晚了，谁让我想吃这一口，小伙也不容易，价格高一点儿理所应当，就别去问为什么了。"

不一会儿，米线就打包好了。店已打烊，这回连灯都熄灭了。我提着米线，

找到集市的一个桌位。清洁员阿姨收拾完最后一桌垃圾，准备收工。这时候我又坐过去了，微笑着和她点了点头，指了指旁边的塑料袋，告诉她我会自己打包好的。阿姨转过身，推着垃圾桶走了。

我打开盒子开始动筷，不料身后有人拍我，吓我一跳。

"这个……刚才不好意思，因为电脑关机了，和厨房没对接好，我们以为你要的是鳝鱼米线，所以多收了10元。还好在这里看到你，扫码退给你吧！"手轻轻一划，微信收款到账。

在昆明，人和米线之间联系最紧密的一个动词不是"吃"而是"划"。我出生在一个南北结合的家庭，父亲是东北人，母亲是浙江人。从小生活在这座城市，说一口还算标准的普通话，也曾因为不会说方言而被小朋友嘲笑、孤立。唉，现在看来，真都是小孩子们的幼稚想法。太标准化的东西，在日常交流中确实不容易让人亲近，缺少些烟火气，不如小锅米线这股热腾腾的亲昵气息。

在小学里，我练就了一口方言，不知不觉中，划米线也早已成了我的家常便饭。后来，我去了全省最好的高中读书，发现大家无论何时都说普通话，我的压力一下小了好多。大学出省读书，随后又回到昆明工作……故乡对我而言，或许就是一个人嘴里会说那个地方的方言，胃里想着那个地方的食物罢。尤其在我最困顿的时候，没有什么是一碗肉汤浓浓、肉帽鲜嫩、诚意满满的小锅米线解决不了的。

我划着这碗米线，泪水没来由地哗哗往外冒。就像那煮热的小锅汤底一般，泪如汤沸，烫得脸难受。或许是这些年忙碌的日子，让我太久没有感受过这世间的烟火气了吧？又或者不经意间，自己与这些平凡而有温度的灵魂擦肩而过太多次。我早已习惯了吃外买，太久没有到店里划碗米线了；也早已习惯了用手机在朋友圈点赞问候，太久没有和朋友们相聚谈心了。

我一把鼻涕，一把眼泪，几口吃完了这人间美味，打好包，擦干泪，也擦净了桌子，准备把垃圾打包带走。这时候保洁阿姨来了，她脱下了袖套，提着自己的包，看样子准备下班回家了。

"阿姨，垃圾我自己带走就得啦。"

"某得事，我下班顺带挨你拿出克丢的！"

我看了看表，22点01分。夜晚的天空，无数星星闪烁着，小小的，却很美。

二〇二〇年五月十八日

云深天真居

  写这篇文章时，我几乎没有情节上的构思，也从来没有想过结构手法之类。回到家，打开电脑，半个来小时敲出了上面的文字。是什么引导我去写尽心中的感受呢？我们平常说写文章，其实写的不是文章，而是将内心的感触、思考、见解写到文章里。人的大脑很神奇，因为有了情感的牵引，仿佛自己会说话一样，文字便从中涌来。好的作者不外乎是将情感或者观点表达得更淋漓尽致、细致入微，让人身临其境、感同身受罢了。

  我方才说我没有构思过，因为我感觉我的心里有一股力量，已经帮助我把文字差遣到位，将篇章结构安排好。这股力量就是散文的"神"，它是文章的中心，却又高于中心。或许我最初只是想表达自己内心的一份感动，到最后，或者说在写作的过程中，这份感动逐渐升华，循着情感的线写下去，也让我自己在语言表达中过滤、筛选出更有效的信息。就像绘画一样，有选择地去调色，去过滤线条，去调节明暗，并对画面主体做出调整……因为有取舍与调整，艺术作品才有了调性与个人特色，而这些取舍与调整似乎都出于一个原因，就是"我一定要把心中这份触动表达好"。好的散文一定有着浓重的个人色彩，比如鲁迅的冷峻辛辣、冰心的清婉明丽、史铁生的沧桑内敛、帕乌斯托夫斯基的细腻清新、川端康成的闲寂纤柔……有别于小说多从叙事技巧角度探究写作特色，散文的写作特色更偏向于从语言风格和主题角度入手进行归纳总结，这正是两种文体本质上的差别所导致的——小说重在讲故事，而散文重在说心事。

  这份迫不及待、呼之欲出的感受在文章里得到物化，文字最终完成了它的使命。从读者的角度看，其中的情与理就是文章的"神"，一切都聚合在它周围，好像作者刻意安排好一样。其实，这多半出于巧合，也正因为这样一种巧合，作者们愿意付出自己的心力。就好像你看到一件衣服，觉得那就是专门为你设计的一样,你日思夜想地要穿上它,这就是这件衣服对你而言的魅力;而作家甘心坐在书房中敲打文字,表达自己的内心感受,这就是写作的魅力。

文章思有路,遵路识斯真。读散文,从作者角度入手,透过外在语言的形,看清内在情感的"神"。比如这篇散文里,从我夜晚归家期待吃到一碗小锅米线到抢在米线店打烊前吃到米线,其间还穿插了和店员收款时产生的误会、误会化解、保洁阿姨下班后为我扔掉桌上垃圾、我看着夜空里的繁星点点等情节。其实,文章里的小锅米线已经不再是简单意义上的一份米线,而是我内心的一份安慰与感动,而我的情感在这篇文章里也是不断发展变化着的。当理清了意脉,自然就能理解文章的题目为什么叫作《22点01分的小锅米线》,强调这个时间,意味着超过一分钟大家都下班了,而工作时间之外,没有了功利性,没有了责任的束缚,也就越能凸显人性的美与善,这就是一碗小锅米线蕴含的审美价值。

阅读散文如同在湖心亭看西湖,一会儿觉得自己站在画的边儿上,一会儿又觉得自己站在画的中央。在画中,又不在画中,不在画中却又在画中。将自己置身于虚实之间,来回变换,反复琢磨,去思考作者写了什么,怎样写的,最后推出作者为什么写,从文字中获得灵魂的共鸣。

接下来我们总结一下散文阅读的秘钥:透过文章中的意象,感知文章意境,梳理文章意脉,从而领悟文章的意蕴。无论哪一种类型的散文,最终目的无外乎抒情、言志、析理。因情而起,缘事而发,析理于事。抓住作者的写作目的,就抓住了答题的基本点。

五、高考散文命题趋势及备考策略

(一)高考命题趋势

散文阅读是文学类文本阅读的重要文体之一。有些同学觉得散文比较小众,且难度大,高考考查的概率小,所以基本不花时间复习。教育部制定的《普通高中语文课程标准》中明确写道:"根据诗歌、散文、小说、剧本不同的艺术表现方式,从语言、构思、形象、意蕴、情感等多个角度欣赏作品,获得审美体验,认识作品的美学价值,发现作者独特的艺术创造。"也就是说,文学类文本阅读中的散文、诗歌、小说和剧本都是同学们要学习的内容,并且属于理解与鉴赏这一能力层级。而且近些年来,散文的考查频率也在逐步上升,希望能够引起同学们的重视。

(二)散文选篇特点

①文的选材贴近当下的现实生活、风俗民情,注重抒情性、哲理性,多数选文具有鲜明的人文精神、文化内涵,甚至涉及传统文化与现代文化的冲突,体现了传承发扬优秀传统文化的特色。②散文一般都是具有文化底蕴的作品,考点设置、文体特征指向明显,重点考查理解重要词句的含意,品味精彩的语言表达艺术,探究文体特征和表现手法等。③今后的考查重点会延续当前态势,但命题导向会细致化、具体化、综合化。

(三)高考散文常见主题

散文的主题就是作品的意义,是指文本所蕴含的思想、感情等多种内容。从不同的角度和层面发掘作品的丰富意蕴,是个性化阅读的具体体现,也是对考生不同层次地解读作品能力的考查。基于核心素养四个重要维度,高考散文选文主题主要集中在以下几个方面:

1. 中华民族的优秀传统:团结统一,独立自主,爱好和平,自强不息。

2. 中华民族的传统美德:威武不屈的民族气节,立志报国的民族精神,忠、孝、诚、信、礼、义、廉、仁等美好品德。

3. 中华民族的民族心理:民族心理,主要指一个民族作为一个大群体所具有的典型心理特征,也包括该民族的个体成员身上所体现的心理特征。

中国人的传统心理特征主要有:①勤劳俭朴,自强不息;②求同务实,谦和持中;③家庭为重,亲疏有别;④伦理为纲,尊卑有序;等等。

当代中国人的民族心理特征主要有:①爱国爱家,关心社会;②义利兼顾,礼貌文明;③勤奋朴实,勇敢谦和;④标新立异,敬业乐群;等等。

4. 人文精神：人性的内涵、人格尊严、社会责任心以及人的理想等方面，其核心是真、善、爱。人文精神包含三个元素：第一是人性，即对人的尊重，强调人的尊严，实际上也就是广义的"人道主义"精神；第二是理性，即对真理的追求，对真理的思考，是广义的科学精神；第三是超越性，即对生命意义的追求。再说得通俗简单些，那就是以人为中心，关心人，爱护人。

此外，在主题上多集中探讨这几类关系：①人和文化的关系。现代化进程中，城市变迁，人在改造世界的过程中对历史文化、风土人情的思索与期待。②社会发展进程中，人与社会、自然、他人的关系。③对自我生命意义的思考，对人性的探索以及与自我矛盾的和解。④人与永恒的主题的关系。比如战争、爱情、亲情……

（四）命题角度梳理

命题角度	具体阐释
人物形象	对人物及人物群体（包括动物形象）所体现出来的道德品质、精神特质、民族性格、人性内涵等进行深入分析
细节描写	通过散文的细节、局部描写，分析其中蕴含的民族精神、人性精神、人生态度等
环境氛围	通过散文的环境描写，赏析自然景象中蕴含的人生哲理、精神象征，理解对自然的尊重、敬畏之情
语言表达	通过散文中的语言描写或画龙点睛的议论性语言，赏析其深刻内涵、思想意义，以达到对他人的理解尊重、对自我的反思审视等效果
主题情感	把握文本的主题（上述几个方面都离不开文本主题），有时还要求把握民族情感、民族文化、民族精神、人性认识、人文精神等
时代背景	分析文本的时代意义

（五）近五年典型考题整理

【2017年全国Ⅱ卷】结合全文，说明文中"窗子"的含意。

【2017年北京卷】文章叙写了玛利亚·索、乌热尔图和走出山林的人们。作者这样构思体现了怎样的匠心？

【2017年北京卷】①第二段写出了根河的哪些特点？②请分别概括他们各自"根河之恋"的表现。

【2017年北京卷】说明"这河的深奥"的含意,"抵达不了"的原因及作者寄托的情感。

【2017年全国Ⅲ卷】结合上下文,分析文中画横线的句子的含意。

【2017年上海卷】评析本文所表现的思想感情的意义。

【2017年天津卷】你最欣赏其中哪种精神气质?结合生活经验谈谈你的体会。

【2018年浙江卷】作者的兴奋情绪在文中画横线部分表现为怎样的语言特点?

【2018年浙江卷】文中画波浪线部分连用10个"一",具有怎样的艺术效果?

【2018年浙江卷】从结构上分析作品为什么先写街、再写人、后写灯。

【2018年浙江卷】根据全文,分析作者"感到如此新奇和庆幸"的深层意蕴。

【2019年天津卷】文中的标题有多重意蕴,请结合全文加以分析。

【2019年天津卷】文中的老祖母是一个怎样的形象?

【2019年北京卷】作者久居北京,对北京文化既有亲切的感性体验,又有学者自觉的理性思考。作者从提笼架鸟的老人、窗外的西山、浏亮的鸽哨声等生活细节感知这座城市的文化精神。试借助这种由表及里的感知方式,来谈谈你对自己所生活的周边世界(如城镇、社区、学校、家庭等)的认识与思考。

【2020年山东卷】本文采用空间和时间两条线索行文,请分别加以简析。

【2020年全国Ⅲ卷】作者对儿时看火车经历的叙述很有层次感,请结合作品具体分析。

【2020年全国Ⅲ卷】从文章谋篇布局的角度,分析题目"记忆里的光"是如何统摄全文的。

【2020年天津卷】文末引入林徽因的故事有何效果?

【2020年山东卷】本文采用空间和时间两条线索行文,请分别加以简析。

【2020年北京卷】音乐和美术对作者的成长及认识生命起到了什么作用?

（六）题型归纳

1. 行文思路结构
2. 内容主旨概括
3. 重要句子含意
4. 表达技巧赏析
5. 形象概括赏析
6. 文本意蕴探究

高考对散文的考查往往是以一两道选择题加两道主观题的形式。选择题往往考查对文章内容和艺术特色的分析鉴赏，主观题往往重点围绕主旨、语言、写作手法等散文文体的主要特点进行考查。考查的散文一般具有篇幅短小、取材广泛、笔法灵活、情文并茂的特点，但考点比较灵活。

我们要有重点地掌握以下几种题型：

一是理解（赏析）文中重要词语、重要句子。

二是对文章结构与线索的分析。

三是对标题与主题的考查。

四是熟知散文写作的表现手法，如烘托对比、欲扬先抑、象征手法、修辞技法等，这些手法的巧妙运用，常使作品的思想感情表达得更加鲜明突出，对表现手法的考查是高考的重点之一，考生要掌握散文中运用多种表达方式的作用和表达技巧的效果。

（七）品味散文的语言

散文语言有鲜明的特征，富有表现力，是考查的重点和难点。答题时，首先体味语句，不能孤立地看，要联系上下文和文章的主题。既要回答所用词语的本义，又要充分考虑词语所在的语境，在具体的语言环境中解释该词语在表达上的作用。其次要赏析语言的不同风格。散文语言的不同风格是指平实、华丽、自然、明快、含蓄、深沉、幽默、辛辣、愤激等明显带有作者风格特征的语言形式。

（八）散文阅读策略

面对新的高考形势，单靠就题练题是难以适应新高考对散文阅读的高要求的，因为散文阅读是对考生综合能力的考查，我们在备考中应强化对审题、答题技巧以及答题规范的关注，更应丰富自己的生活阅历和文学积淀，形成自主感悟，养成良好的阅读习惯，多接触文质兼美的散文作品，充盈自身的文化底蕴，培养优秀的阅读品质。

平时多读散文，读不同时期的散文；在阅读广度、数量、速度上下大功夫。只有全面培养阅读能力、文学素养和思维方式，才能笑傲高考考场！同学们要多关注散文中常见的主题，多关注散文名家的作品；阅读时注意"形散神聚"特点，重点关注议论、抒情的句子，要明确写景、状物、叙事是抒情、言志、析理的依凭。

争取每天阅读一篇散文，培养"阅读感"，因为经常读好的散文，不仅可以丰富知识、开阔眼界、培养高尚的思想情操，还可以从中学习选材立意、谋篇布局和遣词造句的技巧，提高自己的语言表达能力。

（九）考场散文阅读三步走

考场散文阅读是一种快速的精阅读，要求带着阅读任务快速阅读一篇千字散文。不仅要知道作者写了什么，而且要通过所写的内容推究作者的情思，体味作者对社会、人生的思考和感悟。

文学类文本阅读中有一个命题原则，叫作主题辐射。就是说，一切命题角度都由文章主旨的角度发散出去，这一点也符合散文"形散神聚"的特征。如同给一篇文章拍X线片，只有整体把握了文章的骨骼架构，才能把命题人的指向、意图看清楚，从而快速、准确地答题。在阅读的过程中，大家要把握好三个问题：一是文章的具体内容，通过内容把握作者的写作意图，概括文章主旨；二是文章的结构，思考文章是怎么写出来的，你要清楚地知晓作者的写作思路，必要时可以画思维导图；三是文章的写作手法，也就是这篇文章为什么这么写，为什么这样安排内容，为什么选用这样的词句，为什么使用这样的表达方式或者技巧。

根据以上内容，考场散文的整体阅读可分为三步：

一、关注标题，揣摩文意。标题从语言单位上讲就是一个短语或者句子，因为处在文章开头，必定关涉文章的结构和主旨。

二、鉴赏散文时，要全力找出能揭示全篇旨趣和有画龙点睛妙用的"文眼"，以便领会作者行文的缘由与旨意。

三、理清思路、划分结构，找出文章的写作手法。在阅读中注意圈点这几类词：①显示人物之间关系亲疏的词语；②体现作者情感、态度、价值观的词句；③带有强烈主观色彩描写人、事、景、物的片段；④作者花费大量笔墨并集中使用写作手法的句子；⑤一些含蓄委婉、不易察觉的表达作者情感倾向的句子。

阅读有法，却无定法，这些原理方法将在本书第四章做具体分析，力求让大家理解透彻，学以致用。

第三章
小说核心术语解读

【人物形象】

2020 全国Ⅱ卷

书匠（节选）

葛亮

秋天的时候，父亲接到了小龙的电话。

小龙说，毛羽，这个老董，差点儿没把我气死。

父亲问他怎么回事。

他说，馆里昨天开了一个古籍修复的研讨会，请了许多业界有声望的学者。我好心让老董列席，他竟然和那些权威叫起了板。说起来，还是因为馆里来了本清雍正国子监刊本《论语》，很稀见。可是书皮烧毁了一多半，给修复带来很大难度。省外的专家，都主张将整页书皮换掉。没承想老董跟人家轴上了，说什么"不遇良工，宁存故物"，弄得几个专家都下不了台。其中一个，当时就站起身要走，说，我倒要看看，到哪里找这么个"良工"。老董也站起来，说，好，给我一个月，我把这书皮补上。不然，我就从馆里走人，永远离开修书行。你说说看，仪器做了电子配比都没辙。你一个肉眼凡胎，却要跟自己过不去，还立了军令状。毛羽，再想保他，我怕是有心无力了。

父亲找到老董，说，董哥，你怎么应承我的？

老董不说话，闷着头，不吱声。

父亲说，你回头想想，当年你和夏主任那梁子，是怎么结下的。你能回来不容易，为了一本书，值得吗？

老董将手中那把乌黑发亮的竹起子，用一块绒布擦了擦，说，值得。

后来，父亲托了丝绸研究所的朋友，在库房里搜寻，找到了一块绢。这块绢的质地和经纬，都很接近内府绢。但可惜的是，绢是米色的。

老董摸一摸说，毛羽，你是帮了我大忙。剩下的交给我。我把这蓝绢染出来。

父亲说，谈何容易，这染蓝的工艺已经失传了。

老董笑笑,凡蓝五种,皆可为靛。《天工开物》里写着呢,无非"菘、蓼、马、吴、苋"。这造靛的老法子,是师父教会的。我总能将它试出来。

此后很久,没见着老董,听说这蓝染得并不顺利。老董家里,沙发套和桌布、窗帘,都变成了靛蓝色。这是让老董拿去当了实验品。

中秋后,我照旧去老董家练书法。父亲拎了一筐螃蟹给他家。老董说,毛羽,今天放个假。我带孩子出去玩玩。

老董穿了一件卡其布的工作服,肩膀上挎了个军挎。父亲笑笑,也没有多问,只是让我听伯伯的话。

老董就踩着一辆二十八型的自行车,带着我,穿过了整个校园。老董踩得不快不慢,中间经过了夫子庙,停下来,给我买了一串糖葫芦。我问老董,伯伯,我们去哪里啊?

老董说,咱们看秋去。

也不知骑了多久,我们在东郊一处颓败的城墙处停住了。

这里是我所不熟悉的南京。萧瑟、空阔,人烟稀少,但是似乎充满了野趣。沿着水塘,生着许多高大的树。枝叶生长蔓延,彼此相接,树冠于是像伞一样张开来。我问,这是什么树?

老董抬着头,也静静地看着,说,橡树。

老董说,这么多年了。这是寿数长的树啊。

老董说,我刚刚到南京的时候,老师傅们就带我到这里来。后来,我每年都来,有时候自己来,有时和人结伴。有一次,我和你爷爷一起来。

你爷爷那次带了画架,就支在那里。老董抬起胳膊,指了指一个地方。那里是一人高的芦苇丛,在微风中摇荡。

你爷爷说,这是个好地方,有难得的风景啊。

他说这个话,已经是三十年前了。

老董的目光,渐渐变得肃穆。他抬起头,喃喃说,老馆长,我带您的后人来了。

我问,伯伯,我们来做什么呢?

老董俯下身,从地上捡起一个东西,放在我手里。那东西浑身毛刺刺的,像个海胆。老董说，收橡碗啊。

我问，橡碗是什么呢？

老董用大拇指，在手里揉捏一下，说，你瞧，橡树结的橡子，熟透了，就掉到地上，壳也爆开了。这壳子就是橡碗。

这时候，忽然从树上跳下来个毛茸茸的东西。定睛一看，原来是一只松鼠。它落到了地上，竟像人一样站起了身，前爪紧紧擒着一颗橡子。看到我们，便慌慌张张地跑远了。

老董说，它也识得宝呢。

我问，橡碗有什么用呢？

老董这才回过神，说，捡回去洗洗干净，在锅里煮到咕嘟响，那汤就是好染料啊。哪朝哪代的旧书，可都补得赢喽。我们这些人啊，一年也盼中秋，不求分月饼吃螃蟹，就盼橡碗熟呢。

我听了恍然大悟，说，原来是为了修书啊，那咱们赶快捡吧。

老董到底把那块蓝绢染出来了。据说送去做光谱检测，色温、光泽度与成分配比率，和古书的原书皮相似度接近百分之九十。也就是说，基本完美地将雍正年间的官刻品复制了出来。

因为本地一家媒体的报道，老董成了修书界的英雄。图书馆要给老董转正，请他参与主持修复文澜阁《四库全书》的工作，老董摇摇头，说，不了，还是原来那样吧，挺好。

（有删改）

设问：老董的匠人精神主要体现在哪些方面？请结合本文简要分析。

【核心术语：人物形象】

小说中的人物，又称典型人物，是作者根据现实生活，采用"杂取种种，合成一个"的艺术手法创作出来的。对比生活中的原型，小说中的人物往往更具代表性。

人物形象有三个层面的内涵：一是人物的代表身份、地位、阶层、类属及自身的外在形象；二是思想性格特征；三是人物形象意义，包括塑造人物形象有何作用，对表现主题有何作用等。其中思想性格特征为其核心内涵。思想性格特征由思想特征和性格特征两部分组成。思想特征，包括主人公的信仰、理想、奋斗目标、为人处世等。性格特征由基本性格与辅助性格组成，基本性格为主干性格，是决定人物形象的基本因素，辅助性格为多元性格，凸显其多重性，基本性格与辅助性格之间往往呈现出对立统一的格局，如善良与软弱、勤劳与愚昧、忠诚与偏执等；如果是负面形象，则为虚伪性与其本质的对立统一等。

【备考答案】

①坚持行业规矩。不忘"不遇良工，宁存故物"的古训，为此甚至跟权威叫板。②恪守职业操守。敬畏与热爱自己的职业，为了一本书，即使再次失去工作，也认为值得。③修书精益求精。为染蓝绢不断试验，最终完成修复任务。

【素养提升】

本题考查筛选并概括文中信息的能力。筛选答案时，要仔细审题，确定筛选标准、范围。一般来讲，人物在事件中的言行表现，往往就是筛选的重点；在筛选的基础上，对主旨或共性的东西加以提炼概括。

①坚持行业规矩。为了修复古籍，他敢于反对省外的专家，专家都主张将整页书皮换掉，但他不忘"不遇良工，宁存故物"的古训，为此甚至跟权威叫板。

②恪守职业操守。老董敬畏与热爱自己的职业，通过"父亲"与老董的对话，我们知道老董曾经因为坚持自己的观点和夏主任结下梁子，现在为了修复古书，即使再次失去工作，老董也认为值得，这些都表明老董是一个恪守职业操守的人。

③修书精益求精。为染蓝绢不断试验，把家里的沙发套、桌布、窗帘都染成了靛蓝色，还去了偏远的橡树林，最终完成修复任务。

先从整体上概括该人物的性格特征，然后再结合文本进行分析：

①从作者对人物的肖像描写、动作描写、心理描写等入手，总结分析人物的思想感情和性格特征。

②分析小说中人物的身份、地位、经历、教养、气质等，这些因素都会

影响人物的性格。

③分析与人物有关的情节,揭示人物的思想性格和情感特点。

④注意作者对人物的介绍和评价,从作品主题和作者的情感倾向方面去分析。

【次要人物】

2019 江苏卷

表妹

林斤澜

矮凳桥街背后是溪滩,那滩上铺满了大的碎石,开阔到叫人觉着是不毛之地。幸好有一条溪,时宽时窄,自由自在穿过石头滩,带来水草野树,带来生命的欢喜。

滩上走过来两个女人,一前一后,前边的挎着个竹篮子,简直有摇篮般大,里面是衣服,很有点儿分量,一路拱着腰身,支撑着篮底。后边的女人空着两手,几次伸手前来帮忙,前边的不让。前边的女人看来四十往里,后边的四十以外。前边的女人不走现成的小路,从石头滩上斜插过去,走到一个石头圈起来的水潭边,把竹篮里的东西一下子控在水里,全身轻松了,透出来一口长气,望着后边的。后边的走不惯石头滩,盯着脚下,挑着下脚的地方。前边的说:

"这里比屋里清静,出来走走,说说话……再呢,我要把这些东西洗出来,也就不客气了。"

说着就蹲下来,抓过一团按在早铺好了的石板上,拿起棒槌捶打起来,真是擦把汗的工夫也节约了。

看起来后边的是位客人,转着身子看这个新鲜的地方,有一句没一句地应酬着:

"水倒是清的,碧清的……树也荫凉……石头要是走惯了,也好走……"

"不好走,一到下雨天你走走看,只怕扭断了脚筋。哪有你们城里的马路好走。"

"下雨天也洗衣服?"

"一下十天呢,二十天呢。就是三天不洗也不行。嗨,现在一天是一天的事情,真是日日清,月月结。"

客人随即称赞:

"你真能干,三表妹,没想到你有这么大本事,天天洗这么多。"

主人微微笑着,手里捶捶打打,嘴里喜喜欢欢的:

"事情多着呢。只有晚上吃顿热的,别的两顿都马马虎虎。本来还要带孩子,现在托给人家。不过洗完衣服,还要踏缝纫机。"

客人其实是个做活的能手,又做饭又带孩子又洗衣服这样的日子都过过。现在做客人看着人家做活,两只手就不知道放在哪里好。把左手搭在树杈上,右手背在背后,都要用点儿力才在那里闲得住。不觉感慨起来:

"也难为你,也亏得是你,想想你在家里的时候,比我还自在呢。"

主人放下棒槌,两手一刻不停地揉搓起来:

"做做也就习惯了。不过,真的,做惯了空起两只手来,反倒没有地方好放。乡下地方,又没有什么好玩的,不比城里。"

客人心里有些矛盾,就学点儿见过世面的派头,给人家看,也压压自己的烦恼:

"说的是,"右手更加用力贴在后腰上,"空着两只手不也没地方放嘛。城里好玩是好玩,谁还成天地玩呢。城里住长久了,一下乡,空气真就好,这个新鲜空气,千金难买。"

单夸空气,好比一个姑娘没有什么好夸的,单夸她的头发。主人插嘴问道:

"你那里工资还好吧?"

提起工资,客人是有优越感的,却偏偏埋怨道:

"饿不死、吃不饱就是了,连奖金带零碎也有七八十块。"

"那是做多做少照样拿呀!"

"还吃着大锅饭。"

"不做不做也拿六七十吧?"

"铁饭碗!"

客人差不多叫出来,她得意。主人不住手地揉搓,也微微笑着。客人倒打起"抱不平"来:

"你好脾气,要是我,气也气死了,做多做少什么也不拿。"

"大表姐,我们也搞承包了。我们家庭妇女洗衣店,给旅店洗床单,给工厂洗工作服都洗不过来。"

"那一个月能拿多少呢?"客人问得急点儿。

主人不忙正面回答,笑道:

"还要苦干个把月,洗衣机买是买来了,还没有安装。等安装好了,有时间多踏点儿缝纫机,还可以翻一番呢!"

"翻一番是多少?"客人急得不知道转弯。主人停止揉搓,去抓棒槌,这功夫,伸了伸两个手指头。

客人的脑筋飞快转动:这两个手指头当然不会是二十,那么是二百……听着都吓得心跳,那顶哪一级干部了?厂长?……回过头来说道:

"还是你们不封顶好,多劳多得嘛。"

"不过也不保底呀,不要打算懒懒散散混日子。"

客人两步扑过来,蹲下来抓过一堆衣服,主人不让,客人已经揉搓起来了,一边说:

"懒懒散散,两只手一懒,骨头都要散……乡下地方比城里好,空气第一新鲜,水也碧清……三表妹,等你大侄女中学一毕业,叫她顶替我上班,我就退下来……我到乡下来享几年福,你看怎么样?"

(选自《十月》1984年第6期,有删改)

设问:请简要分析表姐这一人物形象。

【核心术语·次要人物】

次要人物指在事态的发生与发展过程中,与主要人物发生不同关系,起着不同作用,配合主要人物以形成形象体系的人物。次要人物为主要人物的活动提供了最可靠的依据和最广阔的舞台,并对主要人物起着对比、衬托作用。

【备考答案】

从所拿工资等,看出表姐是捧着"铁饭碗"的城市劳动者;从背着手、做派头等,看出她有优越感和虚荣心;从扑过去抢着洗衣服等,看出她渴望通过劳动改变生活。

【素养提升】

本题考查鉴赏人物形象的能力。此类题目在解答时,一般来说,要理清故事情节,抓住了故事情节就抓住了分析人物的突破点。要分析小说人物活动的环境,通过典型环境可以揭露人物的典型形象;要分析小说人物的言行举止及内心世界,小说人物的语言、动作和心理活动都是用来表现人物形象的主要手段;要分析小说中各类人物之间的联系,作者常常会刻画一些次要人物以突出主要人物的形象。此外,还要注意人物形象的衣着、外貌、神态等外在形象。本题要求简要分析表姐这一人物形象。小说中表姐是陪衬主人公的次要人物,但是人物形象非常鲜明。从身份上说,表姐长在农村,但是现在在城市工作、生活;从人物言行上看,面对生活在农村的表妹,表现出一定的优越感和自得的神情;在陪表妹洗衣服这件事上,虽然也很勤劳能干,但是出于矜持和骄傲,开始是袖手旁观;听到表妹收入很高后,又焦急不安,表现出渴望改变自己生活的迫切心情,体现出她的庸俗和讨好的一面。

次要人物的作用:

①结构上:推动情节发展。

②塑造人物形象上:衬托主人公的活动和形象。

③内容上:渲染气氛,奠定基调。

④主题上:揭示主题,增添魅力。

【心理变化过程】

2014 江苏卷

安娜之死

[俄]列夫·托尔斯泰

在火车进站的时候,安娜夹在一群乘客中间下了车。她想着,如果没有回信就准备再乘车往前走。她拦住一个挑夫,打听有没有一个从渥伦斯基伯爵那里带信来的车夫。

她正询问时,那个面色红润、神情愉快、穿着一件挂着表链的时髦外套、显然很得意那么顺利就完成了使命的车夫米哈伊尔,走上来交给她一封信。她撕开信,还没有看,她的心就绞痛起来。

"很抱歉,那封信没有交到我手里。十点钟我就回来。"渥伦斯基字迹潦草地写道。

"是的,果然不出我所料!"她含着恶意的微笑自言自语。

"好,你回家去吧。"她轻轻地对米哈伊尔说。她说得很轻,因为她的心脏的急促跳动使她透不过气来。"不,我不让你折磨我了。"她想,既不是威胁他,也不是威胁她自己,而是威胁什么迫使她受苦的人。她顺着月台走过去,走过了车站。

几个年轻人盯住她的脸,怪声怪气地又笑又叫,从她旁边走过。站长走过来,问她乘车不乘车。一个卖汽水的男孩目不转睛地望着她。"天哪,我这是到哪里去呀?"她想,沿着月台越走越远了。她在月台尽头停下来。几个太太和孩子来迎接一个戴眼镜的绅士,高声谈笑着,在她走过来的时候沉默下来,紧盯着她。她加快脚步,从他们身边走到月台边上。一辆货车驶近了,月台震撼起来,她觉得自己好像又坐在火车里了。

突然间她回忆起和渥伦斯基初次相逢那一天被火车轧死的那个人,她醒悟到她该怎么办了。她迈着迅速而轻盈的步伐走下从水塔通到铁轨的台阶,直到匆匆开过来的火车那儿才停下来。她凝视着车厢下面,凝视着螺旋推进器、锁链和缓缓开来的第一节车的大铁轮，试着衡量前轮和后轮的中心点，估计中心点对着她的时间。

"到那里去！"她自言自语，望着投到布满砂土和煤灰的枕木上的车辆的阴影。"到那里去，投到正中间，我要惩罚他，摆脱所有的人，摆脱我自己！"

她想倒在开到她身边的第一节车厢的车轮中间。但是她因为从臂上往下取小红皮包而耽搁了，已经太晚了；车厢中心开过去了。她不得不等待下一节车厢。一种仿佛她准备入浴时所体会到的心情袭上了她的心头，于是她画了个十字。这种熟悉的画十字的姿势在她心中唤起了一系列少女时代和童年时代的回忆，笼罩着一切的黑暗突然破裂了，转瞬间生命以它过去的全部辉煌的欢乐呈现在她面前。但是她目不转睛地盯着开过来的第二节车厢的车轮，车轮与车轮之间的中心点刚一和她对正了，她就抛掉红皮包，缩着脖子，两手着地投到车厢下面，她微微地动了一动，好像准备马上又站起来一样，但又扑通跪了下去。就在这一刹那，一想到自己在做什么，她吓得毛骨悚然。"我这是在哪里？我这是在做什么？为了什么呀？"她想站起来，闪开身子，但是什么巨大的无情的东西撞在她的头上，从她的背上碾过去了。"上帝，饶恕我的一切！"她说，觉得无力挣扎。一个正在铁轨上干活的矮小的农民，咕噜了句什么。一支蜡烛，她曾借着它的烛光浏览过充满了苦难、虚伪、悲哀和罪恶的书籍，比以往更加明亮地闪烁起来，为她照亮了以前笼罩在黑暗中的一切，哔剥响起来，开始昏暗下去，永远熄灭了。

(选自《安娜·卡列尼娜》，周扬、谢素台译，有删改)

设问：安娜投到铁轨上之后有什么样的内心活动？这样写有什么意义？

【核心术语·心理活动（过程）】

这是心理学的概念，指人们在活动的时候，通过各种感官认识外部世界事物，通过头脑的活动思考事物的因果关系，并伴随着喜、怒、哀、惧等情感体验。这种折射着一系列心理现象的整个过程就是心理过程。

【备考答案】

安娜的内心活动可以总结为：恐惧、迷惑、无奈、悔恨。"她就抛掉红皮包，缩着脖子，两手着地投到车厢下面，她微微地动了一动，好像准备马上又站起来一样，但又扑通跪了下去。就在这一刹那，一想到自己在做什么，她吓得毛骨悚然。"此处体现出安娜内心的恐惧。"我这是在哪里？我这是在做什么？为了什么呀？"这番自省发问又体现出她对自身行为感到矛盾、对自己的作为感到迷惑。"她想站起来，闪开身子，但是什么巨大的无情的东西撞在她的头上，从她的背上碾过去了。'上帝，饶恕我的一切！'她说，觉得无力挣扎。"又体现出她对自杀这件事的悔恨与无奈。从行文上看，安娜一步步地绝望下去，而且从整部小说来看，安娜在追求爱情的路上撞得头破血流，为情所困，求而不得，最终卧轨，这是人物对命运的不可控，是主人公美好期望的破灭，是人心的绝望。以上表现了安娜之死的必然性，增强了悲剧意味。

【素养提升】

　　人物心理更多指一个时刻、一个事件中的某一个人的想法。而性格则是长时间段、多个事件中的某个人物的心理总和。阅读时我们往往能从一个事件中捕获人物的某个性格特征，但多个事件串在一起，才能看见性格的复杂性。人的行为能够折射出人的心理。文中人物的行为可分为有意识行为和无意识行为。有意识行为可以看作人物主动用心去做的事情，人物内心会意识到这件事，并且能够控制自己的行为。而无意识行为，人物无法觉察到"那样做是不对的"，并且无意识行为是极其难改的。比如，每天放学把所有书按照类目整理一遍，放在固定的地方，这叫有意识行为。反之，每天上完课，文具、教辅书、教材随便乱放，上课、回家复习功课时常常因找不到学习用品而浪费一些时间，而自己却从来无所察觉，也不总结问题，这叫无意识行为。无意识行为透露出的心理活动在文章里一般不会由心理描写直接显现出来，而需要我们透过人物的行为去观察分析。

　　总之，概括人物的心理变化、态度变化、情感变化等，都要从情节入手，在概括情节的基础上分析人物的外在行为所折射出的内在心理活动，将这些外显和内隐的心理串联在一起，就能看出其中的变化了。

【物象】

2014新课标Ⅱ卷

鞋

刘庆邦

有个姑娘叫守明，十八岁那年就定了亲。定亲的彩礼送来了，是几块做衣服的布料。

媒人一走，母亲眼睛弯弯的，说："给，你婆家给你的东西。"

"谁要他的东西，我不要！"

"不要好呀，我留着给你妹妹作嫁妆。"

妹妹跟过来，要看看是什么好东西。守明像是捍卫什么似的，坚决不让妹妹看，她把包袱放进箱子，啪嗒就锁上了。

家里只有自己时，守明才关了门，把彩礼包儿拿出来。她把那块石榴红的方巾顶在头上，对着镜子左照右照。她的脸红通通的，很像刚下花轿的新娘子。想到新娘子，不知为何，她叹了一口气，鼻子也酸酸的。

按当地的规矩，守明该给那个人做一双鞋了。她的表情突然变得严肃起来。

她把那个人的鞋样子放在床上，张开指头拃了拃，心中不免吃惊，天哪，那个人人不算大，脚怎么这样大。脚大走四方，不知这个人能不能走四方。她想让他走四方，又不想让他走四方。要是他四处乱走，剩下她一个人在家可怎么办？她想有了，把鞋做得稍小些，给他一双小鞋穿，让他的脚疼，走不成四方。想到这里，她仿佛已看见那人穿上了她做的新鞋，由于用力提鞋，脸都憋得红了。

"合适吗？"

那个人说合适是合适，就是有点儿紧。

"穿的次数多了就合适了。"

那个人把新鞋穿了一遭，回来说脚疼。

"你疼我也疼。"

那个人问她哪里疼。

"我心疼。"

那个人就笑了，说："那我给你揉揉吧！"

她赶紧把胸口抱住了。她抱的动作大了些，把自己从幻想中抱了出来。摸摸脸，脸还火辣辣的。

瞎想归瞎想，在动剪子剪格褙①时，她还是照原样儿一丝不差地剪下来了。

第一次看见那个人是在社员大会上，那个人在黑压压的会场中念一篇稿子。她不记得稿子里说的是什么，旁边的人打听那个人是哪庄的，叫什么名字，她却记住了。她当时想，这个男孩子，年纪不大，胆子可够大的，敢在这么多人面前念那么长一大篇话。她这个年龄正是心里乱想的年龄，想着想着，就把自己和那个人联系到一块儿去了。不知道那人有没有对象，要是没对象的话，不知道喜欢什么样的……

有一天家里来了个媒人，守明正要表示心烦，一听介绍的不是别人，正是让她做梦的那个人，一时浑身冰凉，小脸发白，泪珠子一串串往下掉，母亲以为她对这门亲事不乐意，守明说："妈，我是舍不得离开您！"

媒人递来消息，说那个人要外出当工人，守明一听有些犯愣，这真应了那句脚大走四方的话。此一去不知何时才能回还，她一定得送给那人一点儿东西，让那个人念着她，记住她，她没有别的可送，只有这一双鞋。

那个人外出的日期定下来了，托媒人传话，向她约会。她正好亲手把鞋交给那个人。约会的地点是村边那座高桥，时间是吃过晚饭，母亲要送她到桥头去，她不让。守明把一切都想好了，那个人若说正好，她就让他穿这双鞋上路——人是你的，鞋就是你的，还脱下来干什么！临出门，她又改了主意，觉得只让那个人把鞋穿上试试新就行了，还得让他脱下来，等他回来完婚那一天才能穿。

守明的设想未能实现。她把鞋递给那个人时，让那个人穿上试试，那个人只笑了笑，说声谢谢，就把鞋竖着插进上衣口袋里去了。直到那个人说再见，鞋也没试一下。那个人说再见时，猛地向守明伸出了手，意思要把手握一握。

---

① 格褙：用碎布、旧布糊成的厚片，多用来制布鞋鞋底。

这是守明没有料到的。他们虽然见过几次面，但从来没有碰过手。她犹豫了一会儿，还是低着头把手交出去了。那个人的手温热有力，握得她的手忽地出了一层汗，接着她身上也出汗了。那个人大概怕她害臊，就把她的手松开了。

守明下了桥往回走时，见夹道的高庄稼中间拦着一个黑人影，她大吃一惊，正要折回身去追那个人，扑进那个人怀里，让她的那个人救她，人影说话了，原来是她母亲。怎么会是母亲呢！在回家的路上，守明一直没跟母亲说话。

后记：

我在农村老家时，人家给我介绍了一个对象。那个姑娘很精心地给我做了一双鞋。参加工作后，我把那双鞋带进了城里，先是舍不得穿，后来想穿也穿不出去了。第一次回家探亲，我把那双鞋退给了那位姑娘。那姑娘接过鞋后，眼里一直泪汪汪的。后来我想到，我一定伤害了那位农村姑娘的心，我辜负了她，一辈子都对不起她。

(有删改)

设问：小说以"鞋"为中心叙事写人，这样处理有什么好处？请简要分析。

【核心术语·物象】

小说中的物象，也是倾注了作者的思想与主观情感的生动鲜明的形象，是作者抒怀言志的凭借与依据。

【备考答案】

①鞋是当时当地的规矩，这样的故事既有生活气息，又有时代特点。"按当地的规矩，守明该给那个人做一双鞋了"，物象第一次在文中出现就点明了当地的习俗，物象本身也蕴含着时代环境的特点，暗示了文章的主旨。

②可以使故事情节更集中、紧凑。小说的情节始终没有离开鞋子，在做鞋、送鞋的过程中，女主人公的情感和内心世界得以展现，所以"鞋"是文章的线索。

③有助于主人公内在情感与深层心理的发掘与表现。"鞋"对主要人物守明起到了衬托作用，其内心情感的流露都是借助"鞋"完成的；想到给男方做

双小鞋不让他走得太远，透露出对男方的担心；想象男方穿小鞋的窘态以及跟男方约会时试鞋的情景，透露出向往爱情的守明复杂而甜蜜的心理。

【素养提升】

1. 从人物塑造方面思考

物象衬托了人物品格，突出了人物形象。应格外注意物象本身的特点从哪些方面对主要人物做了映衬，如梅、玉、竹等。

2. 从情节安排方面思考

物象往往是组织和推动情节发展的线索物件。物象反复出现，串起相关情节，从而成为全文的线索，兼有使结构更加严谨的作用。

3. 从环境方面思考

思考物象对时代特色氛围做了怎样的揭示或暗示，以及对人物活动的具体环境的作用。

4. 从主题方面思考

物象往往具有衬托或象征意义，有揭示和深化主题的作用。

5. 物象的作用：

①突出主要人物的性格特点。

②揭示并深化文章主题。

③反复出现，串联起相关情节，是全文的线索，使结构更加严谨。

④创设环境，渲染气氛，铺设背景。

⑤具有象征意义。

【环境】

2019 全国Ⅲ卷

到梨花屯去

何士光

这故事开场时是颇为平淡的，只是后来，马车快要进梨花屯，而两个乘客也沉默时，回过头来看一看，兴许才有一点故事的意味……

一辆马车从白杨坝出来，车夫是个老人家。在一座石桥旁，他把一个中年人让到车上来。看得出，这是位下乡干部。

天色好晴朗。水田还没有栽上秧子，但包谷已长得十分青葱，初夏的山野，透露着旺盛的生命力，叫人沉醉不已。碎石的马路拐弯了，爬坡了，又拐弯了，又爬坡了。不时有布谷在啼叫，车上的人似乎打起盹来了。

不知过了多久，马车停住。打盹儿的干部猛地抬头，看见有人正上到车上来。

"啊，谢主任？"来人犹豫地打招呼，似乎有些意外。

"是……老赵同志？"谢主任嗫嚅了一下，也有些突然。

车抖了一下，从横过路面的小小水沟上驶过。

谢主任把香烟掏出来，递一支给老赵："去梨花屯？"语气中有和解的意味。

老赵谨慎地回答："是。"

"去包队吗？"

"是。胜利大队。"

"我也是！"谢主任和蔼地笑起来，"我们都是十回下乡九回在，老走梨花这一方！"

笑颜使气氛松动起来。三只白鹤高高飞过，不慌不忙扇动着长长的翅膀，在蓝天里显得又白又亮……

"老赵，"谢主任开诚布公地谈起来，"我一直想找机会和你谈谈呢！为七六年秋天在梨花挖那条沟，你怕还对我有些意见呐！"

"谢主任,你说到哪里去了!"

"实事求是嘛!当时我是工作队的负责人,瞎指挥是我搞的,该由我负责!有人把责任归到你头上,当然不应当!"

"我……"

"我也明知那条沟不该挖,一气就占了四十亩良田。但当时压力大啊;上边决定要挖,社员不同意挖,是我硬表了态:我叫挖的,我负责!"

"这种表态,"老赵想了一想,"我也表过……"

"那是因为我先表嘛!"谢主任接过话头,"老赵,去年报上有篇报道,你读过没有?"

"哪一篇?"

"谈得真好!"谢主任不胜感慨地说,"是基层干部座谈。总结说:上面是'嘴巴硬',基层干部是'肩膀硬'!基层干部负责任。像是报道的安徽……"

路转了一个大弯——在一座杉树土岗前好像到了尽头,接着又一下子在马车前重新展现出来,一直延伸到老远的山垭口……

"正是这样嘛!"谢主任点头,"那条沟,责任由我负!"

"我也有责任!那是分派给我的任务。如果不是我催得紧,态度那样硬,说不定就挖不成!责任归我负!"

双方都有诚恳的态度,气氛十分亲切了,甚至到了甜蜜的地步。

路旁出现了一条水沟,水欢快地流淌着,发出叫人喜悦的响声……

他们无拘无束地谈下去了。谈形势,谈这次去梨花屯纠正"定产到组"中出现的种种偏差,等等。后来,拉起家常来了……

越近梨花屯,地势就越平坦,心里也越舒畅。突然,谢主任拍了拍赶车老汉的肩膀:"停一停!"

老人家把缰收住了。

"两年多没到梨花,看看那条沟怎样了!"

坝子上水田一块接着一块,已经犁过了。带着铧印的泥土静静地横陈着,吸收着阳光,像刚切开的梨子一样新鲜,透着沁人心脾的气息……

看不见那条沟。

谢主任问车夫："老同志，那条沟是不是在这一带？"

"唵？"老人家听不清。

老赵大声说："沟——挖过一条沟啊！"

"嗯，"老人家听懂了，点点头，"是挖过一条沟。唔，大前年的事喽，立冬后开挖的。分给我们六个生产队，每个劳力摊一截。我都有一截呢！顶上头一段，是红星队……"

看来老人家说起话来是絮絮不休的。老赵终于打断了他："现在沟在哪里？"

"哪里？"老人家摇着头，"后来填了嘛，去年，开春过后……"

谢主任问："哪个喊填的？"

"哪个？"老人家认真地想了一回，"没有哪个。是我们六个队的人商量的。总不成就让它摆在那里，沟不沟坎不坎的！唔，先是抬那些石头。论挑抬活路，这一带的人都是好手，肩膀最硬……"

像我们在乡下会碰到的许多老人家一样，这位老人也有着对往事的惊人记忆。也许平时不大有机会说话，一旦有人听，他们就会把点点滴滴说得详详细细，有几分像自言自语，牵连不断地说下去。说下去，平平静静的，像是在叙述别人的而不是自身的事情，多少波澜都化为了涓涓细流，想当初虽未必如此简单，而今却尽掩在老人家略带沙哑的嗓音里了。

后来，老赵提醒他："老人家，我们走吧！"

老赵的声音，柔和得有些异样。而且不知为什么，这以后不论是老赵还是谢主任，都没再说一句话。

啊，前面，杂树的碧绿和砖瓦的青灰看得见了。是的，梨花屯就要到了！

1979年5月
（有删改）

设问：小说中有多处景物描写，请分析其功能。

【核心术语·环境】

小说中的环境描写可分为社会环境描写和自然环境描写。社会环境指的是故事发生的时代特点和时代背景，它为人物活动提供了大的时空背景，影响着或直接决定着人物的思想情感。自然环境描写交代人物活动的具体环境，往往起到渲染作品的气氛和烘托人物心情的作用。

【备考答案】

①到梨花屯去的沿途风景，为故事开展提供自然背景；②以景物描写的插入来配合氛围的变化以及谢、赵二人的心理变化；③使小说具有清新的田园风格，流露出生机勃勃的时代气息。

此题考查学生分析小说环境描写作用的能力。环境描写包括自然环境和社会环境。社会环境描写的主要作用：交代作品的时代背景。分析社会环境描写必须结合时代背景，指出文段中环境描写的相关语句揭示了什么样的社会现实。自然环境描写（景物描写）的主要作用：交代故事发生的时间、地点、天气，表现地域风光，提示时间、季节和环境特点；渲染气氛，烘托人物形象（或人物心情、感情），奠定感情基调；推动故事情节的发展，为下文做铺垫；暗示社会环境，揭示社会本质特征，也就是交代背景；揭示人物心境，表现人物性格；象征、暗示作用；揭示或者深化作品主题；给读者带来一定的审美愉悦；等等。本文有多处环境描写，它们本身就是去梨花屯的沿途风景，也是故事开展的自然背景；而"三只白鹤高高飞过……在蓝天里显得又白又亮""路旁出现一条水沟，水欢快地流淌着，发出叫人喜悦的响声……"等处的景物描写，还烘托表现了谢、赵二人的心理变化；小说多处以初夏的山野风光为背景，包谷、布谷、白鹤、流水、水田、泥土……这些意象散发着浓厚的乡土气息和醉人的诗情画意，使小说也洋溢着清新的田园风格，流露出生机勃勃的时代气息。

【素养提升】

分析环境描四个维度：

①综合把握大环境（时代背景）和具体人物生活的小环境（社会的、自然的）。

②分析社会环境时应透过当事人的言行深入挖掘社会历史内涵。社会环境一般由主要人物周围的次要人物及次要人物的行为活动、思想观念构成。分析时应通过这些人物的言行，认识其代表的社会势力及观念。注意人物与

环境的辩证关系。环境决定人物命运及其性格，人物又能动地作用于环境。

③要善于从地点、时间、景物描写中揣摩人物的身份、地位、心境，分析其性格特征；要善于从人与人的关系、时代特征、社会风貌等社会环境中体悟小说主题。

④概括自然环境的时候要注意动用感官去感受它的特点，同时注意修饰词。概括社会环境时要注意文中出现的场景有什么特点。特定的历史背景，反映了哪些时代特点。通过人的态度和行动，判断人际关系是友善的、紧张的还是冷漠的，等等。

两类环境的作用：

（一）自然环境的作用

1. 环境方面

①代故事发生的时间、地点。②交代人物活动的场所。③渲染气氛，奠定基调。④暗示社会环境。

2. 人物方面

①烘托人物性格、心理。②表现人物的身份、地位、性格等。③暗示人物命运。

3. 情节方面

①为后面情节的发展做铺垫或制造悬念。②暗示或推动故事情节发展。③作为情节发展的线索。

4. 主题方面

①揭示主题。②深化主旨。

（二）社会环境的作用

①交代人物活动及其成长的时代背景，揭示各种复杂的社会关系。

②交代人物身份，表现人物性格；影响或决定人物性格。

③揭示社会本质特征，揭示主题。

> 【情节】

2020 安徽高三零模卷

风雪日月山

李迪

李老师，我七年前从西北师大毕业，当时有好多地方能签约工作：云南、贵州、宁夏、青海……我挑了又挑，选了青海。

接受我采访、称我李老师的人，名字有点儿怪，叫赵程皇。一个胖胖的甘肃姑娘，老家在张掖。她说自己喝凉水都长肉，说是"胜天半子"拆开重组。我没听明白，她豪爽一笑，天生胖子啊！

我俩谈话的地方叫日月山。这里是青海通往西藏的门户。山之青海这边儿，屹立着中石油的汇源加油站，胖姑娘就在这里当上了一名加油员。

李老师，你可不知道，刚进十月，这里就下雪了。我第一天晚上在站里值班，门外似乎有鬼哭狼嚎，嗷！嗷！我从没有听过这种声音，太恐怖了。老员工说，山口风大，吹到玻璃上就是这声。外面来车了，赶紧出去加油。一推门，风把人往里刮。眼看着离加油机就几步远，愣是过不去。喧一口，喘半天。

我们这里是换界区，车进藏，油就贵了，司机们都铆足劲儿在这儿把油加满。人可老多了。一摸油枪，寒气直接钉进骨头，上牙打下牙，张开嘴都说不出话。宿舍里没火，冻得睡不着。站里的被子又小，盖得了脚，盖不住头；一盖头，脚又露出来。哪儿都冷，哪儿都不舒服。

这时候，我特别想家，想妈，就给妈打电话，说冷，说被子小。妈说，那么多人都在站上干着，你赵程皇不比别人差。你要好好的，坚持就是胜利！

话是这样说，妈不知道，坚持下来有多难啊！

又是一个风雪天，我身上包得跟粽子一样，哆嗦着两手加油。我站在最外面的机子旁，油枪插进油箱里，两眼不由得看看远山，看看雪。老家离青海太远了，得翻过一座大坂山，海拔六千多米。山路崎岖，弯儿又急，开车要走八九个小时，路上能摸到云……

正想着，忽然感觉有人在看我。是的，我能感觉到这个人在看我。

我抬眼望去，不远处有一个身影。

啊，这身影好熟悉！

是谁，是谁？

是妈妈啊！

我顾不上跟司机打招呼就飞奔过去。

妈站在雪地里看着我，佝偻的背上，背着一个打成豆腐块的大号被子！山风吹乱了她过早飘白的头发。

妈妈，妈！

我大声叫着。在奔过去的一瞬间，我发现妈已经把脸上的泪擦干了，只剩下红红的两眼。

妈，您怎么来了？

我想你了，丫头！

妈说完，一把把我抱过来，搂在怀里。我感觉妈的身子在往下沉。让被子压得往下沉。

我的眼泪一下子冲出来！

我放声大哭。忘记了这是在加油站，忘记了周围还有人。

妈啊，妈，您来了怎么不跟我说一声，就那么在雪地里站着……

妈说，丫头别哭了，去好好加油，人家等着呢！

妈刚退休，可我觉得她已经老得不行了。我不知道她在风雪里站了多久，身上的衣服全湿了。她本来可以寄钱给我，让我在这儿买被子。可是，她没有寄，也没有打电话说要来送被子，就这样不声不响，在风雪中，翻过大坂山，把被子从张掖背了过来。

后来，我才知道，妈从没来过青海，也不知道日月山。从张掖来的客车，都是白天开，晚上到。她为了能在白天赶到加油站，就坐了一辆私家车，本来八九个小时的路，因为风雪，整整走了二十多个小时！

妈跟我说，丫头，我们已经陪伴你二十多年，你长大了，从不会走路到会跑，以后的路你要自己走了。有些苦，有些难，是你这辈子必须要经历的。爸妈只能在旁边给你鼓鼓劲儿，就像这样给你送床被子，让你感受到我们永远在你身后。无论遇到什么，你都不能放弃。人生所有的事都是这样，只要放弃了就归零，就要重新开始！

妈在站里待一天就走了，说怕影响我工作。

跟她分手的时候，我不敢回头，怕回头发现她在看我，我受不了。

打那以后，我换了个人，每天迎着开来的车，离老远就把手高高地举起——

您好，欢迎光临！九十三号油加满吗？九十七号油加满吗？

再苦，再累，我永远微笑着。为了妈妈背来的被子，为了赶路的人能到达他们想去的地方！

说到这儿，程皇停了下来，眼里闪着泪，遥望日月山。

我知道，她又想起家，想起了妈妈。

设问：小说两次写到赵程皇流泪，每次流泪的表现都不同，心情也不一样。请结合小说内容具体分析，并说明这样写有什么效果。

【核心术语·情节】

小说是主要以刻画人物形象为中心，通过完整的故事情节和具体的环境描写来反映社会生活的叙事性文学体裁。小说情节一般分为开端、发展、高潮、结局这四个部分。我们一定要认识到，开端是小说反映的矛盾冲突的开始；发展是主要矛盾冲突从开始到逐步激化的演变过程；高潮是决定矛盾各方面的命运或者主要矛盾即将解决的关键时刻，是矛盾冲突发展到顶点，人物思想斗争最紧张、最激烈、最尖锐的阶段；结局是情节的最后部分，交代故事的结果。当然，有些小说除了这四个部分外，在开端前还有序幕，结局后还有尾声。此外，有的现代小说并没有太明显的情节。

【备考答案】

①第一次是突然看到母亲出现，"妈妈，妈！我大声叫着"可知她心中惊喜、激动，由"我放声大哭。忘记了这是在加油站，忘记了周围还有人"可知又有这段时间受苦的委屈以及对母亲的思念。这泪水充满惊喜与激动、思

念与委屈。②第二次是"眼里闪着泪",由后面的"遥望日月山"可知流泪的原因有对家乡、母亲的思念;由"为了妈妈背来的被子"可知有对母亲送被子的感激;由"打那以后,我换了个人"可知有对自己成长的自豪。

效果:①丰富了赵程皇的人物形象;②表现了赵程皇的成长,凸显了困难、磨难(鼓励、支持)使人成长的主题。

【素养提升】

具体到一篇小说,在分析情节时,我们要善于把握**解读情节的三个维度:**

①理清基本矛盾冲突所构成的情节发展线索。尤其要注意分析情节发生转折的地方。理解发展和高潮部分,善于体会故事情节中蕴含的深刻生活哲理和社会现实意义。

②鉴赏小说的情节要多关注细节刻画。滴水藏海,一叶知秋。这一点并不难理解,一篇小说的情节就是由很多个场面和细节组成的,同时也只有这样的情节才显得更加真实、自然。很多关键的信息就是通过这些细节体现出来的。

③紧紧抓住情节、人物以及文章主题之间的关系。一切的情节都服务于人物,而人物身上体现着作者的情感态度与价值观。梳理故事情节的过程就是感受人物性格的过程,也是理解小说主题的过程。

【情节的作用】

2017 山东卷

七岔犄角的公鹿

(鄂温克族[①]) 乌热尔图

"你,你别打啦!"我两眼盯着他,一串泪珠滚出眼窝。

[①] 鄂温克族:我国少数民族之一,主要分布于内蒙古呼伦贝尔和黑龙江讷河等地,传统上多从事农牧业和狩猎业。

"喊啥，小崽子？你像只猫，整天待在帐篷里，靠我养活！"他吼着，举起熊掌似的大手，又朝我打来。

"我去打猎，给我枪——我爸爸留给我的猎枪。"

他愣了一下，那双醉红的眼睛像打量陌生人似的瞅着我。我不哭了，再也不想哭了，挺着胸脯站在他面前，我感到一下子长大了。我爸爸早死了，妈妈为了过活跟了他，没过几年，妈妈也病死了，我就只好和他在一起熬日子。我从未叫过这位继父一声"爸爸"，只在心里喊他的名字：特吉——部落里的人都这样叫他。

"给，小崽子。明天，你上山，见啥打啥。你有这个胆子吗？"

几乎和我一般高的猎枪，差点儿把我撞个跟头。我紧紧攥住枪筒，毫不示弱地说："我不怕，你能打，我也能打。"

"先别吹。打猎可不像往嘴里灌酒那么容易。"说完，他又抓起酒瓶，咕嘟咕嘟地喝起来。

这天早晨，我起得比往常都早。我脚上穿的软靴是妈妈留给我的，子弹袋和猎刀是爸爸用过的。我要靠这些，再加上我自己的勇敢，成为一个猎手，一个让全部落人都服气的猎手。

我慢慢地攀上山顶。这是一个漂亮的山峰，它的背上长满松树和桦树，前胸盖着白雪，侧面是片凹下去的向阳坡。这里准有野兽。等了大半天，果然没叫我失望，桦树林里有什么的影子在晃动。我咬紧牙，瞄准黑影，端平猎枪。枪响了，野兽晃了晃，踉跄着奔出树林。是一头健壮的公鹿，它头上顶着光闪闪的犄角，犄角分成了七个支岔，很有气势。鹿一眼瞥见我，扭头叫了一声。顿时，又从树林里跑出五只受惊的野鹿，有母鹿，有小鹿。公鹿一瘸一拐地跟在最后面，不时扭头戒备而憎恶地瞅着我。看得出来，它在保卫鹿群。转眼间，他们爬过山岗，消失在密林里。这时，太阳已经溜到山尖，树林变得黑森森的，我想今天是撵不上它了。

晚上，坐在火堆旁，我心里也有一个不安的火苗在上下乱蹿。"今天，我打了个鹿。是七岔犄角的公鹿，可大啦！它流的血真多，要不是天晚了，我真……"我对特吉说。他不喝酒的时候，脸上没有凶相，但总是阴沉沉的。

"嘿，傻小子。流点血，这能算你打了鹿？打鹿的人，剥了鹿皮，先把鹿腰子拿回来，让大家尝尝……鹿可不像你，碰一下就哭。公鹿，那才是真正的男子汉，它就是死也不会屈服。懂吗？"

我好像被灌了一脖子雪，心里又气又恼："明天，我会拿鹿腰子让你尝的。"

第二天，天刚亮，我就赶到昨天打猎的山坡，沿着伤鹿留在雪地上的蹄印追着。不知什么时候，雪地上多了一行奇怪的蹄印。突然，从左侧山脚的桦树林里传来咔嚓咔嚓的响声，六只野鹿在那里惊慌奔逃。我认出那头被我打伤的公鹿，它瘸了一条腿，跑在鹿群后面。一只狼在后面拼命地追赶，并且越追越近。公鹿扭头瞅瞅，撇开鹿群，一瘸一拐地直奔山坡跑来，它跑上山顶，到石崖前放慢脚步，一步一步蹬着石崖。看起来它很费力，忍着痛。

快点儿，狼追上来啦！我被这头危难中的受伤的鹿吸引了，忘记了自己狩猎的使命。

猛冲过去的狼一口咬住鹿的后腿，几乎就在同时，鹿猛地一蹬，狼怪叫一声，滚了下来。我看见鹿的后腿连皮带肉撕下一块。啊，真有一手。为了弄死这家伙，甘心让它咬去一块肉。可惜那一蹄没踢在狼的脑壳上。

狼在地上打了个滚，弓着腰，咧着嘴，发疯似的朝石崖冲去。鹿低下头，把粗壮、尖利的犄角贴在脚下的石头上，沉着地等待着。

啊，这只狼真坏。它借助跑的冲力腾空朝鹿扑去。我的心一下子揪紧了。

就在狼对准鹿的脖子下口的一刹那，鹿猛地扬起低垂的犄角，狼像被叉子叉中似的，从鹿的头顶上像块石头被甩过石崖，跌进山谷。

鹿胜利了。它骄傲地扬起头，把漂亮的犄角竖在空中。"呦——"七岔犄角的公鹿站在崖顶呼唤同伴，山谷里传来鹿群的回音。

我躲在它的下风，着迷地瞅着它。它那一岔一岔支立着的犄角，显得那么刚硬；它那细长的脖子挺立着，象征着不屈；四条直立的腿，似乎聚集了全身的力量。我想起特吉的话："公鹿，那才是真正的男子汉，它就是死也不会屈服。"

公鹿疲倦地走过我的眼前，还是那么骄傲。我长长地出了一口气，它似乎觉察出什么，停下步来。我觉得自己的心被撞击了一下，我想起了自己。

我不是看热闹的孩子，而是一个猎手。我的眼睛转向鹿腿上的伤口：一处是我的猎枪打的，看来没有伤到骨头，但也穿了窟窿；另一处是狼咬的，血淋淋的。在这个时候想补它一枪真是太容易了，我下意识地摸了摸枪栓，看着它一瘸一拐的身影……

设问：本文以"我"与特吉的冲突开篇，这样写有什么作用？请简要分析。

【核心术语·情节作用】

小说的情节就是作者说故事的先后顺序以及技巧。它本来就暗含内容和结构两个层面的意义。所以小说情节的作用主要有两方面：一方面是内容上为塑造人物形象、表现主题服务，交代或突出环境，给读者某种感受；另一方面是结构上呼应标题，设置悬念，照应文段，埋下伏笔，为后文情节做铺垫，推动故事情节发展。

【备考答案】

①内容上，通过紧张的冲突引起读者的阅读兴趣，把读者迅速带入小说的情景。主要写了冲突之下"我"的倔强，引出我决定像个大人一般去打猎。交代了我的孤儿身份、与继父的情感隔膜，以及我对亲情的渴望。②结构上，为下文做铺垫，也就是为下文我去打猎遇到了那只七岔犄角的公鹿并感受到它的不屈做铺垫。

【素养提升】

小说情节的作用主要有两方面：一方面是内容上为塑造人物形象、表现主题服务，交代或突出环境，给读者某种感受；另一方面是在结构上呼应标题，设置悬念，照应文段，埋下伏笔，为后文情节做铺垫，推动故事情节发展。

答题切入点，即"2+5"原则：

一、从两个大的角度考虑：一是内容上，二是结构上。

内容上：情节本身、情节对环境、情节对人物、情节对主题、情节对读者的作用。

结构上：对其他情节的作用。

二、具体考虑五个方面：三要素＋主题＋读者。

（一）从情节与小说环境的关系角度考虑：点明（烘托、交代）人物活动的环境，使环境更具典型性等。

（二）从情节与其他情节的关系角度考虑：

1. 开头：总领全文；照应题目，呼应下文；引出下文，为后文做铺垫；开门见山，直入主题；欲扬先抑；对比衬托；渲染气氛，奠定基调；埋下伏笔；设置悬念。

2. 中间：过渡（承上启下）；由……到……（由叙述转向议论，由写景转向抒情，由正面到反面）；为下文写……做铺垫（为议论、抒情做铺垫）；推动情节的发展；照应；总结上文；呼应前文。

3. 结尾：卒章显志，点明中心；戛然而止，回味深长；点明题旨；深化主题；照应前文，结构严谨；升华感情，照应开头，画龙点睛；言有尽而意无穷；以小见大。

下面介绍几种不同风格的结尾方式：

①出人意料式（欧·亨利式结尾）。结构上，使故事陡生波澜；表现手法上，与前文的伏笔相照应；内容上，突出人物形象，深化主题；表达效果上，产生震撼人心的力量。

②戛然而止、留下空白式。主要作用在表达效果上：留下空白，让读者驰骋想象，进行艺术的再创造。

③补叙式。结构上，与上文情节呼应，解释悬念；内容上，使人物形象更加完整，深化主旨。

④卒章显志式。往往有解释悬念、揭示主题的作用。

⑤令人感伤式。主题上，深化主题；表现人物性格上，突出人物性格，增强悲剧色彩；表达效果上，令人感动和回味，引人思考。

⑥大团圆式。主题上，凸显出美好人性；表现效果上，符合大众对审美的追求，引起读者的共鸣，同时给读者留下想象空间，耐人寻味；读者的情感体验上，读者与主人公、作者的意愿构成和谐一体，给人以欣慰、愉悦之感。

⑦设疑式。正面解疑，使情节翻转，出人意料，增强小说的戏剧张力，深化了主题；反面解疑，打破读者的心理预期，留下更多想象回味的空间。

⑧蒙太奇式结尾。蒙太奇泛指电影中有关剪辑和分镜头的理论。这种艺

术组合的方式或过程是将电影一系列在不同地点、从不同距离和角度、以不同方法拍摄的镜头排列组合起来，叙述情节，刻画人物。

⑨蒙太奇式结尾，是将蒙太奇理论移用到写作中，通过场面、段落的分切与组接，对素材进行选择和取舍，撷取最能阐明生活实质的，最能说明人物性格、人物关系的部分来收束全文。由于摒弃、省略了大量无关轻重的细节，蒙太奇式结尾具有使内容主次分明、突出主题、引导读者注意力、激发读者联想、启迪读者思考、让表达更具感染力的作用。

4.将情节浓缩为标题，其作用有：起线索作用，贯穿全文；点明主题。

（三）从情节与人物形象的关系角度考虑：塑造了……的人物形象，表现了人物……的性格或精神，刻画了人物……的心理，使人物形象更加丰满、充实等。

（四）从情节与主题的关系角度考虑：揭示(表达、寄托、暗示)了……的主题、深化主题、突出主题、丰富主题等。

（五）从情节与读者感受的关系角度考虑：设置悬念，跌宕起伏，引人入胜，吸引读者的注意力，引起读者的阅读兴趣、引发读者思考等。

【叙事手法】

2020 内蒙古高二期末卷

穷人的专利权

[英]狄更斯

我的名字叫约翰。学的是打铁的行当。打十九岁那年起，人家看见我没几根头发，就一直管我叫"老约翰"了。现时我已经五十六岁了，头发并不比上面提到的十九岁的时候多，可也不比那时候少，因此，这方面也就没有什么新的情况好说。

我发明过一种螺丝，挣了二十镑钱，这笔钱我这会儿还在用。整整有二十年工夫，我都在断断续续地搞一样发明，边搞边改进。上一个圣诞节前夜十点钟，我终于完成了这个发明。完成之后，我喊我妻子也进来看一看。这时候，我跟我妻子站在机器模型旁边，眼泪簌簌地落到它身上。

那是在差不多一年之前的圣诞节前夜十点钟完成的。我把凡是能节省下来的钱统统都用在模型上了。我想自己去申请专利。

我的姻兄弟，西布罗密奇的乔治·贝雷临死的时候遗留给我的妻子、他的姊妹一百二十八镑零十个先令的英格兰银行股票。我和我妻子一直还没有动用过这笔钱。我们俩都同意拿这个发明去申请专利。我的朋友威廉·布彻替我写了一封信给伦敦的汤姆斯·乔哀。我乘"四等车"上了伦敦，在汤姆斯·乔哀那里租了一间为期一个礼拜的房子。

汤姆斯·乔哀说要申请专利，第一步得向维多利亚女王提交一份申请书。我在靠近司法院法官弄的桑扫普顿大楼里找到了一位推事，在他那儿提出了陈述书，付了十八便士。他叫我拿着陈述书和申请书到白厅的内务部去，把这两份东西留在那里请内务大臣签署，缴付了两镑两先令又六便士。六天后，大臣签好了字，又叫我拿到首席检察官公署去打一份调查报告。我照他说的去办了，缴付了四镑四先令。

我临时住在汤姆斯·乔哀那里，租期已经延长了一个礼拜，这会儿五天又过去了。首席检察官写了一份所谓例行调查报告，打发我带着这份东西到内务部去。内务部根据它搞了个复本，他们把它叫作执照。为了这张执照，我付出了七镑十三先令六便士。这张执照又要送到女王面前去签署，女王签署完毕，再发还下来，内务大臣又签了一次。

我现在已经在汤姆斯·乔哀那里住到了第三个礼拜了，费用挺大，我只好处处节俭过日子。我感到自己都有点儿泄气了。

在林肯旅社的专利局里，他们替我的发明搞了一份"女王法令草案"的东西，还准备了一份"汉令提要"。就为这份东西，我付了五镑十先令六便士。专利局又正式誊写两份法令文本，一份送印章局，另一份送掌玺大臣衙门。这道手续下来，我付了一镑七先令六便士，外加印花税三镑。这个局里的誊写员誊写了女王法令准备送呈签署，我付了他一镑一先令。再加印花税一镑十先令。接下来，我把女王法令再送到首席检察官那儿签署。我去取的时候，付了五镑多。拿回来后，又送给内务大臣。他再转呈女王。女王又签署了一次。这道手续我又付了七镑十六先令六便士。到现在，我待在汤姆斯·乔哀那儿已经超过了一个月。我都不大有耐心了，钱袋也掏得差不多了。

女王法令还得送到设在河滨大道上桑莫塞特公馆的印章局去——印花商店也在那里。印章局的书记搞了一份"供掌玺大臣签署的印章局法令"，我付了他四镑七先令。掌玺大臣的书记又准备了一份"供大法官签署的掌玺大臣法令"，我付给他四镑两先令。"掌玺法令"转到了办理专利的书记手里，誊写好后，我付了他五镑七先令八便士。在此同时，我又付了这件专利的印花税，一整笔三十镑。接着又缴了一笔"专利置匣费"，共九镑零七便士。各位，同样置办专利的匣子，要是到汤姆斯·乔哀那里，他只要收取十八个便士。接着，我缴付了两镑两先令的"大法官财务助理费"。再接下来，我又缴了七镑十三先令的"保管文件夹书记费"。再接着，缴付了十先令的"保管文件夹协理书记费"。再接下来，又重新给大法官付了一镑十一先令六便士。最后，还缴付了十先令六便士的"掌玺大臣助理及封烫火漆助理费"。到这时，我已经在汤姆斯·乔哀那里待了六个礼拜了。这件获得顺利通过的发明已经花掉了我九十六镑七先令十八便士。这还仅仅在国内有效。要是带出联合王国的境界，我就要再花上三百镑。

（陈才宇译，有删改）

设问：小说以"我"为叙事视角，有什么好处？请结合文本简要分析。

【核心术语·叙事手法】

叙事手法指作者叙述故事的方法，包含叙述人称、叙述视角。

1. 叙述人称

①第一人称"我"：真实、亲切，便于抒情；受限于一定时空。

②第二人称"你"：增强抒情性、亲切感，便于感情交流。

③第三人称"他"：便于直接、客观地展现故事，灵活、自由。

2. 叙述视角

①有限视角：更真实，便于直接抒情；受限于一定时空。

②全知视角：视野开阔，不受时空限制，能随时介入故事，发表评论。

【备考答案】

①加故事的真实性，便于直接抒发情感，以"我"的所见所闻串起小说的情节。从本文来看，"我"既是故事的主人公也是故事的叙述者；从讲述者的角度来看，作者从"我"的视角来讲述这个申请专利的过程，让整个环节展示在读者面前，让故事更为真实。

②便于更直观地抒发作者对社会现状的批判之情。通过"我"的亲身经历展示申请专利过程的拖沓烦琐，展示小人物面对层层盘剥时的无奈，更能表达作者对此种社会现状的批判之情和对小人物遭遇的同情，有利于作者表达对社会的认识。

③作者通过"我"的所见所闻串起整个情节，让情节更为集中紧凑。

【素养提升】

叙述人称和叙述视角的区别

①叙述人称不等于叙述视角。叙述视角是指"谁说故事""站在什么立足点上说故事"。

②叙述者的选择，涉及叙述的动机与叙述的效果。在分析叙述者的作用与效果时，应考虑到叙述者的身份、地位、年龄、叙述者与被叙述者之间的关系等多种因素。

③叙述视角并不固定，一篇文章可以有多个叙述视角，要注意其中的转换。

【情节结构手法】

2018 全国Ⅰ卷

赵一曼女士

阿成

伪满时期的哈尔滨市立医院，如今仍是医院。后来得知赵一曼女士曾在这里住过院，我便翻阅了她的一些资料。

赵一曼女士，是一个略显瘦秀且成熟的女性。在她身上弥漫着拔俗的文人气质和职业军人的冷峻，在任何地方，你都能看出她有别于他人的风度。

赵一曼女士率领的抗联活动在小兴安岭的崇山峻岭中，那儿能够听到来自坡镇的钟声。冬夜里，钟声会传得很远很远，钟声里，抗联的兵士在森林里烤火，烤野味儿，或者唱着"火烤胸前暖，风吹背后寒……战士们哟"……这些都给躺在病床上的赵一曼女士留下清晰回忆。

赵一曼女士单独一间病房，由警察昼夜看守。

白色的小柜上有一个玻璃花瓶，里面插着丁香花。赵一曼女士喜欢丁香花。这束丁香花，是女护士韩勇义折来摆放在那里的。听说，丁香花现在已经成为这座城市的"市花"了。

她是在山区中了日军的子弹后被捕的，滨江省警备厅的大野泰治对赵一曼女士进行了严刑拷问，始终没有得到有价值的回答，他觉得很没面子。

大野泰治在向上司呈送的审讯报告上写道：

"赵一曼是中国共产党珠河县委委员，在该党工作上有与赵尚志同等的权力。她是北满共产党的重要干部，通过对此人的严厉审讯，有可能澄清中共与苏联的关系。"

1936年初，赵一曼女士以假名"王氏"被送到医院监禁治疗。

《滨江省警务厅关于赵一曼的情况》扼要地介绍了赵一曼女士从市立医院逃走和被害的情况。

赵一曼女士是在6月28日逃走的。夜里，看守董宪勋在他叔叔的协助下，将赵一曼抬出医院的后门，一辆雇好的出租车已等在那里，扶着赵一曼女士上了雇好的轿子，大家立刻向宾县方向逃去。

赵一曼女士住院期间，发现警士董宪勋似乎可以争取。经过一段时间的观察、分析，她觉得有把握去试一试。

她躺在病床上，和蔼地问董警士："董先生，您一个月的薪俸是多少？"

董警士显得有些忸怩，"十多块钱吧……"

赵一曼女士遗憾地笑了，说："真没有想到，薪俸会这样少。"

董警士更加忸怩了。

赵一曼女士神情端庄地说:"七尺男儿,为着区区十几块钱,甘为日本人役使,不是太愚蠢了吗?"

董警士无法再正视这位成熟女性的眼睛了,只是哆哆嗦嗦给自己点了一支烟。

此后,赵一曼女士经常与董警士聊抗联的战斗和生活,聊小兴安岭的风光、飞鸟走兽。她用通俗的、有吸引力的小说体记述日军侵略东北的罪行,写在包药的纸上。董警士对这些纸片很有兴趣,以为这是赵一曼女士记述的一些资料,不知道是专门写给他看的。看了这些记述,董警士非常向往"山区生活",愿意救赵一曼女士出去,和她一道上山。

赵一曼女士对董警士的争取,共用了20天时间。

对女护士韩勇义,赵一曼女士采取的则是"女人对女人"的攻心术。

半年多的相处,使韩勇义对赵一曼女士十分信赖。她讲述了自己幼年丧母、恋爱不幸、工作受欺负,等等。赵一曼女士向她讲述自己和其他女战士在抗日队伍中的生活,有趣的、欢乐的生活。语调是深情的、甜蜜的。

韩护士真诚地问:"如果中国实现了共产主义,我应当是什么样的地位呢?"

赵一曼女士说:"你到了山区,一切都能明白了。"

南岗警察署在赵一曼女士逃走后,马上开车去追。

追到阿什河以东20多公里的地方,发现了赵一曼、韩勇义、董宪勋及他的叔父,将他们逮捕。

赵一曼女士淡淡地笑了。

赵一曼女士是在珠河县被日本宪兵枪杀的。

那个地方我去过,有一座纪念碑,环境十分幽静,周围种植着一些松树。

我去的时候,在那里遇到一位年迈的老人。他指着石碑说,赵一曼?我说,对,赵一曼。

赵一曼被枪杀前,写了一份遗书:

宁儿:

母亲对于你没有能尽到教育的责任,实在是遗憾的事情。

母亲因为坚决地做了反满抗日的斗争，今天已经到了牺牲的前夕了。

母亲和你在生前是永久没有再见的机会了。希望你，宁儿啊！赶快成人，来安慰你地下的母亲！我最亲爱的孩子啊！母亲不用千言万语来教育你，就用实行来教育你。

在你长大成人之后，希望不要忘记你的母亲是为国而牺牲的！

一九三六年八月二日
（有删改）

设问：小说中历史与现实交织穿插，这种叙述方式有哪些好处？请结合作品简要分析。

【核心术语·情节结构手法】

指作者在安排开端、发展、高潮、结局的过程中运用的各种技巧，比如线索、悬念、伏笔、照应、铺垫、抑扬、对比、衬托、突转、对话、心理、双线、欧·亨利式结尾、以……为中心、以……为话题等。特殊技法重点记：双线——历史与现实相交织、回忆与现实相交织、叙述与环境描写相结合等，不同的叙述方式产生不同的情节结构手法。

【备考答案】

①既能表现当代人对赵一曼女士的尊敬之情，又能表现赵一曼精神的当下意义，使主题内蕴更深刻；②可以拉开时间距离，更加全面地认识英雄，使人物形象更加立体；③灵活使用文献档案，与小说叙述相互印证，使艺术描写更真实。

【素养提升】

分析小说的叙事时要注意结合小说的文本特征。首先是事件的叙述方式，主要有倒叙、插叙等；然后注意叙事的视角，以第几人称或谁的视角叙述；最后是叙事的重点，叙事离不开人物，分析叙事选择的是人物的语言、动作、心理、肖像的哪一方面，答题时注意结合文本，从小主题的表现、人物形象的塑造、表达效果三个方面来考虑作用。

常考情节结构模式梳理：

（1）传统小说通常是以时空为本位的线性结构模式，情节的运行一般有以下几种方式。

①基本模式：开端——发展——高潮——结局。有时为了介绍人物和背景，在开头加上"序幕"；为了使结构和情节更完整，在结尾加上"尾声"。

②摇摆式：即通常所说的"一波三折"。大多数小说情节的运行并不是一条直线，作者不会让人物选择捷径一口气跑到底，总会让人物在某处放慢速度甚至停下来做点什么，然后再回到轨道上，这就出现了情节的摇摆。情节的摇摆往往赋予小说更为摄人心魄的魅力。

③欧·亨利式：指小说的结尾既出乎意料，又在情理之中。因为美国小说家欧·亨利最擅长这种结构模式，所以称为"欧·亨利式"。作者在结尾出其不意地揭示真相，而这一真相又符合情理，结尾的突转增加了小说情节的生动性。

④此外，还有首尾呼应式、倒叙式、戛然而止式、留下空白式等。

（2）外国现代小说在结构上主要有以下三种常见结构模式。

①延迟式。作者竭力给故事、人物、心理设置障碍，又不使读者觉得希望完全破灭，在这种捉迷藏式的游戏中，一环套一环，体现小说的结构张力。

②生活的横断面。将时空浓缩到一个小小的点上，在精巧的结构中展开漫长的时间和立体的无限空间。

③按照心理时序而展开的"意识流"结构。它打破了时间这一恒常的维度，按照心理时序展开，让人物的意识在超时间的空间里任意往来。

【艺术效果】

2020 湖南中学高三零模卷

爱的牺牲

[美]欧·亨利

乔·拉雷毕来自西部槲树参天的平原，浑身散发着绘画艺术的天才。六岁的他就画了一幅镇上抽水机的风景。二十岁时，他只身离乡来到纽约。

德丽雅·加鲁塞斯从小生长在南方的松林小村里，她把六音阶之类弄得格外出色，到底她的亲戚们给她凑了一笔数目很小的款子，让她到北方去深造。

乔和德丽雅在一间画室里见了面，那儿经常有许多研究美术和音乐的人聚会，讨论绘画、音乐，包括伦勃朗、瓦格纳、肖邦，以及明暗对照法。乔和德丽雅彼此一见倾心，短期内就结了婚。拉雷毕夫妇租了一处公寓，那是一个寂静的地方，可他们很幸福，因为他们有了各自的艺术，又有了对方。乔在伟大的马杰斯脱那儿学画，大家都知道他的声望，他收费高昂，课程轻松。德丽雅则在罗森斯托克那儿学琴，大家也知道他是一个出了名的专跟钢琴键盘找麻烦的家伙。

他们的钱没有用完的话，他们的生活是非常幸福的。可是没多久，艺术动摇了。应该付给马杰斯脱和罗森斯托克两位先生的学费没了着落。于是，德丽雅说，她得教授音乐，以免断炊。

她在外面奔走了两三天，兜揽学生。一天晚上，她兴高采烈地回家来。"乔，亲爱的，"她快活地说，"我有一个学生啦。哟，那家人可真好。一位将军，爱·皮·品克奈将军的小姐，住在第七十一街。我的学生是他的女儿克蕾门蒂娜。我见了她就喜欢。她是个柔弱可爱的小东西，老是穿白的，她只有十三岁。一星期教三次课。你想想看，乔！每课五块钱。数目不大，可是我一点儿也不在乎。等我再找到两三个学生，我又可以到罗森斯托克先生那儿去学习了。现在，别皱眉头啦，亲爱的，让我们好好吃一顿晚饭吧。"

"你倒不错，德丽，"乔说，"可我怎么办呢？你认为我能让你忙着挣钱，我自己却在艺术的殿堂里追逐吗？决不能够！我想卖卖报纸，或者搬搬石子铺马路，多少挣一两块钱回来。"

德丽雅走过来，勾住他的脖子。"乔，亲爱的，你真傻。你一定得坚持学习。我并不是放弃了音乐去干别的事情。我一面教授，一面也能学习。我跟我的音乐在一起。何况我们一星期有十五块钱，可以过得像百万富翁那般快乐。你绝不要打算离开马杰斯脱先生。"

"好吧，"乔说，"可是我不愿意让你去教课，那不是艺术。你能这样牺牲，真了不起。"

"当你爱好你的艺术时，就觉得没有什么牺牲是难以忍受的。"德丽雅说。

"我在公园里画的那张素描，马杰斯脱说天空画得很好。"乔说，"丁克尔答应我在他的橱窗里挂上两张画。碰上一个合适的有钱的傻瓜，可能卖掉一张。"

"我相信一定卖得掉的，"德丽雅亲切地说，"现在让我们先来感谢品克奈将军和这烤羊肉吧。"

拉雷毕夫妇每天一早就起床。乔很起劲地要到中央公园里去在晨光下画几张速写，德丽雅给了他早饭、拥抱、接吻之后，送他出门。他回家时多半已是晚上七点钟了。

周末，愉快而自豪。疲惫不堪的德丽雅，得意洋洋地掏出三张五块钱的钞票，扔在桌上。"有时候，"她有些倦意地说，"克蕾门蒂娜真叫我费劲。我想她大概练习得不充分，我得三番四复地教她。"

接着，乔带着基度山伯爵的神气，掏出一张十元、一张五元、一张两元和一张一元的钞票——全是合法的纸币，他把它们放在德丽雅挣来的钱旁边。"那幅水彩画卖给了一个从庞奥利亚来的人。"他郑重其事地宣布说，"我希望你能见到他，德丽。一个胖子，围着羊毛围巾，他在丁克尔的橱窗前看到了那幅画，起先还以为是座风车呢。他倒很气派，不管三七二十一把它买下了。他另外预定了一幅勒加货运车站的油画，准备带回家去。我的画，加上你的音乐课！呵，我想艺术还是有前途的。"

"你坚持下去，真让我高兴，"德丽雅热切地说，"你一定会成功的，亲爱的。三十三块钱！我们从来没有这么多可以花的钱。今晚我们买牡蛎吃。"

星期六的晚上，乔先回家。他把他的十八块钱摊在客厅的桌子上，然后把手上许多似乎是黑色颜料的东西洗掉。

半个钟头以后，德丽雅也回来了，她的右手用绷带包成一团，简直不像样子了。她笑了笑，可是笑得并不十分快活。"克蕾门蒂娜，"她解释说，"她真是个古怪姑娘，下午五点钟还要吃奶酪面包。她浇奶酪的时候泼翻了，滚烫的，溅在手腕上，痛得要命，乔。那可爱的姑娘难过极了！还有品克奈将军！乔，那老头儿差点儿要发狂了。他冲下楼去叫人——他们说是烧炉子的或是另外什么人，到药房里去买了一些药来，替我包扎。现在不十分痛了。"

"这是什么？"乔轻轻地握住那只手，扯出绷带下面的几根白线，问道。

"那是涂过药的软纱。"德丽雅说，"喔，乔，你又卖掉了一幅素描吗？"她看到了桌子上的钱。

"可不是吗？"乔说，"那个从庇奥利亚来的人今天把他要的车站画取去了，他可能还要一幅哈得逊河的风景。你今天下午什么时候烫了手的，德丽？"

"大概是五点钟，"德丽雅可怜巴巴地说，"熨斗——我是说奶酪，大概在那个时候烧好。你真该看看品克奈将军，乔，他……"

他把她拉到卧榻上，在她身边坐下，用胳臂围住了她的肩膀。"这两个星期，你到底在干什么，德丽？"他问道。

她带着充满了爱意的固执的眼神熬了一两分钟，含含混混地说着品克奈将军；但终于垂下头，一边哭，一边说出了实话。"我找不到学生，"她供认说，"我又不忍心看你放弃你的课程，所以在第二十四街那家大洗衣作坊里找了一个烫衬衣的活儿。我以为我把品克奈将军和克蕾门蒂娜两个人编造得很好呢，乔！今天下午，一个姑娘的熨斗烫了我的手，我一路上就编出热奶酪的故事。你不会生我的气吧，乔？如果我不去做工，你也许不可能把你的画卖给那个庇奥利亚来的人。哦，乔，你怎么会疑心我不在教克蕾门蒂娜的音乐课呢？"

"到今晚为止，我始终没有怀疑。"乔说，"本来今晚也不会起疑的，可是今天下午，我把机器间的废纱头和药送给楼上一个给熨斗烫了手的姑娘。两星期来，我就在那家洗衣作坊的炉火房烧火。"

他们两个都笑了。乔开口说："当你爱好你的艺术时，就觉得没有什么牺牲是难以忍受的。"德丽雅急忙用手掩住了他的嘴。"别那样说啦，"她说，"你只消说'当你爱的时候'。"

（有删改）

设问："含泪的微笑"是欧·亨利的创作风格。请结合《爱的牺牲》简要分析"含泪的微笑"的艺术效果。

【核心术语·艺术效果】

指在文学或艺术作品中，通过某种手法或是某种工具达到思维或者视觉上的某种效果。

【备考答案】

"含泪的微笑"是欧·亨利小说喜剧形式和悲剧内涵的有机结合。主要体现在以下几个方面：①悲剧糅合喜剧因素。小说用喜剧手法表现社会悲剧，小夫妻为爱牺牲，为对方放弃艺术梦想，使情节推进富于戏剧性。"微笑"是其喜剧形式，诙谐的语言，轻松的叙述，巧妙的情节，幽默讽刺甚至玩世不恭的语调，夸张、嘲讽、双关等手法的运用，都让读者忍俊不禁；"含泪"是其悲剧内涵，欧·亨利小说轻松的文字背后是内里沉重的现实主义格调，作品多揭示现实的不合理，表现小人物在残酷的社会中承受心灵的创伤，寄寓了作者对他们深深的同情。②人物性格上的可贵之处。小人物梦想幻灭，却彼此用美丽的谎言安慰对方。在德丽雅和乔因为生活所迫不得不放弃自己的艺术追求时，两个人都想用美丽的谎言安慰对方，这增添了人物性格的亮点，表明即使小人物梦想的幻灭不可避免，但爱却能使这种幻灭变得美丽，让读者体会到动人的心灵之美，并深受感动。③苦难与幸福交杂的结局。残酷的现实让小夫妻不配有好命运，小说最后的结尾非常温馨，虽然现实残酷，但小夫妻却收获了真挚的爱情，给悲惨的故事一个幸福的结局，让读者悲喜交加，让小说的思想性得到升华。

【素养提升】

艺术效果答题切口：

一、线索的安排：结合全文的线索并分析线索的特点。如：双线结构，双线必须由一个共同点来连接，一明一暗，相互交织。

二、情节安排的技巧：开头、中间、结尾。（前面章节已讲解）

三、情节模式：

1. 基本模式：开端、发展、高潮、结局。

2. 特殊模式：设置悬念、埋下伏笔、铺垫照应、摇摆式、欧·亨利式、蒙太奇式（镜头组合式）。

3. 补充讲解几种情节模式：

①对话式：以人物在特定场景中富有个性特点的对话为作品主体。言为心声，便于突出人物性格特征，结构简洁明快；直接切入生活的横断面，透视人物的精神世界，将他们各自所持生活态度的差异显示出来；在有限的篇幅里，折射出较丰富的思想能量。如《越野滑雪》，两个主人公滑雪后在小酒馆里的对话就充分折射出他们各自的心理状态。

②独白式：以人物在特定环境中的心理活动为线索叙述故事，推动情节的发展。如《少年维特之烦恼》，绝大部分篇幅都是少年维特的情感独白。

③抑扬式：情节发展充满意外性，正反两方面相辅相成，加强了艺术效果。

四、人物形象特点：从人物形象塑造、人物的典型性和时代性等角度展开分析。

五、赏析语言风格（特色）。

【语言风格】

安乐居（节选）

汪曾祺

安乐居是一家小饭馆，挨着安乐林。

安乐林围墙上开了个月亮门，门头砖额上刻着三个经石峪体的大字，像那么回事。走进去，只有巴掌大的一块地方，有几十棵杨树。当中种了两棵丁香花，一棵白丁香，一棵紫丁香，这就是仅有的观赏植物了。这个林是没有什么逛头的，在林子里走一圈，五分钟就够了。附近一带养鸟的爱到这里来挂鸟。他们养的都是小鸟，红子居多，也有黄雀。大个的鸟，画眉、百灵是极少的。他们不像那些以养鸟为生活中第一大事的行家，照他们的说法是"瞎玩儿"。他们不养大鸟，觉得那太费事，"是它玩我，还是我玩它呀？"把鸟一挂，他们就蹲在地下说话儿，——也有自己带个马扎儿来坐着的。

安乐居其实叫个小酒铺更合适些。到这儿来的喝酒比吃饭的多。这家的酒只有一毛三分一两的。一毛三他们喝"服"了，觉得喝起来"顺"。

酒菜不少。煮花生豆、炸花生豆。暴腌鸡子。拌粉皮。猪头肉，——单要耳朵也成，都是熟人了！猪蹄，偶有猪尾巴，一忽的工夫就卖完了。也有时卖烧鸡、酱鸭，切块。最受欢迎的是兔头。一个酱兔头，三四毛钱，至大也就是五毛多钱，喝二两酒，够了。——这还是一年多以前的事，现在如果还有兔头也该涨价了。这些酒客们吃兔头是有一定章法的，先掰哪儿，后掰哪儿，最后磕开脑绷骨，把兔脑掏出来吃掉。没有抓起来乱啃的，吃得非常干净，连一丝肉都不剩。安乐居每年卖出的兔头真不老少。这个小饭馆大可另挂一块招牌："兔头酒家"。

酒客进门，都有准时候。

头一个进来的总是老吕。安乐居十点半开门。一开门，老吕就进来。他总是坐在靠窗户一张桌子的东头的座位。一年三百六十五天，天天如此。这成了他的专座。他不是像一般人似的"垂足而坐"，而是一条腿盘着，一条腿曲着，像老太太坐炕似的蹲坐在一张方凳上，——脱了鞋。他不喝安乐居的一毛三，总是自己带了酒来，用一个扁长的瓶子，一瓶子装三两。酒杯也是自备的。他是喝慢酒的，三两酒从十点半一直喝到十二点差一刻："我喝不来急酒。有人结婚，他们闹酒，我就一口也不喝，——回家自己再喝！"一边喝酒，吃兔头，一边慢条斯理地抽关东烟。这人整个儿是个慢性子。说话也慢。他也爱说话，但是他说一个什么事都只是客观地叙述，不大参加自己的意见，不动感情。一块喝酒的买了兔头，常要发一点感慨："那会儿，兔头，五分钱一个，还带俩耳朵！"老吕说："那是多会儿？——说那个，没用！有兔头，就不错。"西头有一家姓屠的，一家子都很浑愣，爱打架。屠老头儿到永春饭馆去喝酒，和服务员吵起来了，伸手就揪人家脖领子。服务员一胳臂把他搡开了。他憋了一肚子气。回去跟儿子一说。他儿子二话没说，捡了块砖头，到了永春，一砖头就把服务员脑袋开了！结果：儿子抓进去了，屠老头还得负责人家的医药费。这件事老吕目睹。一块喝酒的问起，他详详细细叙述了全过程。坐在他对面的老聂听了，说："该！"

坐在里面犄角的老王说："这是什么买卖！"

老吕只是很平静地说："这回大概得老实两天。"

老聂原是做小买卖的。现在退休在家。电话局看中他家所在的"点"，在他家安公用电话，每月贴给他三十块钱。老聂的日子比过去"滋润"了，但是他每顿还是只喝一两半酒，多一口也不喝。

画家来了。画家风度翩翩，梳着长长的背发，永远一丝不乱。衣着入时而且合体。春秋天人造革猎服，冬天羽绒服。——他从来不戴帽子。这样的一表人才，安乐居少见。他在文化馆工作，算个知识分子，但对人很客气，彬彬有礼。他这喝酒真是别具一格：二两酒，一扬脖子，一口气，下去了。这种喝法，叫作"大车酒"，过去赶大车的这么喝。西直门外还管这叫"骆驼酒"，赶骆驼的这么喝。文墨人，这样喝法的，少有。他和老王过去是街坊。喝了酒，总要走过去说几句话。"我给您添点儿？"老王摆摆手，画家直起身来，向在座的酒友又都点了点头，走了。

他的画怎么样？没见过。

这天，安乐居来了三个小伙子：长头发、小胡子、大花衬衫、苹果牌牛仔裤、尖头高跟大盖鞋，变色眼镜。进门一看："嗨，有兔头！"——他们是冲着兔头来了。这三位要了十个兔头、三个猪蹄、一只鸭子、三盘包子，自己带来八瓶青岛啤酒，一边抽着"万宝路"，一边吃喝起来。安乐林喝酒的老酒座都瞟了他们一眼。三位吃喝了一阵，把筷子一挥，走了。都骑的是亚马哈。嘟嘟嘟……桌子上一堆碎骨头、咬了一口的包子皮，还有一盘没动过的包子。

老王看着那盘包子，撇了撇嘴："这是什么买卖！"

安乐居已经没有了。房子翻盖过了。现在那儿是一个什么贸易中心。

一九八六年七月五日晨写完

设问：请举例分析这篇小说的语言特色。

【核心术语·语言特色】

语言特色又称语言特点，泛指一切语言相别于其他语言的风格特点。常让考生结合语境具体分析语言特点或某一语言风格。记叙文的语言有五个方面：叙述性语言、对话性语言、抒情性语言、描写性语言和议论性语言。叙述性语言要客观化，对话性语言要个性化，抒情性语言要情感化，描写性语言要细节化，议论性语言要深刻化。

【备考答案】

①人物语言的个性化。老吕的话"这回大概得老实两天"缓缓的，和他的性格一致。②口语化，京味浓，贴近生活。"很浑愣""一砖头就把服务员脑袋开了"等京味口语的运用很地道。③语言幽默风趣。如"他们不养大鸟，觉得那太费事，'是它玩我，还是我玩它呀？'"。再如提到画家的画，作者写道"他的画怎么样？没见过"。④语言简洁、平淡、雅致，多用短句，不加修饰，自然朴素而有韵味。

【素养提升】

1. 鉴赏小说中人物的语言特点

不同性格的人，在不同的场合，面对不同的对象，会有不同的心理，同时也会形成不同的语言风格。有的幽默，有的庄重；有的委婉含蓄，有的直来直去；有的简洁，有的啰唆；有的粗野，有的文雅。

人物语言要与其身份、地位、文化程度、性格、心理相符。如乡村题材小说中人物的语言常常通俗朴实，具有地方特色；城市小市民题材小说，人物语言常常细腻委婉，寓意很深。

2. 鉴赏小说的语言特色

①不同的作者有不同的语言特点。这里的特点有时是指作者的语言风格，如平实、朴素、华丽、冷峻、热烈、简洁、明快、晓畅、典雅、幽默、清丽、辛辣、含蓄；此外，还可从叙述语言的地域特色、时代特色、生活特色等角度思考。

②作品中表现出来的遣词造句方面的特点，如炼字、长短句、整散句等。经过千锤百炼的词语，其艺术效果是凝练、细腻、形象、逼真，能够形象地表现人物形象，刻画人物心理，同时也能很好地表现小说的主题。考试中经常对动词、形容词、副词、数词、叠词等进行考查。

③辨析作品所运用的修辞手法及其表达效果。修辞手法有：比喻、比拟、设问、反问、借代、对偶、对比、夸张、反语、双关、互文、反复等。这些修辞手法的表达效果有：通俗易懂、形象生动、言简义丰、含蓄隽永、平实质朴、准确精当、强调强化、惟妙惟肖、穷形尽相、淋漓尽致、留有空白、情韵悠长、力透纸背、入木三分、诙谐幽默、辛辣犀利等。

【主题探究】

面包

[德] 沃尔夫冈·博歇尔特①

她突然醒来。两点半。她寻思，为什么会突然醒了。哦，原来是这样！厨房里有人碰了一下椅子。她仔细地听着厨房里的声音。寂静无声。太安静

---

① 沃尔夫冈·博歇尔特：德国废墟文学的先驱和重要代表作家。小说《面包》写的是"二战"后人们在饥荒处境中的生活。

了,她用手摸了一下身边的床,发现是空的。这就是为什么如此特别安静的原因了——没有他的呼吸声。她起床,摸索着经过漆黑的房间来到厨房。在厨房两人相遇了。表针指着两点半。她看到橱柜边上有个白的东西。她打开灯。两人各穿衬衣相对而立。深夜。两点半。在厨房里。

厨房餐桌上是一个盛面包的盘子。她知道,他切过了面包。小刀还放在盘子旁边。桌布上留下了面包屑。每晚他们就寝时,她总把桌布弄干净的。每天晚上如此。然而现在桌布上有面包屑,而且小刀还在那里。她感到地上的凉气慢慢传到她身上。她转过头来不再看盘子了。

"我还以为这里出什么事了。"他说,并环视了一下厨房四周。

"我也听见了什么。"她回答。这时她发现,他夜晚穿着衬衣看起来真是老了。跟他年龄一样老了,六十三岁。白天他看起来还年轻些。她看起来已经老了,他在想,穿着衬衣的她看起来相当老了。不过也许是头发的原因。夜里女人显老总是表现在头发上。头发使人一下变老了。

"你应该穿上鞋子的。这样光着脚在冷地上你会着凉的。"

她没有注视他,因为她不愿忍受他在撒谎。他们结婚三十九年之后他现在撒谎了。

"我原以为这里有什么事。"他又说了一遍,又失去了自制,把视线从一个角落移到另一个角落。

"我也听到了什么。于是我想,这里出了什么事了。"

"我也听见了。不过,大概什么事也没有。"

她从桌上拿起盘子,并用手指弹去桌布上的面包屑。

"没有。大概没什么事。"听到他不安地在说。

她赶紧帮他说:"过来,大概是外面有什么事。"

"走,睡觉去。站在冷地上你会着凉的。"

他向窗户望去。"是的,一定是外面出了点什么事。我还以为是在这里。"

她把手伸向电灯开关。我必须现在就关灯,否则我必定还会去瞧盘子的,她想。我不能再去瞧那个盘子。"过来,"她说,同时把灯关灭。"这大概是外面有什么事,刮风时檐槽常常碰墙壁。这肯定是檐槽之故。刮风时它总是哗哗乱响。"

两人摸着走过黑黢黢的过道来到卧室。两双光脚在地板上拍击作响。

"是有风，"他说，"已经刮了一整夜了。"当她躺在床上时，她说："是的，刮了一夜的风。刚才大概就是檐槽在响。"

"是呀，我刚才还以为是在厨房里。大概就是檐槽吧。"他说着话，仿佛已沉入半睡中。

她注意到，当他撒谎时，声音多假。

"真冷。"她说，并轻声地打着哈欠。"我可钻被窝了，晚安。"

"晚安。"他回答，又说了一句，"是呀，可真冷啊。"

随后是寂静无声。许多分钟后她听到，他在小心、轻声地咀嚼。她故意深沉又均匀地呼吸，使他不致发觉，她尚未入睡。然而他的咀嚼节奏均匀，倒使她慢慢进入梦乡了。

当他第二天晚上回家时，她分给他四片面包，平时他只有三片。

"你可以慢慢吃，吃四片。"她说着离开了餐桌。"我吃这面包消化不了。你多吃一片吧，我消化不好。"

她注意到，他把头深深埋在盘子上。他没有抬头。就在此刻她对他非常同情。

"你可不能只吃两片面包。"他对着盘子在说。

"够了。晚上我吃面包消化不好。你吃吧，吃吧！"

过了一会儿，她才又坐在桌旁的灯下。

（选自《外国短篇小说百年精华》，包智星译）

设问：小说的主题是什么？请结合全文分析。

【核心术语·主题】

小说的主题指小说家在作品中通过描绘现实生活图画、塑造艺术形象显示出来的，贯穿一部小说始终的基本思想，又称主题思想或中心思想。

【备考答案】

主题：在物资极度匮乏的条件下，人与人之间应该互相理解、宽容、尊重并无私奉献，这样才能渡过困境。分析：①在深夜的厨房，结婚三十九年的夫妻突然都发现对方"老了",表现出相互之间的爱怜之情。②丈夫偷吃面包后撒谎,是不想增加妻子的精神负担。③妻子发现丈夫偷拿面包,本可当场"揭露",但为了维护丈夫的尊严而替丈夫圆谎。④第二天晚餐,妻子善意撒谎,多分给丈夫一片面包,进一步传达了对丈夫的爱。丈夫深感愧疚。

【素养提升】

小说写的是第二次世界大战后人们在饥荒处境中的生活。人们生活困苦,物资匮乏,丈夫忍不住饥饿才去偷拿面包,妻子没有责备丈夫,反而把自己的面包拿出一片来给丈夫。体现了夫妻之间相互理解、难中依存、相濡以沫、充满爱怜的温情。

【情感态度】

2018 江苏卷

小哥儿俩

凌叔华

清明那天,不但大乖、二乖上的小学校放一天假,连城外七叔叔教的大学堂也不用上课了。这一天早上的太阳也像特别同小孩子们表同情,不等闹钟催过,它就跳进房里来,暖和地爬在靠窗挂的小棉袍上。

前院子一片小孩子的尖脆的嚷声笑声,七叔叔带来了一只能说话的八哥。笼子放在一张八仙方桌子上,两个孩子跪在椅上张大着嘴望着那里头的鸟,欢喜得爬在桌上乱摇身子笑,他们的眼,一息间都不曾离开鸟笼子。二乖的嘴总没有闭上,他的小腮显得更加饱满,不用圆规,描不出那圆度了。

吃饭的时候,大乖的眼总是望着窗外,他最爱吃的春卷也忘了怎样放馅,怎样卷起来吃。二乖因为还小,都是妈妈替他卷好的,不过他到底不耐烦坐在背着鸟笼子的地方,一吃了两包,他就跑开不吃了。

饭后爸爸同叔叔要去听戏,因为昨天已经答应带孩子们一块去的,于是就雇了三辆人力车上戏园去了。两个孩子坐在车上还不断地谈起八哥。到了戏园，他们虽然零零碎碎地想起八哥的事来，但台上的锣鼓同花花袍子的戏子把他们的精神占住了。

快天黑的时候散了戏，随着爸爸、叔叔回到家里，大乖、二乖正是很高兴地跳着跑，忽然想到心爱的八哥，赶紧跑到廊下挂鸟笼的地方，一望，只有个空笼子掷在地上，八哥不见了。

"妈——八哥呢？"两个孩子一同高声急叫起来。

"给野猫吃了！"妈的声非常沉重迟缓。

"给什么野猫吃的呀？"大乖圆睁了眼，气呼呼的却有些不相信。二乖愣眼望着哥哥。

大乖哭出声来，二乖跟着哭得很伤心。他们也不听妈的话，也不听七叔叔的劝慰，爸爸早躲进书房去了。忽然大乖收了声，跳起来四面找棍子，口里嚷道："打死那野猫，我要打死那野猫！"二乖爬在妈的膝头上，呜呜地抽咽。大乖忽然找到一根拦门的长棍子，提在手里，拉起二乖就跑。妈叫住他，他嚷道："报仇去，不报仇不算好汉！"二乖也学着哥哥喊道："不报仇不算好看！"妈听了二乖的话倒有些好笑了。王厨子此时正走过，他说："少爷们，那野猫黑夜不出来的，明儿早上它来了，我替你们狠狠地打它一顿吧。"

"那野猫好像有了身子，不要太打狠了，吓吓它就算了。"妈低声吩咐厨子。

大乖听见了妈的话，还是气呼呼地说："谁叫它吃了我们的八哥，打死它，要它偿命。""打死它才……"二乖想照哥哥的话亦喊一下，无奈不清楚底下说什么了。他也挽起袖子，露出肥短的胳臂，圆睁着泪还未干的小眼。

第二天太阳还没出，大乖就醒了，想起了打猫的事，就喊弟弟："快起，快起，二乖，起来打猫去。"二乖给哥哥着急声调惊醒，急忙坐起来，拿手揉开眼。然后两个人都提了毛掸子，拉了袍子，嘴里喊着报仇，跳着出去。

这是刚刚天亮了不久，后院地上的草还带着露珠儿，沾湿了这小英雄的鞋袜了。树枝上小麻雀三三五五地吵闹着飞上飞下地玩，近窗户的一棵丁香满满开了花，香得透鼻子，温和的日光铺在西边的白粉墙上。

二乖跷高脚摘了一枝丁香花，插在右耳朵上，看见地上的小麻雀吱喳叫唤，跳跃着走，很是好玩的样子，他就学它们，嘴里也哼哼着歌唱，毛掸子也掷掉了。二乖一会儿就忘掉为什么事来后院的了。他溜达到有太阳的墙边，忽然看见装碎纸的破木箱里，有两个白色的小脑袋一高一低动着，接着咪噢咪噢地娇声叫唤，他就赶紧跑近前看去。

原来箱里藏着一堆小猫儿，小得同过年时候妈妈捏的面老鼠一样，小脑袋也是面团一样滚圆得可爱，小红鼻子同叫唤时一张一闭的小扁嘴，太好玩了。二乖高兴得要叫起来。

"哥哥，你快来看看，这小东西多好玩！"二乖忽然想起来叫道，一回头哥哥正跑进后院来了。

哥哥赶紧过去同弟弟在木箱子前面看，同二乖一样用手摸那小猫，学它们叫唤，看大猫喂小猫奶吃，眼睛转也不转一下。

"它们多么可怜，连褥子都没有，躺在破纸的上面，一定很冷吧。"大乖说，接着出主意道，"我们一会儿跟妈妈要些棉花同它们垫一个窝儿，把饭厅的盛酒箱子弄出来，同它做两间房子，让大猫住一间，小猫在一间，像妈妈同我们一样。"

"哥哥，你瞧它跟它妈一个样子。这小脑袋多好玩！"弟弟说着，又伸出方才收了的手抱起那只小黑猫。

（有删改）

设问：小说叙述了小哥儿俩的日常故事，请探究作者在其中所寄寓的情感态度。

【核心术语·情感态度】

态度是个体对特定对象（人、观念、情感或者事件等）所持有的稳定的心理倾向，蕴含着作者的主观评价。情感是态度这一整体中的一部分，包括道德感和价值感两个方面，具体表现为爱情、幸福、仇恨、厌恶、美感等。

【备考答案】

①对童真童趣的欣赏。标题"小哥儿俩"，轻松快乐，暗含作者对童真童趣的喜爱。

②对儿童成长的关注。文中对大乖、二乖的动作、语言等的描写细致逼真，二人可爱的形象在读者眼前活灵活现，表现了作者对儿童成长的关注。

③对母爱的颂扬，对和谐家庭氛围的赞许，对善良人性的礼赞。作者对"妈"的着墨虽然不多，但都是在关键处，如"那野猫好像有了身子，不要太打狠了"。大乖、二乖的快乐成长与母亲的关爱是分不开的，这些反映了作者对母爱的颂扬。通篇来看，作者对家庭琐事的叙述流露着脉脉的温情，表达了作者对和谐家庭氛围的赞许和对善良人性的礼赞。

【素养提升】

小说中作者的情感往往隐藏在故事和人物背后，需要读者调动个人的情绪和感觉，透过字里行间去揣摩和把握。主要看作者关注什么，选取什么内容；突出什么，在哪方面着墨较多，描写了哪些细节，等等。

2020 河南高三二模

霍乱之乱

池莉

霍乱发生的那一天没有一点儿预兆。

天气非常闷热，闪电在遥远的云层里跳动。

在从事流行病防治工作的三年里，我们每天收到的疫情卡片几乎都是肝炎。肝炎的临床治疗就是那么老一套，枯燥的重复的日常工作销蚀了我的光荣感和积极性，三年过去，我已经变得有一点儿油滑和懒惰。秦静不甘平庸，准备改行，她对病毒感兴趣，准备报考一位著名的病毒学家的研究生。

有一天，我和秦静去供应室领设备。被值班人员敷衍。我很生气，回来抱怨。科室主任闻达说："年轻人，你不能老抱怨，我们事业的重要性是不言而喻的。医疗系读几年？最多四年，可我们卫生系却要读五年乃至六年。临床医生懂的我们都懂；临床医生不懂的，我们也懂。我们是什么？我们是研究人员。我们防患于未然。我们保护人们免受疾病的侵害。我请你们想想，孰轻孰重，这不是一目了然吗？"秦静冷笑，走掉了。

五点差五分的时候，科室里的人基本走光，只剩下主任闻达。闻达猫在大办公室的小套间里，伏案写他永远也写不完的流行病学调查报告。他头发凌乱的脑袋在满满一桌的书本、卡片和资料堆中微微摇晃，嘴唇嚅动，念念有词，从油漆斑驳的办公桌底探出老远的，是他瘦骨伶仃的长腿和那双穿着破皮鞋的大脚。闻达哪里像马来西亚归国华侨，新中国第一代科班出身的流行病学专家？传说早在一九五六年，闻达只有二十四岁的时候，就西装革履地出过国，被特邀参加联合国世界卫生组织的年会。传说他戴的是金丝眼镜，穿的是乳白色的优质牛皮鞋。传说他家里有相册证明他过去的翩翩风度和辉煌历史。现在，闻达主任已经追踪流行性感冒二十年了，同时还不断地增加着追踪研究的项目，如血吸虫病、钩端螺旋体病，等等。总之闻达主任对所有的流行病都怀着巨大的兴趣和热情，工作量极大的报告写作使他每天都要推迟约一个小时下班。

霍乱来了，在这个天气恶劣的夜晚，在它的踪影在中国消失了几十年之后。

正在值班的我和秦静对它的一点儿认识仅限于知道它的厉害和可怕，我们傻了眼。我接连打通我们站张书记和祈站长家里的电话，向他们报告了霍乱疫情。他们都大吃一惊，都说马上赶到站里来，并且都问闻达知道不知道。我提醒他们说闻达主任不够安装电话的级别，没有办法通知他。

张书记大声说："你赶快去医院的车库带车，把闻主任立刻接到站里来。"

我赶到闻达主任家时，他正在拖地板。听着我上气不接下气的报告，他的愁眉苦脸渐渐云开日出。闻达扔开拖把，用命令的口气让妻子给他收拾两件换洗衣服。他妻子说："住单位不回来了，有这么严重？"闻达说："霍乱为什么又叫二号病？它是威胁人类生命的第二号烈性传染病，问题还在于，他们没有谁了解霍乱，只有我，我一直在研究它。"

五层楼的防疫站蓦然间灯火通明，各个科室的人马全都连夜冒雨赶到了站里，大家对霍乱除了恐惧，其他一无所知。八大科室的一百多号人在站里挤来挤去。相互打听情况，雨水在地上被踩得"吧吧"响。

张书记和祁站长见到闻达如见救星，与他紧紧地握手，说："乱成一锅粥了，现在看你的了。"

在防疫站的大厅里，闻达看见一把椅子，便一把拖过来，不假思索地蹬了上去，说："霍乱疫情，如洪水猛兽。我要赶快讲讲具体方案。"

闻达异常的简洁、异常的有条理使大家统统折服了，他一口气宣布了八条意见：

第一，以流行病室为核心，组成一个紧急行动小组；其他各科室都听从紧急行动小组指挥，有令则行，无令则止。

第二，化验室立刻复查粪样培养基的菌落，再一次确认霍乱弧菌，具体操作由闻达指导。

第三，流行病室连夜出发，追踪病人，隔离病人并确定疫点。

……

市领导来了，卫生局领导来了，与我们挂钩的这所大医院的院长、副院长也来了。

我们很快在郊区找到了感染霍乱的人。并把他所在的村子封锁。

……

封锁区隔离了总共十四天。在最后一例带菌者连续三次粪检阴性之后，我们才鸣锣收兵。

第二年夏天，我放弃了流行病医生这一职业，彻底转行。秦静还在坚持。十几年后，闻达与秦静合作的关于那场霍乱的论文在世界卫生组织的年会上宣读。

说真的，我这个人实在是没有勇气为了消灭什么而遭遇什么，为了不可知的结果而长久地等待，为了保存内心而放弃外壳。但是，在十几年之后，我懂了有一些事情是值得你去这么做的。闲暇的时候，发生霍乱的那一天经常出现在我的回忆中，我在回忆中为自己寻找生活的道理。

（有删改）

设问：霍乱之"乱"表现在哪些方面？给了我们什么警示？请简要分析。

【核心术语·警示】

警告、启示，在阅读中指文章能够开导、指点读者，使读者产生联想并有所领悟。

【备考答案】

表现：①生活方面。霍乱严重危及生命安全，扰乱了日常生活的安定。"它是威胁人类生命的第二号烈性传染病"，说明霍乱的危害性大，给人们的生产、生活带来严重影响。②抗疫工作方面。防疫站各科室对疫情认知不足，恐惧混乱。从"五层楼的防疫站蓦然间灯火通明，各个科室的人马全都连夜冒雨赶到了站里，大家对霍乱除了恐惧，其他一无所知""乱成一锅粥了，现在看你的了"等语句看出，疫情暴发后由于研究不够，认知不足，充满恐惧和慌乱。③职业选择方面。一些防疫工作者在坚持与放弃之间徘徊。从"第二年夏天，我放弃了流行病医生这一职业，彻底转行。秦静还在坚持。十几年后，闻达与秦静合作的关于那场霍乱的论文在世界卫生组织的年会上宣读"等看出，一场疫情是一次检验：有人本着职业初心，继续坚守，有人彷徨，有人决然放弃，这是"霍乱"来后的又一"乱象"。

警示：①从科研与防疫角度看：重视防疫工作，防患于未然。对流行病学的研究要加大力度。同时，要提高民众对流行病的防范意识。②从职业的角度看：医务工作人员要坚守初心，不改职业操守，牢记"救死扶伤"的工作职责。

【素养提升】

关于作答小说探究题的基本方法，总原则是探究要立足文本，相关问题的解决要有针对性。

一、常见的设问形式

1. 小说给了我们怎样的启示／寄寓了什么道理？

2. 有人说小说反映了……主题，也有人说反映了……主题，你认为反映了什么主题？

3. 这篇小说告诉了我们什么道理/给我们怎样的警示？请联系现实谈谈你的看法。

二、答题方法

1. 观点+文本

先针对设问提出自己观点，然后引述文本内容进行阐述。比如，"联系文章内容，谈谈你的看法""你同意作者的观点吗？说说你的理由"，解答这类题目，在提出自己的观点之后，需要展开必要的阐述，阐述时可以摘录或者化用文本的相关词句，紧扣自己提出的观点进行分析，从而形成有理有据的答案。

2. 观点+事例

先针对设问提出自己的观点，然后引述生活中的事例进行阐述。比如，"联系生活实际，谈谈你的看法""你是否同意这一观点，请举例说明"，解答这类题目，在提出自己的看法，或表明自己同意或不同意的态度之后，结合文本以外的事例进行分析，做到述例简洁，分析到位，材料与观点要相互融合。

3. 观点+理论

先针对设问提出自己的观点，然后引述相关理论进行阐述，这些理论包括生活道理、哲学原理、文艺理论、写作理论等。比如"作品的结尾是否画蛇添足"，可以运用叙事作品要有始有终、叙事完整的理论来阐述"不是画蛇添足的观点"，也可以用"贵在含蓄"的理论来阐述"是画蛇添足"的观点。

4. 归纳观点的方法：①找出相关的概括性语句。②分析相关文字的层次。③提取精要，用自己的语言独立归纳。

三、考题方向

1. 探究标题的含意和作用

小说标题的作用：①交代小说的主要人物；②交代故事发生的地点；③概括小说的中心事件；④设悬念，引起阅读的兴趣；⑤具有象征意义，揭示小说主题，画龙点睛。

解读小说标题的含意，一般先结合小说情节，指出标题跟小说情节的关联，然后揭示思想意义。

2. 探讨民族心理和人文精神

探究作品蕴含的民族心理，就是分析作品中体现的中国人的传统心理特征，主要有：集体意识强、富于凝聚力、积极进取、清静无为、淡泊名利、舍己为人、爱好和平等。

人文精神和民族心理有交叉之处，只是侧重点不同，人文精神的内涵包括人的价值、人性的内涵与道德修养、人格尊严与社会责任心、人的生死以及人的理想等方面的内容，其核心是人的价值观念。

3. 个性化阅读和有创意的解读

个性化阅读是以自己的研读为主，把阅读活动变为自我探究、自我体验的阅读。个性化解读，就是对小说主题的个性化理解，对作品中人物的言行进行个性化分析，对小说中处理情节和人物的方法提出自己的看法，对小说揭示的某些道理的独特性的理解。个性化阅读和有创意的解读，就是要有怀疑精神，勇于批判文本的内容和观点，并陈之以理。

【科幻小说】

2018 全国Ⅲ卷

微纪元（节选）

刘慈欣

先行者知道，他现在是全宇宙中唯一的一个人了。

那事已经发生过了。

其实，在他启程时人类已经知道那事要发生了。人类发射了一艘恒星际飞船，在周围100光年以内寻找带有可移民行星的恒星。宇航员被称为先行者。

飞船航行了23年时间，由于速度接近光速，地球时间已过去了两万五千年。

飞船继续飞向太阳系深处，先行者没再关注别的行星，径直飞回地球。"啊，我的蓝色水晶球……"先行者闭起双眼默祷着，过了很长时间，才强迫自己睁开双眼。

他看到了一个黑白相间的地球。

黑色的是熔化后又凝结的岩石，白色的是蒸发后又冻结的海洋。

飞船进入低轨道，从黑色的大陆和白色的海洋上空缓缓越过，先行者没有看到任何遗迹，一切都熔化了，文明已成过眼烟云。

这时，飞船收到了从地面发来的一束视频信号，显示在屏幕上。

先行者看到了一个城市的图像：先看到如林的细长的高楼群，镜头降下去，出现了一个广场，广场上一片人海，所有的人都在仰望天空。镜头最后停在广场正中的平台上，那儿站着一个漂亮姑娘，好像只有十几岁，她在屏幕上冲着先行者挥手，娇滴滴地喊："喂，我们看到你了！你是先行者？"

在旅途的最后几年，先行者的大部分时间是在虚拟现实的游戏中度过的。在游戏里，计算机接收玩者的大脑信号，构筑一个三维画面，画面中的人和物还可根据玩者的思想做出有限的互动。先行者曾在寂寞中构筑过从家庭到王国的无数个虚拟世界，所以现在他一眼就看出这是一幅这样的画面，可能来自大灾难前遗留下来的某种自动装置。

"那么，现在还有人活着吗？"先行者问。

"您这样的人吗？"姑娘天真地反问。

"当然是我这样的真人，不是你这样的虚拟人。"

姑娘两只小手在胸前绞着，"您是最后一个这样的人了，如果不克隆的话……呜呜……"姑娘捂着脸哭起来。

先行者的心如沉海底。

"您怎么不问我是谁呢？"姑娘抬头仰望着他，又恢复了那副天真神色，好像转眼就忘了刚才的悲伤。

"我没兴趣。"

姑娘娇滴滴地大喊："我是地球领袖啊！"

先行者不想再玩这种无聊的游戏了,他起身要走。

"您怎么这样!全城人民都在这儿迎接您,前辈,您不要不理我们啊!"

先行者想起了什么,转过身来问:"人类还留下了什么?"

"照我们的指引着陆,您就会知道!"

先行者进入了着陆舱,在那束信息波的指引下开始着陆。

他戴着一副视频眼镜,可以从其中一个镜片上看到信息波传来的画面。画面上,那姑娘唱起歌来:

啊,尊敬的使者,你来自宏纪元!

伟大的宏纪元,

美丽的宏纪元,

你是烈火中消逝的梦……

人海沸腾起来,所有人都大声合唱:"宏纪元,宏纪元……"

先行者实在受不了了,他把声音和图像一起关掉。但过了一会儿,当感觉到着陆舱接触地面的震动时,他产生了一个幻觉:也许真的降落在一个高空看不清楚的城市了?他走出着陆舱,站在那一望无际的黑色荒原上时,幻觉消失,失望使他浑身冰冷。

先行者打开面罩,一股寒气扑面而来,空气很稀薄,但能维持人的呼吸。气温在摄氏零下40度左右。天空呈一种大灾难前黎明或黄昏时的深蓝色。脚下是刚凝结了两千年左右的大地,到处可见岩浆流动的波纹形状,地面虽已开始风化,仍然很硬,土壤很难见到。这片带波纹的大地伸向天边,其间有一些小小的丘陵。

先行者看到了信息波的发射源。一个镶在岩石中的透明半球护面,直径大约有一米,下面似乎扣着一片很复杂的结构。他注意到远处还有几个这样的透明半球,像地面上的几个大水泡,反射着阳光。

先行者又打开了画面,虚拟世界中,那个小骗子仍在忘情地唱着,广场上所有的人都在欢呼。

先行者麻木地站着,深蓝色的苍穹中,明亮的太阳和晶莹的星星在闪耀,整个宇宙围绕着他——最后一个人类。

孤独像雪崩一样埋住了他,他蹲下来捂住脸抽泣起来。

歌声戛然而止,虚拟画面中的所有人都关切地看着他,那姑娘嫣然一笑。

"您对人类就这么没信心吗?"

这话中有一种东西使先行者浑身一震,他真的感觉到了什么,站起身来。他走近那个透明的半球,俯身向里面看。

那个城市不是虚拟的,它就像两万五千年前人类的城市一样真实,它就在这个一米直径的半球形透明玻璃罩中。

人类还在,文明还在。

"前辈,微纪元欢迎您!"

(有删改)

设问:结合本文,谈谈科幻小说中"科学"与"幻想"的关系。

【核心术语·科幻小说】

科幻小说:依据科学技术上的新发现、新成就以及在这些基础上可能达到的预见,用幻想的方式描述人类利用这些新成果完成某些奇迹的新型小说。(《辞海》)

科幻小说是以一种特殊的幻想方式反映人们在生活中所遇到的各种现实难题和生存困境的文学。它是通俗小说的一种。文学流派上属于浪漫主义。哲学上思索人类与宇宙之间的关系、关注并猜测人类社会未来的命运。

科幻小说分为软科幻与硬科幻。

软科幻:情节和题材集中于哲学、心理学、政治学或社会学等倾向的科幻作品。

硬科幻:以物理学、化学、生物学、天文学等自然科学为基础,以描写新技术新发明给人类社会带来的影响为主要内容的科幻作品。

思辨意识:思辨意识就是在思考问题时养成的思考辨析的能力。思考指的是分析、推理、判断等思维活动;辨析指的是对事物的情况、类别、事理等的辨别分析。思辨能力首先是一种抽象思维能力。本题考查考生的思辨意识,实际也是变相考查考生对小说理论知识的掌握。回答此题要抓住题干中所要求的"科学"和"幻想"两词,根据自己的理解谈谈二者的关系。

【备考答案】

①科幻小说中的"科学"是"幻想"的基础,本文情节的基本框架,即地球灾难及文明重生,就是在宇宙科学的基础上演绎的;而文中细节如宇宙飞船的星际航行、虚拟游戏、视频眼镜等,都已是或部分是科学事实。②科幻小说中的"幻想"虽然立足于"科学",但更要突破具体科技的限制,充分发挥想象力,将人文关怀与科学意识融汇在一起,本文幻想出来的"宏纪元"与"微纪元",有一定的科学因素,主旨则是对人类文明的思考。

【素养提升】

科幻小说的特点和阅读方法:

1. **不能将科幻小说与科普作品等同起来。**

科幻小说虽然有科学性,具有科普功能,但依旧是文艺作品,不能与科普作品相等同。不要用纯科学的眼光审视小说,科幻小说不可能处处做到"科学"。

2. **注意科幻小说的创意,提高创造性思维能力。**

科幻小说作者写作时需要想象力和创造性,读者在阅读的时候同样需要这两种思维能力,才能更好地贴近文本。

3. **阅读科幻小说仍然要关注现实。**

科幻小说虽然天马行空,但其思想本质仍源于现实生活,依旧要与现实相联系,解决人的问题,关注人的价值,围绕人的生命意义与价值关怀而展开。

4. **关注情节设置和作品的内涵与美感。**

大部分科幻小说都是情节性较强的小说,要关注作者在情节设置方面的技巧,同时注重其中所表现出的科学的内涵和美感。

【反复】

2021 新高考 I 卷

石门阵

卞之琳

"诸葛孔明摆下了八阵图，叫陆逊那小子，得意洋洋，跨马而来的，只见左一块石头，右一块石头，石头，石头，石头，直弄得头都昏了，他一看来势不妙，就勒转了马头，横冲直撞，焦头烂额，逃回了原路。——这《三国》里的故事，你们还记得吗？"

说到了这里，干咳了一声，木匠王生枝抬起了眼睛，打量了一番列在他面前的许多面孔。

男人的面孔，女人的面孔，小孩子的面孔。带胡子的有，麻的有，长雀斑的有，带酒窝的有，一共十来张，在中秋前两天的月光里，有明有暗，可是全一眼不眨，只是点点头，意思要王木匠尽管讲下去得了。

王木匠手巧。譬如，现在邻近各村常用的由煤油箱改造的水桶子，确是王木匠的发明。他的手艺不止见长于他的本行。

"对，我正要给你们摆一个和八阵图差不多的石门阵，不过几句话，一点儿新闻，石门阵摆退鬼子兵。"

老王捡去才落到颈脖子上的一片枯枣树叶子，随即干咳了一声。

"来了。"大家一起想。

果然——

"来了！来了，一群鬼子兵！"

王木匠转过头来望望山坡下转进村子里来的白路，仿佛日本兵当真从那边来了，把听众给吓了一跳。

"他们先在远处山头上向镇上望，用望远镜，看得清清楚楚的。

"那条小街上有人吗？没有。

"那个院子里有人吗？没有。

"那堆小树丛背后有人吗？没有。

"八路军走光了。好，那个头儿，吩咐先下去五十个胆子最大的'皇军'。

"'开步走！'他们下来了，那五十个鬼子，骑了马。"

"这条镇不是就完了吗？"宋长发很担心地插上了一句。

王木匠没有理他，干咳了一声，接下去：

"骑了马，得意洋洋！瞧，第一个麻子，腰板挺得多直啊。瞧，第二个是八字胡子，第三个是小耳朵，小耳朵回过头来，看后面跟来的都很威风，就把头昂得高些。

"小耳朵的心是在一家老百姓的阁房里。

"八字胡子的心是在一家老百姓的铁柜里。

"麻子的心是在一家老百姓的猪圈里。"

"真不是好东西！"谁的声音？李矮子？因为隔壁李矮子院里的驴忽然叫起来了，仿佛怕给日本兵抓去呢。

"说话间，不知不觉，已经走进了村子。

"麻子忽然在一家门口勒住了马。八字胡子、小耳朵和后边四十七个人都勒住了马。满街上鸦雀无声。

"麻子盯住了一家的屋门，不作声。

"小耳朵也盯住了那家的门，不作声。"

"他们看见了什么呀？奇怪。"小梅子插上来一句，仿佛代表了全场听众。

"他们看见了什么呀？奇怪——后边那四十七个'皇军'也这样问哪，可是没有出声，他们不作一声在那边发愣，那五十个'皇军'。

"他们看见了什么呢？奇怪。

"他们什么也没有看见，只看见门里堵满了石头——石头门。

"他们索性向前跑，沿街向左向右转了两个弯。

"一路上——

"向左看：石头门。

"向右看：石头门。

"石头门。石头门。石头门。"

"干脆说吧,别那么别扭的!"宋长发老婆着急了,也仿佛代表了全场听众。

"他们的脸都白了。听,四面山头上一片喊杀的声音!打枪的声音!八路吧?看,山头上那么多人呢,糟了!糟了!"

"好了!好了!"谁的声音?仿佛大家的声音。

"他们勒转了马头,死命踢着马肚皮,向左,向右,转了两个弯,他们就横冲直撞,连奔带蹿地逃命了。"

"逃出了镇口,心里跳得像马蹄一样急呢。"

"麻子还在想:我这一身肥肉不至于喂他们的麦田吧。"

"八字胡子还在想:我抢来的钞票不至于被他们捡回去吧。"

"小耳朵还在想:我怀里的相片不至于被他们拿去上报吧。"

"老王,你活像钻进了他们的心里了。"李矮子说,意思是两重的,表示不相信,也表示惊叹他叫人不能不相信。

"胡老三,"王生枝说,把眼睛对准了一个衔着旱烟管的男子,"昨天你也在南教场听过政治指导员的报告的,你说我可曾说谎。那条镇叫洪子店,在太行山那边。"

"大致还不错,"胡老三说了,"部队在镇东十五里地方,和敌人打了一昼夜。农民救国会集了五百会员,三个钟头内把全镇上能搬的都搬走了,五百会员就拿起了枪,躲在围山上等了。不过,老王,门是用砖头堵的。"

"那有什么关系,石头门说起来好听一点儿,只要不是木头门就行了。木头门烧得开。上次苏家峪不是给门板都烧光了。洪子店也烧去了许多。可是我老王一年来明白了一个道理:守住了大门,不用关二门。对,把我们的门板烧掉呢,我们就夜不闭户。"

"那你就少了生意了,人家以后还要你做门板吗?"

大家笑了,同情王生枝。

王生枝在月光里走回家去的时候,倒认真地想起当真到了处处夜不闭户的时代。他常常想做一张极精致的衣橱,已经设计了多年,总可以有做成的一天了。不过他知道大家还得先摆多少次真正的石门阵,不是用口,"也得用手。"王木匠看看自己结实的突起了老茧的掌心,说不出由于哪一种情感,不由得感叹了一下:"我这双手呵!"

延安,1938年秋
(有删改)

设问:王木匠讲石门阵时,多处使用反复手法,这种讲述方法有什么效果?

【核心术语·反复】

反复是根据表达需要,有意让句子或词语重复出现的修辞方法。反复就是为了强调某种意思,突出某种情感,特意重复使用某些词语、句子或者段落等。

【备考答案】

文章第一处反复是"那条小街上有人吗?没有。那个院子里有人吗?没有。那堆小树丛背后有人吗?没有"。第二处反复是"小耳朵的心是在一家老百姓的闺阁房里。八字胡子的心是在一家老百姓的铁柜里。麻子的心是在一家老百姓的猪圈里"。第三处反复是"向左看:石头门。向右看:石头门。石头门。石头门。石头门"。就情节而言,讲故事过程中运用了反复的手法,从听众听角度来讲,让讲述扣人心弦,更有吸引力,引发好奇与追问,让人如临其境。就环境而言,三次反复设问,自问自答"没有",写小鬼子进村前反复确认八路军已经走了,写出了他们的胆怯,具有渲染环境突出紧张氛围的效果,让情节延宕。就人物形象而言,王木匠引导听众的思绪,让听众跟着讲述者的节奏走,表现王木匠擅长讲故事的特点。

【素养提升】

卞之琳这篇小说的关注点不在战争本身,而是选取小人物的视角,表现中国人民的必胜信念。这样的小说,以小见大,让我们想到高一时学过的《百合花》。两篇小说均不正面描写战斗的大场面,作者只凭借他人的转述便极富神韵地将整个战争形势和紧张状况烘托出来。《石门阵》通过一次集会讲石门阵,以小见大地反映了抗日战争的背景。同学们平时学习的时候要关注教材,考试的时候才有可能将学到的方法由课内向课外迁移。

接下来补充一下反复与排比的区别。

反复和排比两种修辞手法都含有相同的词语，形式上相似，容易混淆，两者的区别在于表达的侧重点不同。反复是为了强调某个意思或突出某种情感而重复使用某些词语或句子，所要表达的侧重点在于重复的词语或句子上；排比则是把结构相同或相似、内容相关、语气一致的三个或三个以上的短语或句子排列起来使用，侧重点不在相同的词语上。

例如：妈妈常对着你喊："别玩手机了，快来吃饭吧，菜快凉了。快点，快点，快点！"这个"快点"就是反复，为了催促你并且突出了对你的不满以及关心。再比如一首流行儿歌唱道："爱我你就亲亲我，爱我你就抱抱我，爱我你就夸夸我。"这几句含有相同的词语"我"，但是所要强调的词语不是"我"，而是父母爱孩子的方式可以是"亲亲""抱抱"和"夸夸"，所以该句为排比句。

第四章

散文核心术语解读

> 【意蕴】

2018 北京卷

水缸里的文学

苏童

我始终认为，我的文学梦，最初是从一口水缸里萌芽的。

我幼年时期自来水还没有普及，一条街道上的居民共用一个水龙头，因此家家户户都有一个储水的水缸，我们家的水缸雄踞在厨房一角，像一个冰凉的大肚子巨人，也像一个傲慢的家庭成员。记得去水站挑水的大多是我的两个姐姐，她们用两只白铁皮水桶接满水，歪着肩膀把水挑回家，哗哗地倒入缸中，我自然是袖手旁观，看见水缸里的水转眼之间涨起来，清水吞没了褐色的缸壁，我便有一种莫名的亢奋。现在回忆起来，亢奋是因为我有秘密，秘密的核心事关水缸深处的一只河蚌。

请原谅我向大人们重复一遍这个过于天真的故事，故事说一个贫穷而善良的青年在河边捡到一只被人丢弃的河蚌，他怜惜地把它带回家，养在唯一的水缸里。按照童话的讲述规则，那河蚌自然不是一只普通的河蚌，蚌里住着人，是一个仙女！也许是报知遇之恩，仙女每天在青年外出劳作的时候从水缸里跳出来，变成一个能干的女子，给青年做好了饭菜放在桌上，然后回到水缸钻进蚌里去。而那贫穷的吃了上顿没下顿的青年，从此丰衣足食，在莫名其妙中摆脱了贫困。

我现在还羞于分析，小时候听大人们说了那么多光怪陆离的童话故事，为什么独独对那个蚌壳里的仙女的故事那么钟情？如果不是天性中有好逸恶劳的基因，就可能有等待天上掉馅饼的庸众心理。我至今还在怀念打开水缸盖的那些瞬间，缸盖揭开的时候，一个虚妄而热烈的梦想也展开了：我盼望看见河蚌在缸底打开，那个仙女从蚌壳里钻出来，一开始像一颗珍珠那么大，在水缸里上升，上升，渐渐变大，爬出来的时候已经是一个正规仙女的模样了。然后是一个动人而实惠的细节，那仙女直奔我家的八仙桌，简单清扫一下，她开始往来于桌子和水缸之间，从水里搬出一盘盘美味佳肴，一盘鸡，一盘鸭，一盘炒猪肝，还有一大碗酱汁四溢香喷喷的红烧肉！（仙女的菜肴中没有鱼，因为我从小就不爱吃鱼。）

很显然，凝视水缸是我最早的阅读方式，也是我至今最怀念的阅读方式。这样的阅读一方面充满诗意，另一方面充满空虚，无论是诗意还是空虚，都要用时间去体会。我从来没有在我家的水缸里看见童话的再现，去别人家揭别人家的水缸也一样，除了水，都没有蚌壳，更不见仙女。偶尔地我母亲从市场上买回河蚌，准备烧豆腐，我却对河蚌的归宿另有想法，我总是觉得应该把河蚌放到水缸里试验一下，我试过一次，由于河蚌在水里散发的腥味影响水质，试验很快被发现，家里人把河蚌从缸底捞出来扔了，说，水缸里怎么养河蚌？你看看，辛辛苦苦挑来的水，不能喝了，你这孩子，聪明面孔笨肚肠。

我童年时仅有的科学幻想都局限于各种飞行器，我渴望阅读，但是身边没有多少适合少年儿童的书，我想吃得好穿得光鲜，但我的家庭只能提供给我简陋贫困的物质生活。这样的先天不足是我童年生活的基本写照，今天反过来看，恰好也是一种特别的恩赐，因为一无所有，所以我们格外好奇。我们家家都有水缸，一只水缸足以让一个孩子的梦想在其中畅游，像一条鱼。孩子眼里的世界与孩子身体一样有待发育，现实是未知的，如同未来一样，刺激想象，刺激智力，我感激那只水缸对我的刺激。

我一直相信，所有成人一本正经的艺术创作与童年生活的好奇心可能是互动的。对于普通的成年人来说，好奇心是广袤天空中可有可无的一片云彩，这云彩有时灿烂明亮，有时阴郁发黑，有时则碎若游丝，残存在成年人身上所有的好奇心都变得功利而深奥，有的直接发展为知识和技术。对人事纠缠的好奇心导致了历史哲学等人文科学，对物的无限好奇导致了无数科学学科和科技发明。而所谓的作家，他们的好奇心都化为了有用或无用的文字，被淘汰，或者被挽留。这是一个与现代文明若即若离的族群，他们阅读，多半是出于对别人的好奇，他们创作，多半是出于对自己的好奇。在好奇心方面，他们扮演的角色最幸运也最蹊跷，似乎同时拥有幸运和不幸，他们的好奇心包罗万象，因为没有实用价值和具体方向而略显模糊，凭借一颗模糊的好奇心，却要对现实世界做出最锋利的解剖和说明，因此这职业有时让我觉得是宿命，是挑战，更是一个奇迹。

一个奇迹般的职业是需要奇迹支撑的，我童年时期对奇迹的向往都维系在一只水缸上了，时光流逝，带走了水缸，也带走了一部分奇迹。我从不喜欢过度美化童年的生活，也不愿意坐在回忆的大树上卖弄泛滥的情感，但我绝不忍心抛弃童年时代那水缸的记忆。这么多年来，我其实一直在写作生活中重复那个揭开水缸的动作，谁知道这是等待的动作还是追求的动作呢？从一只水缸看不见人生，却可以看见那只河蚌；从河蚌里看不见钻出蚌壳的仙女，却可以看见奇迹的光芒。

设问：本文题目"水缸里的文学"意蕴丰富，综观全文，你如何理解其中的寓意？以此为题有怎样的表达效果？

【核心术语·意蕴】

意蕴即事物的内容或含意。歌德认为意蕴就是人在素材中所见到的意义，是文学作品里面蕴含的思想，具有含蓄性、多义性等特点。任何一部文学文本，都表达某种意义，传达某种思想、某种感受，这种意义、意指所在，就是文本的意蕴。

【备考答案】

寓意：文章第五段"凝视水缸是我最早的阅读方式……无论是诗意还是空虚，都要用时间去体会"。第六段说"我的家庭只能提供给我简陋贫困的物质生活……恰好也是一种特别的恩赐，因为一无所有，所以我们格外好奇……刺激想象，刺激智力，我感激那只水缸对我的刺激"。第七段说"我一直相信，所有成人一本正经的艺术创作与童年生活的好奇心可能是互动的"。第八段说"一个奇迹般的职业是需要奇迹支撑的，我童年时期对奇迹的向往都维系在一只水缸上"。综上可知：水缸成了作者童年不能忘却的记忆。水缸与"我"的童年密切相伴，是"我"认识世界、体味人生、引发文学梦的主要对象；水缸引发了关于河蚌故事的思索，激发了作者诗意的想象，是作者阅读和体会世界的方式；因为小时候物质所限，作者渴望但无法阅读儿童书，水缸刺激作者的想象、智力；水缸保留了作者的好奇心，保留了"我"奇迹般的创造力。②表达效果：是贯穿全文的线索，虚实结合，激发读者的想象力。作者通过幼年与水缸的关系，以及对水缸的好奇和想象来表达对文学创作的看法：保持好奇心，面对社会现实，从平凡的生活出发并刺激孩子的智力，探索现实中的未知，让孩子找到寄托物去创造奇迹。揭示文章主旨，吸引读者兴趣。

【素养提升】

领悟文本的意蕴，最关键的核心任务是找到作者的情感与理智在意象中不断融合的路径。比如，理解意蕴要注意它在文中是否还有比喻义、象征义、深层义、双关义等。有的表述十分含蓄，要结合文本的内容理解。意蕴存在于文学形象当中，不独立存在。一般来讲，文学作品都有三个层面，即语言层面、意象层面和意蕴层面。读美文，在语言的刺激下，读者脑海里就有了意象，且能初步感受到篇章的美感，但是如何突破意象表层去体悟内蕴，这就是悟的层面了。所以光读书是不行的，还要不断去悟。"悟"的核心就在于找到作者寄托在人、事、物上的情感，透过情感挖掘出产生这些情感的原因，原因归纳完整了，意蕴内涵也就清晰可见了。

【线索】

2020 新高考Ⅰ卷

建水①记（之四）

于坚

看哪，这原始之城，依然像它被创造出来之际，藏在一座朱红色的、宫殿般的城楼后面，"明洪武二十年建城。砌以砖石，周围六里，高二丈七尺。为门四，东迎晖，西清远，南阜安，北永贞"（《建水县志》）。如果在城外20世纪初建造的临安车站下车，经过太史巷、东井、洗马塘、小桂湖……沿着

---

① 建水：县名。在云南省，旧称临安。

迎晖路向西，来到迎晖门，穿过拱形的门洞进城，依然有一种由外到内，从低到高，登堂入室，从蛮荒到文明的仪式感，似乎"仁者人也"是从此刻开始。

高高在上的是朝阳、白云、鸟群、落日、明月、星宿，而不是摩天大楼。一圈高大厚实的城墙环绕着它，在城门外看不出高低深浅，一旦进入城门，扑面而来的就是飞檐斗拱、飞阁流丹、钩心斗角、楼台亭阁、酒旌食馆、朱门闾巷……主道两旁遍布商店、酒肆、庙宇、旅馆……风尘仆仆者一阵松弛，终于卸载了，可以下棋玩牌了，可以喝口老酒了，可以饮茶了，可以闲逛了，可以玩物丧志了，可以一掷千金了，可以浅斟低唱了，可以秉烛夜游了……忽然瞥见"小楼一夜听春雨，深巷明朝卖杏花"那类女子——建水的卖花女与江南的不尽相同，这边的女性身体上洋溢着一种积极性，结实、健康、天真——正挑着一担子火红欲燃的石榴，笑呵呵地在青石铺成的街中央飘着呢。不免精神为之一振，先去买几个来解渴。

街面上，步行者斜穿横过，大摇大摆，扶老携幼，走在正中间，俨然是这个城的君王。满大街的雕梁画栋、摊贩食廊、耄耋之辈……令司机们缩头缩脑，不敢再风驰电掣。城门不远处就是有口皆碑的临安饭店，开业都快七十年了，就像《水浒传》里描写过的那种。铺面当街敞开，食客满堂，喝汤的喝汤，端饭的端饭，动筷子的动筷子，晃勺子的晃勺子，干酒的干酒，嚼筋的嚼筋，吆五喝六，拈三挑四，叫人望一眼就口水暗涌，肚子不饿也忍不住抬腿跨进去。拖个条凳坐下，来一盘烧卖！这家烧卖的做法是明代传下来的，肥油和面，馅儿是肉皮和肉糜。大锅猛蒸，熟透后装盘，每盘十个，五角一个。再来一土杯苞谷酒，几口灌下去，夹起一枚，蘸些建水土产的甜醋，送入口中，油糜轻溢，爽到时，会以为自己是条梁山泊好汉。

临安饭店后面，穿过几条巷子走上十分钟，就是龙井菜市场，那郑屠、张屠、李屠、赵屠……正在案上忙着呢。如果是七月的话，在某个胡同里走着，忽然会闻见蘑菇之香，环顾却是老墙。墙头上挂着一窝大黄梨。哪来的蘑菇耶？走，找去，必能在某家小馆的厨房里找到，叫作干巴菌，正闪亮亮的，在锅子中间冒油呢。这临安大街两边，巷子一条接一条流水般淌开去。在电子地图上，这些密密麻麻的小巷是大片空白，电子地图很不耐烦，只是标出一些大单位的地点和最宽的几条街，抹去了建水城的大量细节，给人的印象，似乎建水城是个荒凉的不毛之地。其实这个城毛细血管密集，据统计，建水城3.3平方公里的范围内有30多条街巷，550多处已经被列为具有保护价值的文物性建筑，这是很粗疏的统计。许多普通人家雕梁画栋的宅子、无名无姓的巷道并不在内。在巷子里面，四合院、水井、老树、门神、香炉、杂货铺、红糖、胡椒、土纸、灶房、明堂、照壁、石榴、苹果、桂花、兰草、绵纸窗、凉粉、米线、青头菌、炊烟、祖母、媳妇、婴孩、善男信女、市井之徒、酒囊饭袋、闲云野鹤、翩翩少年、三姑六婆、环肥燕瘦、虎背熊腰、花容月貌、明眸皓齿、慈眉善目、鹤发童颜……此起彼伏，鳞次栉比。

在这个城里，有个家的人真是有福啊。他们还能够像四百年前的祖先们那样安居乐业，不必操心左邻右舍的德行，都是世交啦。有一位绕过曲曲弯弯的小巷，提着在龙井市场买来的水淋淋的草芽（一种建水特有的水生植物，可食，滚油翻炒数秒起锅，甜脆）、莴笋、茄子、青椒、豆腐、毛豆、肉糜、茭瓜……一路上寻思着要怎么搭配，偶尔向世居于此的邻居熟人搭讪，彼此请安。磨磨蹭蹭到某个装饰着斗拱飞檐门头的大门前（两只找错了窝的燕子拍翅逃去），咯吱咯吱地推开安装着铜质狮头门环的双开核桃木大门，抬脚跨过门槛。绕过照壁，经过几秒钟的黑暗，忽然光明大放，回到了曾祖父建造的花香鸟语、阳光灿烂的天井。从供销社退休已经三十年的祖母正躺在一把支在天井中央的红木躺椅上，借着一棵百年香樟树的荫庇眯瞌睡呢。

（有删改）

设问：本文采用空间和时间两条线索行文，请分别加以简析。

【核心术语·线索】

文章线索是贯穿一篇文章即在文章的不同段落中都可见的词、句子或是情况等。在解读文章时可以依照线索来解读文章含意，了解文章主旨。线索贯穿全文，使文章浑然一体，使结构完整严谨。这是明线，如果有暗线，则是与明线共同贯穿全文，也是抒发感情的一个很巧妙的切点。但有时文章会有双线索，即两条线索相辅相成，既处处相关联，又看似毫无关系。

【备考答案】

　　文章以空间的转换为行文结构，展开对建水的描写：从城外的临安车站开始，依次写穿过城门，经过街道、市场、胡同小巷，最后进入家庭院落。文章以时间的延续为思想线索：将建水同时置于历史文化传承与当下日常生活中来写，表现这座古城经久不衰的生命活力。

【素养提升】

　　1.寻找线索的方法

　　（1）要了解文章的体裁分类和表现手法。写景散文一般以游踪或者某一景物为线索，叙事记人散文一般以事情发生发展的过程或与人交往的过程为线索，抒情散文往往以感情为线索。阅读时抓住线索，有助于我们了解文章的立意，把握文章的主旨。

　　（2）要注意文章标题，有的标题直接揭示了线索。

　　（3）要注意文中反复出现的词语、句子。

　　（4）要注意文中的议论抒情部分，因为散文中的"情"通常是文章组织材料的重要线索。

　　2.线索的作用

　　（1）组织材料，贯穿全文。

　　（2）使结构清晰，使情节集中。

　　（3）揭示主题。

　　（4）使行文富于变化。

【层次感】

2020·全国Ⅲ卷

记忆里的光

蒋子龙

我八岁才第一次见到火车。1949年初冬,我正式走进学校,在班上算年龄小的。一位见多识广的大同学,炫耀他见过火车的经历,说火车是世界上最神奇、最巨大的怪物,特别是在夜晚,头顶放射着万丈光芒,喘气像打雷,如天神下界,轰轰隆隆,地动山摇,令人胆战心惊。许多同学都萌生了夜晚去看火车的念头。

一天晚上,真要付诸行动了,却只集合起我和三个大一点儿的同学。离我们村最近的火车站叫姚官屯,十来里地,当时对我来说,就像天边儿一样远。最恐怖的是要穿过村西一大片浓密的森林,里面长满奇形怪状的参天大树。森林中间还有一片凶恶的坟场,曾经听的所有鬼故事,几乎都发生在那里面,即便大白天我一个人也不敢从里面穿过。进了林子以后我们都不敢出声了,我怕被落下,不得不一路小跑,我跑他们也跑,越跑就越瘆得慌,只觉得每根头发梢都竖了起来。当时天气已经很凉,跑出林子后却浑身都湿透了。

好不容易奔到铁道边上,强烈的兴奋和好奇立刻赶跑了心里的恐惧,我们迫不及待地将耳朵贴在道轨上。大同学说有火车过来会先从道轨上听到。我屏住气听了好半天,却什么动静也听不到,甚至连虫子的叫声都没有,四野漆黑而安静。一只耳朵被铁轨冰得太疼了,就换另一只耳朵贴上去,生怕错过火车开过来的讯息。铁轨上终于有了动静,嘎登嘎登……由轻到重,由弱到强,响声越来越大,直到半个脸都感觉到了它的震动,领头的同学一声吆喝,我们都跑到路基下面去等着。

渐渐看到从远处投射过来一股强大的光束,穿透了无边无际的黑暗,向我们扫过来。光束越来越刺眼,轰隆声也越来越震耳,从黑暗中冲出一个通亮的庞然大物,喷吐着白气,呼啸着逼过来。我赶紧捂紧耳朵睁大双眼,猛然间看到在火车头的上端,就像脑门的部位,挂着一个光芒闪烁的图标:一把镰刀和一个大锤头。

领头的同学却大声说是镰刀斧头。

且不管它是锤是斧,那把镰刀让我感到亲近,特别地高兴。农村的孩子从会走路就得学着使用镰刀,一把磨得飞快、使着顺手的好镰,那可是宝贝。火车头上还顶着镰刀锤头的图标,让我感到很特别,仿佛这火车跟家乡、跟我有了点儿关联,或者预示着还会有别的我不懂的事情将要发生……

十年后,我以第一名的成绩入伍,进入海军制图学校,毕业后成为海军制图员,接受的第一批任务就是绘制中国领海图,并由此结识了负责海洋测量的贾队长。贾队长有个破旧的土灰色挎包,缝了又缝,补了又补,唯一醒目的是用红线绣的镰刀锤头图案。

既然已经站在了军旗下,自然也希望有一天能站在镰刀锤头下,我对这个图案有一种特殊的亲近和敬意。于是就想用自己的新挎包跟他换。不料贾队长断然拒绝,他说这个挎包对他有特殊的纪念意义,目前还有很重要的用途,绝不能送人。有一次他在测量一个荒岛时遇上了大风暴,在没有淡水没有干粮的情况下硬是坚持了十三天,另外的两个测绘兵却都牺牲了。他用绳子把自己连同图纸资料和测量仪器牢牢地捆在礁石上,接雨水喝,抓住一切被海浪打到身边的活物充饥……后来一位老首长把这个挎包奖给了他。

贾队长答应在我回家探亲的时候可以把挎包借给我,但回队时必须带来一挎包当地的土和菜籽、瓜子或粮食种子。原来他每次出海测量都要带一挎包土和各样的种子,有些岛礁最缺的就是泥土。黄海最外边有个黑熊礁,礁上只驻扎着一个雷达兵,一个气象兵,一个潮汐兵,他们就是用贾队长带去的土和种子养活了一棵西瓜苗,心肝宝贝般地呵护到秋后,果真还结了个小西瓜,三个人却说什么也舍不得吃……

又过了几年,我复员回到工厂干锻工。锻工就是打铁,过去叫"铁匠"。虽然大锤换成了水压机和蒸汽锤,但往产品上打钢号、印序号,还都要靠人来抡大锤。我很快就喜欢上了打铁,越干越有味道,一干就是十年。在锻钢打铁的同时,也锻造了自己,改变了人生,甚至成全了我的文学创作。我成了民间所说的"全科人":少年时代拿镰刀,青年当兵,中年以后握大锤。对镰刀锤头有了一种说不出的特殊感情。

(有删减)

设问:作者对儿时看火车经历的叙述很有层次感,请结合作品具体分析。

【核心术语·层次感】

层次感是指层次分明有立体感。文学作品的层次感主要体现在文章具体内容安排和情感的变化、景物的描写、整体风格的呈现等方面。叙述层次指的是在文章事件讲述过程中作者对情节的安排和在故事发展进程中发生的内心情感变化。文章的整体内容是根据各层次、各语段的大意综合而来的,各个语段、各个层次之间,不管怎样排列,所表达的内容都是围绕中心的。各语句之间都有一定的逻辑关系,逻辑关系在内容的组合上就体现为文章的思路,即作者是怎样一步接着一步想的。

【备考答案】

文章按时间顺序,以期待看火车、夜行去看火车、贴近铁轨听火车声、看到火车强烈的光束与火车头上的图标的顺序,层层递进地写了看火车的经过。

文章第一段先写到看火车的缘起,"一位见多识广的大同学,炫耀他见过火车的经历……",由此作者兴起了对看火车的期待;第二段写去看火车的途中,夜晚的阴森树林带给"我们"恐惧害怕之情,"我们"为了看火车而穿过林子,克服了恐惧;第三段是终于到达铁道旁,感到"兴奋和好奇",贴在道轨上听火车运行的声音这一举动把看火车的期待情绪提到了最高;第四段是看到火车,首先看到的是"一股强大的光束",以此渲染火车到来时的震撼与激动的心情,同时又通过"我""捂紧耳朵睁大眼睛"看到的"镰刀""锤头",呼应标题"记忆里的光",勾连起下文对镰刀锤头的情感体验与相关事件的叙述;第五段写看过火车之后的内心情感,因火车上的"镰刀"而感到自己与火车有了"亲近""关联"的特别感觉,引起后文。情感层次:向往——惧怕——兴奋好奇——激动震撼——感到亲近与特别。文章通过情绪的起伏波澜,层层渲染,不断加深情感。描绘出小孩子第一次看火车的真实心理感受,同时在结构上也为后文的情感变化与相关事件的叙述做铺垫。无论在情感上还是在事件上，都层层递进，步步深入地写出了第一次看火车的真切感受。

【素养提升】

分析文章的结构层次，把握行文思路的主要方法：①在整体把握文章内容的基础上，逐段弄清文章段意、层意。②从文体入手，抓结构特征。③从语言入手，抓关键词句。如过渡句、照应句、起始句、收尾句。又如关键词语，表语意转折的"相反""与此不同"，表递进关系的"更""而且"，表总结的"因此""总之""由此看来"，表指代的"此""即"，表强调的"尤其"等。④抓各语句之间的语脉。语段内部往往会有一些衔接上下文的标志性词语，如"于是……""然而……""与此同时……"等，这些词语清楚地表明语段内部句与句、层与层之间的关系。

【物象和意象】

2020 黑龙江省实验中学高三三模卷

松之风

侯军

我对松树的认知，是从一根房梁开始的。那时我只有十几岁，每天就睡在阁楼上。忽然有一天，一个并不经常来往的堂叔来到我家，跟父亲嘀咕了一个晚上。转天，父亲就让我去跟奶奶睡了，说要把阁楼拆掉。

我问奶奶为什么。奶奶说，你老伯的儿子要学拉大提琴，老师要给孩子亲手做一把好琴，说是必须要用老松木才行。你老伯也不知怎么打听到咱家有一根房梁是老松木的，就是搭阁楼用的那根。这是给孩子学本事的大事，你爸跟我一商量，我就说，不就是一根木头吗？给他吧！

从此，我记住了这根房梁，也记住了做好琴必须用老松木。我的潜意识里就一直萦绕着一个臆想：当那根房梁变身为大提琴之后，会发出何等美妙的声音呢？

　　对松的印象伴随某种美妙的旋律，深深烙在我心底。稍长，学唱《沙家浜》——"要学那，泰山顶上一青松呐——"天长日久，心底又萌生一个向往：等我长大了，一定要到泰山顶上，去看看那个"一青松"。

　　我第一次去泰山是1980年。好不容易爬到山顶，却发现泰山顶上哪里只是"一青松"啊，漫山遍野都是青松。

　　后来，所见的古松名松越来越多。我发现几乎所有名山大川、名胜古迹，都有松树的身影，"天下名山松占多"，这么说一点儿都不过分。暮色苍茫中，我去看过庐山的"劲松"，虬枝盘绕，苍劲峥嵘；在北岳恒山，我登上"虎风口"，看过号称恒山十八景之一的"虎田悬松"；在南岳衡山，我也曾来到"磨镜台"观松。然而，最令人难忘的还是黄山的松，黄山最出名的那棵"迎客松"堪称是黄山的名片。真是奇松与怪石并峙，苍崖共云海同天。

　　中国人自古就有一种松树情结。追溯源头，大概与两千多年前孔夫子的那句赞语有关："岁寒，然后知松柏之后凋也。"从此，松柏成为不惧严寒、顽强不屈、坚忍勇武的象征。一般而言，无论植物还是动物，一旦被赋予某种象征意义，就会逐渐演变为一种文化符号，慢慢浸入到这个民族的精神血脉之中。

　　历代文人笔下，松树时常被比拟为各种奇谲而跌宕的人生范式，让风霜欺凌它，让厄运笼罩它，让不公缠绕它，然后看它从容、看它隐忍，进而让它抗争、让它崛起，最终赢得生命的重生。在陶渊明笔下，"青松在东园，众草没其姿。凝霜殄异类，卓然见高枝"；在李白笔下，"愿君学长松，慎勿作桃李。受屈不改心，然后知君子"；在杜荀鹤笔下，"自小刺头深草里，而今渐觉出蓬蒿。时人不识凌云木，直待凌云始道高"。诗人们悲叹的是松树的命运多舛，更是人生的跌宕不平；诗人们赞的是松的品格，更是在表达对世间高尚人格的向往。

　　其实，松树值得赞美的品格，并不仅仅是岁寒后凋。在我看来，还有它的开阔胸襟和包容精神。它为众多弱小的生命提供食物和生存环境，让它们依附自己高大的身躯繁衍生存。松树的奉献精神也常为人们津津乐道。它全身都是宝：躯干是栋梁之材，也是造纸的上等原料；枝叶可以入药；松树分泌的油脂不仅可以制作体育运动不可缺少的松节油，还是油画家常用的油彩调和剂；松香不仅可做香料，还是各种胡琴不可或缺的发声辅料；即便是松根和残枝，也可以烧制松烟，成为制墨必备的黑色涂料……

如今，我已年近花甲，与书翰笔墨打了大半辈子交道。殊不知，与书翰笔墨打交道，其实也就是直接或间接地与松树打着交道——每天用的纸张，或许就是松树原浆制造的；挥毫写字，那研的墨也是用惯了的老松烟；墙上悬挂着自书的刘长卿名诗："泠泠七弦上，静听松风寒。古调虽自爱，今人多不弹。"读书时见松入眼，聆曲常思大提琴……

听着那低婉浑厚、沉郁高邈的旋律，我会自然而然地联想到阵阵松涛，想到大提琴的松木面板，想到刘长卿的"松风古调"，进而想到孔夫子的"岁寒后凋"——是的，在这里，松是一种风，是风格风韵风采风骨，是有声有色有温度的——"静听松风寒"。

（选自《人民日报》，有删改）

设问：文章中作者写了松树的哪些优秀品格？请结合文本进行分析。

【核心术语·物象】

物象即客观事物，不依赖于人的存在而存在，它有形状、颜色，有声音、味道，是具体可感的。如"柳"是一种客观事物，有形状、颜色，是一个物象。

【核心术语·意象】

所谓意象，简单地说就是被作者赋予了情感的客观事物。由于它蕴含独特的情感活动而成为一种艺术形象，即寓"意"之"象"，寄托了主观情思，是主观的"意"和客观的"象"的结合，是赋有某种特殊含意和文学意味的具体形象，和借物抒情的手法很相似。

意象与形象的区别：形象所指的范围更广，既可以是具体的物，也可以是抽象的情感或理趣；而意象只能是客观的、具体的。

【核心术语·意境】

意境是作者主观情感和客观物象相互交融而形成的足以使读者沉浸其中的想象世界，是需要读者联想和想象才能进入的一种艺术境界。中国古典文论以意境来衡量作品，特别是诗歌作品的艺术价值。

【备考答案】

①由"从此，松柏成为不惧严寒、顽强不屈、坚忍勇武的象征"可以概括出：不惧严寒，顽强不屈，坚忍勇武。②由"其实，松树值得赞美的品格，并不仅仅是岁寒后凋。在我看来，还有它的开阔胸襟和包容精神""它为众多弱小的生命提供食物和生存环境，让它们依附自己高大的身躯繁衍生存。松树的奉献精神也常为人们津津乐道"可以看出松树的包容奉献。③由"历代文人笔下，松树时常被比拟为各种奇谲而跌宕的人生范式，让风霜欺凌它，让厄运笼罩它，让不公缠绕它，然后看它从容、看它隐忍，进而让它抗争、让它崛起，最终赢得生命的重生"可以概括出隐忍、抗争、崛起。

【素养提升】

这篇例文中的松原本是一个客观事物。作为一棵生长在土地上的树，它的一生即便漫长无比也不会留下任何被人类凝视后而产生的特殊情感。经过作者一番抒写，松树便有了精神和品质。松这个意象之所以能代表岁寒后凋的精神品质，大概和历史文化的沉淀有关，也和它自身的特质有关。而作者出于自己独特的生命体验又赋予了松包容、豁达的精神品质。字里行间既有对传统文化的梳理又有自己的真切体悟。解读托物言志、写景抒情类的散文，大家可以试试思考作者架设了怎样一个通道让物象（松）变为了意象（有了精神品质的松）。好好沿着这个通道走下去，你就能找到这篇文章的脉络，从而更加深入地理解文章。

【共情】

2020 云南高三模考卷

旧日光阴里的私人订制

卓玛

今年的初雪落得早，农历十月刚过半，天地莹白。生日那天，煮茶焚香，抄经自省，清贡白百合一枝，一抬头，雪花漫天飞舞，如千万只蝴蝶，斜入闲亭瓦舍。

春绿冬白，我更喜欢冬天，地气下降闭塞而成冬，人的心思亦随之沉潜、简静、安闲。临窗观画，朋友新赠的兰花图寥寥数笔，逸气草草，行书题跋"惠风和畅，吉祥如意，无为而为"。独爱那朱文闲章，"悟禅"，如同师父离开那日，满寺的莲花都开了，水是莲花的镜子，花光与水互为映衬，照见莲花不染。师父心如明镜，如莲花，清净无挂碍。

我正想着莲有几色，电话就响了，朋友约稿，似乎是要写私人订制的话题，我在这边忽而无语，冬天给大地订制雪花，秋天给大地订制累累硕果。而工业时代唯独缺乏真正意义上的私人订制，流水线上批量生产，只求快捷，少了温度，缺了时光的精雕细琢。说到底，是缺了古典情怀的滋养，那是源自心内，缓缓流出的一泓温泉，上有落花片片，静静回旋。

雾霾的日子里，我格外怀念过去的水净山明，旧光阴里私藏着诸般心头好。

小的时候，过春节，母亲带我去集市的布店，那是灰扑扑的年代里最花团锦簇的地方，姹紫嫣红、堆绿叠翠、鸳鸯戏水、凤凰翩飞，牡丹花、并蒂莲在土布上热闹着，母亲对营业员说："扯三尺花布。""扯"这个词既乡土又贴切，有舞蹈的美和裂帛之音的妙，母亲是要给我做棉袄。我却赖着不走执意喜欢太阳红的确良，母亲拉着我走了好远，我依然偷偷回头，心中留恋难舍。

初夏之时，蝴蝶牌缝纫机上整日传出"嗒嗒"的声音，那节奏舒缓，声音动听。母亲坐在石榴树的花荫里绣花。太阳红的衬衣已经做好，圆圆的领口上镶了一圈精致的花边，叫作"狗牙边"。母亲一针一线在前襟上绣月季，一朵橘黄，一朵艳粉，簇拥着鲜绿的叶子。我穿上新衣走亲戚，那是童年里最美丽的记忆。

少年时的我，性格叛逆，也和母亲争吵。到了年末，总有写不完的明信片，一张又一张，每一张都是私人订制，矫情而自恋的新年祝福，不同的图画，郑重地投到绿色的筒里，心里欢喜又怅然。而今，母亲不再手工缝制衣服，她试穿我买给她的新棉袄，对着镜子左右照看直微笑，满头银发因为稀疏而烫成波浪，年老后的母亲面容祥和。某一时刻，母亲的笑意会让我的眼突然潮湿，让我记起故乡的庭院，石榴花开得如火如荼，母亲坐在斑驳的花影里绣花的样子，青丝如云，素年锦时，容颜沉静比花美。

我一直未觉得母亲会老去，而我亦不再纯情如少年。

手写信件和明信片是遥远的旧事了，如今看来，这是奢侈的事情，美好的事物都是奢侈的，逝去的每一秒钟都是奢侈的旧光阴。而今，我习惯运用微信和QQ与他人沟通。地球变成一个庞大的村落，世界蒸蒸日上，人心一片沸腾，而我总觉得少了一些什么，到底是什么？我说不清楚。偶尔想起旧事，心有黯然。

初晴之日，我取出红木盒子，读着多年以前，父亲从青藏高原寄给我的信，清秀微斜的钢笔字，蓝黑墨水有些洇漫。他写了未能参加女儿婚礼的遗憾以及对女儿的祝福，言语殷殷，情绪内敛，我想象父亲在女儿出嫁的前夜，灯下写信，一字一句，可否有泪落？

"一灯细煮茶如酒，化作红笺小字诗"，亲情是这世间最珍贵的私人订制。父亲是工程师，但父亲更像个诗人，我的百日照上，父亲在背面抄了鲁迅的诗："无情未必真豪杰，怜子如何不丈夫。"

旧日的信笺已暗淡，照片已泛黄，唯有情意在心，温暖这个清寂的冬日，绵长无尽，于无数旧光阴中散发出惊人的美。

（选自《散文选刊》，有删改）

设问：结合文章内容，你认为作者"旧光阴里私藏着"的"诸般心头好"都有哪些？

【核心术语·共情】

共情是心理咨询中的一个重要概念。共情能力指的是一种能设身处地体验他人处境，从而感受和理解他人情感的能力。共情其实也是阅读能力的体现。题目让你体会作者心头的"诸般好"，其实就是在考查你在阅读过程中换位思考、体会作者情感的能力。这个"好"具体体现在哪些地方，一定要归纳全。

【备考答案】

①"母亲带我去集市的布店，那是灰扑扑的年代里最花团锦簇的地方……"从"扯三尺花布"的"扯"字看出，店员剪裁花布的动作极具美感，买花布是一件美好的事。②"母亲坐在石榴树的花荫里绣花。太阳红的衬衣已经做好。"还为"我"缝制了"狗牙边"和五彩花朵。母亲用"我"最喜欢的的确良制衬衣，我心里无比喜悦。③"到了年末，总有写不完的明信片，一张又一张，每一张都是私人订制，矫情而自恋的新年祝福，不同的图画，郑重地投到绿色的筒里，心里欢喜又怅然"，"我"在年末为人们订制明信片，内心感到无比充实。④初晴之日，"我"取出红木盒子，读着多年以前父亲"未能参加女儿婚礼的遗憾以及对女儿的祝福"，对往事有所感怀，珍惜祝福。⑤父亲在我百日照上抄诗，父亲对"我"充满爱与期望让"我"感动。

【素养提升】

共情意味着你的内心世界要和作者文章里的情感世界同频共振。文章中传递的爱恨情仇能够被你捕捉到。解答此类题型首先要理解文章的内容，然后找到具有重要信息的相关段落和句子，最后对重要信息进行概括和整理。

【语境义】

2020 山西省高三三模卷

稻田里的等待

周华诚

稻子们高傲地昂着头,稻穗挺立,捏一捏其中的一颗两颗三颗,依然是轻飘柔软,里面空空如也。天气渐渐转凉,本来稻子该是灌浆的时候了,再不灌浆,很可能意味着收成不佳。隔着一条田埂,邻家的杂交稻一丛丛的稻穗已经低下了头,清清爽爽,散开了谷粒,显得低调而又成熟。相比之下,我们的稻田就令人焦虑不已,像是没心没肺的浪荡少年。

周一那天,父亲问我:"我们的水稻不会灌浆,稻穗不低头,我担心可能没有产量。"

不会灌浆,对稻子来说,是一件严重的事情。好几亩稻田,如果都是空秕,这一年花在上面的汗水和心血都会白费。我想了半天,想不出什么言辞来宽慰父亲,只好说:"没有关系,我们就顺其自然吧,好好观察记录它的生长,就可以了。收成的事,也急不来,能收多少是多少。"

在种田这件事情上,我的经验是苍白的。我拿着稻子的照片,去请教水稻研究所的专家。专家说,问题不大——看起来,水稻才刚开过花,还没有到散粒的时候。

吃了一颗定心丸,我便也这样安慰父亲。父亲说:"那好的,只能等了。"

接下来,父亲每天都会去田间察看,并用手机拍下照片发给我。到周三,父亲终于又忍不住了,问我:"邻居家的杂交水稻已经垂下头,颗粒饱满,我把他们的谷粒掰开看了,浆水很多。我们的水稻还依然直立。开花的时间,我们的水稻还比他们要早两天,但我们的还没有浆……我担心,如同去年的黑糯稻。"

去年我们试种了一点新品种的黑糯稻,不知是缺乏种植经验还是品种原因,也是灌浆不良,最后半亩田的水稻收割起来,只得了二十来斤稻谷。因是试种，面积不大，但说起来，总归是不成功的例子，而汗水与辛劳的损失，就无从计算了。

周四清晨，父亲又去田间拍了照片，问我："你觉得，有变化吗？"

我看了十几分钟。虽然稀稀拉拉有几株稻穗已开始散粒低头，可大多数依旧故我，真的像青春期里，那些不知轻重的孩子，只会执拗地挺着脖子，恨不得给他一下子。

"好像，还是差不多。"我过了好一会儿，弱弱答道。

沉默好久，我觉得有必要再说一些什么。今年的品种是我定的，我不能让父亲担心太多。我一字一句地斟酌："爸爸放宽心，我们静观其变吧。对于我们来说，这样的风险和变化，或许会是一种更大的收获。"

这样的话，是我真实的想法，但对于父亲，能算得一种安慰吗？即便算得，这安慰也是空洞的。而且我还没有预计到，这对于父亲信心是否有打击，一个种了一辈子田的农民，有什么会比自己田里没有收成更令人沮丧的呢？

但我又不能问。好在，父亲过了一会儿，还是回复我："好的。"

几天来，我居然开始默默祈祷。

和庄稼待久了，在田野待久了，开始有点儿迷信，或祈祷，希望丰收，因为知道有一些力量，是人力所不及的。农人常常觉得无力，因他所面对的是自然，自然是神秘的，也是无法预料的。比如干旱、洪涝、虫害、病害，以及其他农人眼里始料未及的状况，或许都会轮番出现。一群蝗虫，或许能让一片稻田颗粒无收；一场稻瘟，也会让连片水稻一夜焦枯。此外，稻子发棵多不多，开花好不好，授粉佳不佳，几乎都得听天由命——农人们在这些事情上，能够介入的程度相当有限。

我常常觉得，草木自有草木福，且由它们去吧。种田种久了，人的狂妄的自信心是会低下来的。低下来，得听稻子的话，听天的话。

我记得年幼的时光里，多少次陪着父亲母亲一起，守在田埂上，守护涓涓细流流进自家田畈；也曾拿着脸盆，在小小一方池塘里舀水入渠，为久旱的稻田送去甘露。当然更不会忘记，农忙时节割稻和插秧，怎样地挥汗如雨，累到像一条只会伸出舌头喘气的中华田园犬。然而，也正是在这样的劳作里，人变得敬畏。种田人常常不明白，这世上有些人的不可一世，是从哪里来的。

　　面对一块稻田，我和父亲都有变化。父亲慢慢理解我，知道我们期待的收成，其实不只是稻谷。劳作本身，即是收获。即使是一把空稻，对我来说，也是意义非凡的。我们每一次的尝试和创新，所需要承受的失败风险，不正是其应有之义吗？时间长了，种了一辈子水稻的父亲，终于慢慢学会用新的眼光来看待这一切。

　　会低头的水稻才有收成，今日我们离开城市回到水稻田，低下头，也是在用另一种眼光看待脚下的世界与生活。我们这一季的水稻品种，是沈博士研制的新品，一种长粒粳稻，与我们故乡南方历来种植的籼稻很不一样。首先生长时间就不一样——这也便是为什么，一埂之隔的邻居家的水稻已经散粒结实，而我们的稻穗还带着稻花，仍执拗直立——当然，我们是后来才知道这一点，因为时间一天天过去，我们家的水稻田的稻穗，终于也日渐一日地低下头来，慢慢地显出成熟与内敛。

　　秋天快到了，我们就在这样的时光里，耐心等待稻子成熟。

设问："另一种眼光"在文中的含意是什么？请简要分析。

【核心术语·语境义】

　　语境义亦称"上下文意义"或"情境意义"，是关于言语与表达言语的情境之间关系的术语。比如在游戏《王者荣耀》里后羿说："哼，要变天了。"这句话很明显不是指真的天气变化，而是一场战争即将来临。而"发光的，一个就够了"这句，结合语境也可知不仅仅暗含后羿射日这个典故，还体现了他争强好胜的王者心态。理解词句含意，即便没有强调"语境义"，我们在作答时也必须有篇章意识，让词句回归文本，联系上下文理解其含意。

【备考答案】

　　①沈博士研制的水稻新品，一种长粒粳稻，与我们故乡南方历来种植的籼稻很不一样，成熟是需要耐心和时间的，水稻新品种的特性与旧品种不同，不能用旧品种的标准对待新品种。②面对同一块稻田，父亲也慢慢理解我，知道我们期待的收成，其实不只是稻谷，即使是一把空稻也是意义非凡的，劳作本身也是收获。③我们每一次的尝试和创新、所需要承受的失败风险，

种了一辈子水稻的父亲终于慢慢学会用新的眼光来看待这一切。

【素养提升】

赏析文中重要词语、重要句子,可以记住这个口诀:上看,下看,回头看,远看,近看,跳出来看。

通过看句子前后相邻内容,了解关键词句所处的语境;回头看和远看都是为了在篇章结构上判断句子的作用:回头看是为了找呼应关系,远看是为了从宏观上把握句子在结构和内容上所起的作用。近看段意和句子里面的关键词,不忽略任何一个小细节,从而将句段表达技巧、表现手法概括全面。最后跳出来看是为了思考句子和文章主旨之间的关系及同类群文的对比赏析。

合欢树

史铁生

十岁那年,我在一次作文比赛中得了第一。母亲那时候还年轻,急着跟我说她自己,说她小时候的作文作得还要好,老师甚至不相信那么好的文章会是她写的。"老师找到家来问,是不是家里的大人帮了忙。我那时可能还不到十岁呢。"我听得扫兴,故意笑:"可能?什么叫可能还不到?"她就解释。我装作根本不再注意她的话,对着墙打乒乓球,把她气得够呛。不过我承认她聪明,承认她是世界上长得最好看的女的。她正给自己做一条蓝底白花的裙子。

二十岁,我的两条腿残废了。除去给人家画彩蛋,我想我还应该再干点别的事,先后改变了几次主意,最后想学写作。母亲那时已不年轻,为了我的腿,她头上开始有了白发。医院已经明确表示,我的病情目前没办法治。母亲的全副心思却还放在给我治病上,到处找大夫,打听偏方,花很多钱。她倒总能找来些稀奇古怪的药,让我吃,让我喝,或者是洗、敷、熏、灸。"别浪费时间啦!根本没用!"我说,我一心只想着写小说,仿佛那东西能把残废人救出困境。"再试一回，不试你怎么知道会没用？"她说，每一回都虔诚地抱着希望。然而对我的腿，有多少回希望就有多少回失望，最后一回，我的胯上被熏成烫伤。医院的大夫说，这实在太悬了，对于瘫痪病人。这差不多是要命的事。我倒没太害怕，心想死了也好，死了倒痛快。母亲惊惶了几个月，昼夜守着我，一换药就说："怎么会烫了呢？我还直留神呀！"幸亏伤口好起来，不然她非疯了不可。

后来她发现我在写小说。她跟我说："那就好好写吧。"我听出来，她对治好我的腿也终于绝望。"我年轻的时候也最喜欢文学，"她说，"跟你现在差不多大的时候，我也想过搞写作。""你小时候的作文不是得过第一？"她提醒我。我们都尽力把我的腿忘掉。她到处给我借书，顶着雨或冒了雪推我去看电影，像过去给我找大夫，打听偏方那样，抱了希望。

三十岁时，我的第一篇小说发表了。母亲却已不在人世，过了几年，我的另一篇小说又侥幸获奖，母亲已经离开我整整七年。

获奖之后，登门采访的记者就多，大家都好心好意，认为我不容易。但是我只准备了一套话，说来说去就觉得心烦。我摇着车躲出去，坐在小公园安静的树林里，想：上帝为什么早早地召母亲回去呢？迷迷糊糊的，我听见回答："她心里太苦了。上帝看她受不住了，就召她回去。"我的心得到一点安慰，睁开眼睛，看见风在树林里吹过。

我摇车离开那儿，在街上瞎逛，不想回家。

母亲去世后，我们搬了家。我很少再到母亲住过的那个小院儿去。小院儿在一个大院儿的尽里头，我偶尔摇车到大院儿去坐坐，但不愿意去那个小院儿，推说手摇车进去不方便。院儿里的老太太们还都把我当儿孙看，尤其想到我又没了母亲，但都不说，光扯些闲话，怪我不常去。我坐在院子当中，喝东家的茶，吃西家的瓜。有一年，人们终于又提到母亲："到小院儿去看看吧，你妈种的那棵合欢树今年开花了！"我心里一阵抖，还是推说手摇车进出太不易。大伙就不再说，忙扯些别的，说起我们原来住的房子里现在住了小两口，女的刚生了个儿子，孩子不哭不闹，光是瞪着眼睛看窗户上的树影儿。

我没料到那棵树还活着。那年，母亲到劳动局去给我找工作，回来时在路边挖了一棵刚出土的含羞草，以为是含羞草，种在花盆里长，竟是棵合欢树。母亲从来喜欢那些东西，但当时心思全在别处。第二年合欢树没有发芽，母亲叹息了一回，还不舍得扔掉，依然让它长在瓦盆里。第三年，合欢树却又长出叶子，而且茂盛了。母亲高兴了很多天，以为那是个好兆头，常去侍弄它，不敢再大意。又过一年，她把合欢树移出盆，栽在窗前的地上，有时念叨，不知道这种树几年才开花。再过一年，我们搬了家。悲痛弄得我们都把那棵小树忘记了。

与其在街上瞎逛，我想，不如就去看看那棵树吧。我也想再看看母亲住过的那间房。我老记着，那儿还有个刚来到世上的孩子，不哭不闹，瞪着眼睛看树影儿。是那棵合欢树的影子吗？小院儿里只有那棵树。

院儿里的老太太们还是那么欢迎我，东屋倒茶，西屋点烟，送到我跟前。大伙都不知道我获奖的事，也许知道，但不觉得那很重要；还是都问我的腿，问我是否有了正式工作。这回，想摇车进小院儿真是不能了，家家门前的小厨房都扩大，过道窄到一个人推自行车进出也要侧身。我问起那棵合欢树。大伙说，年年都开花，长到房高了。这么说，我再看不见它了。我要是求人背我去看，倒也不是不行。我挺后悔前两年没有自己摇车进去看看。

我摇着车在街上慢慢走，不急着回家。人有时候只想独自静静地待一会。悲伤也成享受。

有一天那个孩子长大了，会想到童年的事，会想起那些晃动的树影儿，会想起他自己的妈妈，他会跑去看看那棵树。但他不会知道那棵树是谁种的，是怎么种的。

（选自《我与地坛》）

设问：本文为什么没有写"我"再看母亲种下的合欢树，而是以对"那个孩子"未来的想象收束全文？请结合文本，简要分析。

【核心术语·审美距离】

审美距离指审美主体与审美客体间的远近关系，是审美活动的一项基本原则，最佳的审美效果就产生于适当的心理距离。心理距离是一种解释美感的概念，它意指美感的产生，是来自于观赏者主观感知与艺术品之间的心理距离。心理距离存在于人类生活的各个方面,从物质存在形式看,体现为时间距离和空间距离。本文末尾没有写自己回去看母亲种下的合欢树而是以对未来的想象收束全文,正是用文学手法拉长了时间距离以使读者获得美感的典型例子。

【核心术语·象征】

象征是文艺创作中的一种表现手法。指通过某一特定的具体的形象以表现与之相似或相近的概念、思想或感情。题目中提到的"那个孩子"就是象征的载体。

【备考答案】

①由"我偶尔摇车到大院儿去坐坐,但不愿意去那个小院儿,推说手摇车进去不方便"可知,"我"难以面对母亲离开后的空院子,恰恰是因为"我"对母亲的感情在母亲去世后愈发强烈,怕睹物思亲,难以承受这份伤痛。②"那个孩子",那个刚生的儿子,"孩子不哭不闹,光是瞪着眼睛看窗户上的树影儿",仿佛与这棵树心有灵犀。孩子是新生与希望的象征,是联系现在与未来的一个纽带,表达了一种对新生活的希望和向往。③从艺术效果上来看,创设主客体之间适当的距离,获得独特的"距离美"效应,使作者感情得到进一步的升华。

【素养提升】

这道题其实考查的是文段的赏析。作答此类题目,要按照以下层次赏析:①修辞和写作手法(象征、联想、想象、对比、衬托、渲染、抑扬、托物言志、借物喻人、先抑后扬、以小见大等)。②叙事方式:一看人称使用,二看记叙详略,三看记叙方法(顺叙、倒叙、插叙、补叙),四看描写(正面、侧面,环境、场面)。③表达方式:夹叙夹议、借景抒情、融情于事、间接抒情与直接抒情相结合等。

【景物描写】

一日的春光

冰心

去年冬末，我给一位远方的朋友写信，曾说："我要尽量的吞咽今年北平的春天。"

今年北平的春天来的特别的晚，而且在还不知春在哪里的时候，抬头忽见黄尘中绿叶成荫，柳絮乱飞，才晓得在厚厚的尘沙黄幕之后，春还未曾露面，已悄悄的远引了。

天下事都是如此——

去年冬天是特别的冷，也显得特别的长。每天夜里，灯下孤坐，听着扑窗怒号的朔风，小楼震动，觉得身上心里，都没有一丝暖气，一冬来，一切的快乐、活泼、力量、生命，似乎都冻得蜷伏在每一个细胞的深处。我无聊地慰安自己说，"等着罢，冬天来了，春天还能很远么？"

然而这狂风、大雪、冬天的行列，排得意外的长，似乎没有完尽的时候。有一天看见湖上冰软了，我的心顿然欢喜，说，"春天来了！"当天夜里，北风又卷起漫天匝地的黄沙，忿忿的扑着我的窗户，把我心中的春意，又吹得四散。有一天看见柳梢嫩黄了，那天的下午，又不住的下着不成雪的冷雨，黄昏时节，严冬的衣服，又披上了身。有一天看见院里的桃花开了，这天刚刚过午，从东南的天边，顷刻布满了惨暗的黄云，跟着干枝风动，这刚放蕊的春英，又都埋罩在漠漠的黄尘里……

九十天看看过尽——我不信了春天！

几位朋友说，"到大觉寺看杏花去罢。"虽然我的心中，始终未曾得到春的消息，却也跟着大家去了。到了管家岭，扑面的风尘里，几百棵杏树枝头，一望已尽是残花败蕊；转到大工，向阳的山谷之中，还有几株盛开的红杏，然而盛开中气力已尽，不是那满树浓红，花蕊相间的情态了。

我想，"春去了就去了罢！"归途中心里倒也坦然，这坦然中是三分悼惜，七分憎嫌，总之，我不信了春天。

四月三十日的下午，有位朋友约我到挂甲屯吴家花园去看海棠，"且喜天气晴明"——现在回想起来，那天是九十春光中唯一的春天——海棠花又是我所深爱的，就欣然的答应了。

东坡恨海棠无香，我却以为若是香得不妙，宁可无香。我的院里栽了几棵丁香和珍珠梅，夏天还有玉簪，秋天还有菊花，栽后都很后悔。因为这些花香，都使我头痛，不能折来养在屋里。所以有香的花中，我只爱兰花、桂花、香豆花和玫瑰，无香的花中，海棠要算我最喜欢的了。

海棠是浅浅的红，红得"乐而不淫"，淡淡的白，白得"哀而不伤"，又有满树的绿叶掩映着，秾纤适中，像一个天真、健美、欢悦的少女，同是造物者最得意的作品。

斜阳里，我正对着那几树繁花坐下。

春在眼前了！

<u>这四棵海棠在怀馨堂前，北边的那两棵较大，高出堂檐约五六尺。花后是响晴蔚蓝的天，淡淡的半圆的月，遥俯树梢。这四棵树上，有千千万万玲珑娇艳的花朵，乱烘烘的在繁枝上挤着开……</u>

看见过幼稚园放学没有？从小小的门里，挤着的跳出涌出使人眼花缭乱的一大群的快乐、活泼、力量和生命；这一大群跳着涌着的分散在极大的周围，在生的季候里做成了永远的春天！

那在海棠枝上卖力的春，使我当时有同样的感觉。

一春来对于春的憎嫌，这时都消失了，喜悦的仰首，眼前是烂漫的春、骄奢的春、光艳的春，——似乎春在九十日来无数的徘徊瞻顾，百就千拦，只为的是今日在此树枝头，快意恣情的一放！

看得恰到好处，便辞谢了主人回来。这春天吞咽得口有余香！过了三四天，又有友人来约同去，我却回绝了。今年到处寻春，总是太晚，我知道那时若去，已是"落红万点愁如海"，春来萧索如斯，大不必去惹那如海的愁绪。

虽然九十天中，只有一日的春光，而对于春天，似乎已得了报复，不再怨恨憎嫌了。只是满意之余，还觉得有些遗憾，如同小孩子打架后相寻，大家忍不住回嗔作喜,却又不肯即时言归于好,只背着脸,低着头,撅着嘴说,"早知道你又来哄我找我,当初又何必把我冰在那里呢?"

一九三六年五月八日夜,北平

(有删改)

设问:文章第十四段(画横线)的景物描写有何作用,请简要赏析。

【核心术语·景物描写】

写景的记叙文虽然不以写景为目的,但景必须写好,这样才能使文中的情有所依托,才能为抒情、说理打好基础。景物描写,指对自然环境和社会环境中的风景以及物体的描写。景物描写主要是为了显示人物活动的环境,使读者身临其境。文学描写的主要对象是人,包括人的生活情景、人的思想感情。物,包括景物、器物、建筑物等,这些统称为景物。所以文学描写的对象,其实就是两个方面:人物与景物。

【备考答案】

①"这四棵树上,有千千万万玲珑娇艳的花朵,乱烘烘的在繁枝上挤着开……"这段景物描写运用拟人手法,生动地描绘了海棠花的茂盛,传达出作者所感受到的快乐、活泼、力量和生命,流露出欣喜之情;②引出下文幼稚园放学时孩子们涌出校门的联想,与下文"在海棠枝上卖力的春"形成呼应。

【素养提升】

作答景物描写题目需注意的五个关键点:

1. 找准形象:自然山水、人工场景、风俗民情、特定物件等。

2. 抓住外在:形、声、色、味等方面。

3. 概括内在:品格、神韵、气质等。

4. 理清思路:①写景散文描写景物的顺序或观察点角度的变化有时间顺序、移步换景、由总到分、由面到点、由物到人、由实到虚等。②咏物散文通常由物及人,由物的功用、特点写起,再与人联系起来,最终是为了借物喻人、托物言志,表达自己的审美旨趣或者人生追求与境界。

5. 答题方法:首先概括出景物描写的特点等,然后分析其与下文的关系,最后分析其与文章主旨的关系。

【文化精神】

2019 北京卷

北京的"大"与"深"

以外地人前后居京近二十年，感触最深的，是北京的大。每次出差回来，无论出北京站奔长安街，还是乘车过机场路，都会顿觉呼吸顺畅。"顺畅"本应是空间印象，却由复杂的文化感受做了底子。日本鹤见祐辅有一篇《北京的魅力》，其中说，若是旅行者于"看过雄浑的都市和皇城之后"，去"凝视那生息于此的几百万北京人的生活与感情"，会由中国人的生活之中，发现"日本人所难以企及的'大'和'深'在"。

外国观光客如何感觉北京姑置不论，来自人口稠密的江南城镇而又略具历史知识的本国旅游者，他们所感到的北京的大，多少应当由元明清三代帝都的那种皇城气象而来。初进北京，你会觉得马路广场无不大，甚至感到过于空阔，大而无当，大得近于浪费。由天安门下穿过故宫，则像是走过了极长的一段历史。于是你又由"大"中感到了"深"。

久住北京，已习惯于其阔大，所感的大，也渐渐地偏于"内在"。似乎是汪曾祺吧，于香港街头见老人提鸟笼，竟有点儿神思恍惚，因这种情景像是只宜在北京见到。无论世事有怎样的变幻，护城河边，元大都的土城一带，大小公园里，以至闹市区马路边人行道上，都会有老人提着鸟笼悠悠然而过，并无寂寞之色，倒是常有自得其乐的安详宁静。老派北京人即以这安详宁静的神情风度，与北京的"大"和谐。

大，即能包容。也因大，无所损益，也就不在细小处计较。北京的大，北京人的大气，多少应缘于此的吧。跻身学界，对于北京城中学界这一角的大，更有会心。北京学界的大，也不只因了能作大题目、大文章，发大议论，凭借"中心"的优势而着眼处大，人才荟萃而气象阔大，更因其富于包容，较之别处更能接纳后进。哲学家任继愈写北大的"大"，引蔡元培语"大学者，囊括大典，网罗众家之学府也"，说"北大的'大'，不是校舍恢宏，而是学术气度广大"。北大的大，也因北京的大。当年蔡元培先生的治校原则，或许最能代表北京的一种文化精神。

　　至于其"深"，天然的是一种内在境界，非具备相应的知识并有体会时的细心，即不能领略。天下的帝都，大致都在形胜之地。龚自珍写京畿一带的形势，说"畿辅千山互长雄，太行一臂怒趋东"，还说"太行一脉走蜿蜒，莽莽畿西虎气蹲"。见惯了大山巨岭，会以为如北京西山者不便名"山"，但这一带山却给京城气象平添了森严。居住城中，瓦舍明窗，但见"西山有时渺然隔云汉外，有时苍然堕几榻前"。于薄暮时分，华灯初上，独立苍茫，遥望远山，是不能不有世事沧桑之感的。即使你无意于作悠远之想，走在马路上，时见飞檐雕梁的楼宇、红漆金钉的大门，也会不期然地想到古城所拥有的历史纵深。

　　直到此时，你还未走进胡同，看那些个精致的四合院和拥塞不堪的大小杂院。胡同人家是北京文化的保存者。四合院是一种人生境界，有形呈现的人生境界，生动地展示着北京市民的安分、平和，彼此间的有限依存和有节制的呼应。老舍《四世同堂》中的英国人表述其对中国式家庭关系层次的印象："在这奇怪的一家子里，似乎每个人都忠于他的时代，同时又不激烈的拒绝别人的时代，他们把不同的时代糅到了一块，像用许多味药糅成的一个药丸似的。他们都顺从着历史，同时又似乎抗拒着历史。他们各有各的文化，而又彼此宽容，彼此体谅，他们都往前走又像都往后退。"这种关系结构，推而广之即至街坊、邻里。"四世同堂"是胡同里老辈人的理想，包含其中的"和合"也被用以构造胡同秩序。厚积于北京的胡同、四合院中的文化，是理解、描述中国历史的重要材料。不但故宫、天安门，而且那些幸运地保存下来的每一座普通民居，都是实物历史，是凝结于砖石的历史文化。你在没有走进这些胡同人家之前，关于北京文化的理解，是不便言深的。

　　就这样，你漫步于北京街头，在胡同深处谛听了市声，因融和的人情、亲切的人语而有"如归"之感。或许你有时会为古城景观的破坏而慨叹不已，但仍能发现古城犹在的活力。

　　北京是与时俱进的。这古城毕竟不是一个大古董，专为了供外人的鉴赏。

即使胡同人家又何尝一味宁静——燕赵毕竟是慷慨悲歌之地!

  旧时的文人偏爱这古城的黄昏,以为北京最宜这样的一种情调。士大夫气十足的现代文人还偏爱北京的冬天,郁达夫的《北平的四季》认为"北方生活的伟大幽闲,也只有在冬季,使人感受得最彻底",这自然多半因了士大夫的"有闲"。今天的人们,或许更乐于享用生气勃勃激情涌动的北京之春。他们也会醉心于金秋十月:北方天地之高旷,空气的净爽,于一声浏亮①的鸽哨中尤令人感得真切。北京是总让人有所期待的,她也总不负期待,因而你不妨一来再来。写到这里,发现自己早已是一副东道主的口吻。我有时的确将北京视同乡土了。静夜中,倾听着这大城重浊有力的呼吸,我一再地想到明天,破晓后的那个日子:那个日子将给人们带来些什么?

(节选自赵园的同名散文)

  设问 1:作者为什么说"你在没有走进这些胡同人家之前,关于北京文化的理解,是不便言深的"?请结合上下文具体说明。

  【备考答案】

  ①北京文化不但保存在故宫等皇城的物质遗存上,而且保存在胡同中的普通民居里。②在作者看来,北京文化的"深"更多地体现在胡同人家。这种北京文化以安分、平和的市民阶层为代表,体现为"彼此宽容,彼此体谅"的家庭伦理关系及在此基础上形成的和谐的社会秩序。③走进胡同深处,接触鲜活的日常生活,更能感受到古城犹在的活力。

  设问 2:作者久居北京,对北京文化既有亲切的感性体验,又有学者自觉的理性思考。作者从提笼架鸟的老人、窗外的西山、浏亮的鸽哨声等生活细节感知这座城市的文化精神。试借助这种由表及里的感知方式,来谈谈你对自己所生活的周边世界(如城镇、社区、学校、家庭等)的认识与思考。

  【备考答案】答案略。

  【核心术语·文化精神】

  文化是一种社会现象,同时又是一种历史现象,是人类社会与历史的积

---

① 浏亮:明朗清晰。

淀物。确切地说，文化是凝结在物质之中又游离于物质之外的，能够被传承和传播的国家或民族的思维方式、价值观念、生活方式、行为规范、艺术文化、科学技术等。

【素养提升】

作答地域文化特点类的题目，要由生活细节入手，由表及里，从感性体验上升到理性思考，找到具体生活中反映出的理念、风俗、准则等。一般按下列几个层次思考并加以概括：

①物态文化层：具体实在的事物，如衣、食、住、行。

②制度文化层：人类在社会实践中建立的规范自身行为和调节相互关系的准则。

③行为文化层：人际交往中约定俗成的礼俗、民俗、习惯和风俗。

④心态文化层：人们的社会心理和社会的意识形态，包括人们的价值观念、审美情趣、思维方式以及由此而产生的文学艺术作品。这是文化的核心，也是文化的精华部分。

第五章

小轶老师陪伴阅读

　　小轶老师已经讲解完高考文学类文本阅读中所能涉及到的术语和答题思路，下面请同学们沉下心来，跟随老师的步伐深入、全面地阅读几篇文本，在阅读的过程中，一定要注意结合之前所讲的内容，学以致用，融会贯通。当然，老师只能在这本书里引领同学们读为数不多的几篇文章，同学们不能仅仅满足于此，要始终保持求知若渴的状态，在读完本书后，尽量多练习，多运用，取得真正的突破与提升。

第一节　小说部分

【真题深度解读】

2020 全国Ⅰ卷

越野滑雪

[美]海明威

缆车又颠了一下，停了。【这个开头截取巧妙，一个短句，圈定了人物活动的环境】尼克正在行李车厢里给滑雪板上蜡，把靴尖塞进滑雪板上的铁夹，牢牢扣上夹子。他从车厢边缘跳下，落脚在硬邦邦的冰壳上，来一个弹跳旋转，蹲下身子，把滑雪杖拖在背后，一溜烟滑下山坡。

乔治在下面的雪坡上一落一起，再一落就不见了人影。【简洁明快，不加修饰的动作描写】尼克顺着陡起陡伏的山坡滑下去时，那股冲势加上猛然下滑的劲儿把他弄得浑然忘却一切，只觉得身子里有一股飞翔、下坠的奇妙感。他挺起身，稍稍来个上滑姿势，一下子又往下滑，往下滑，冲下最后一个陡峭的长坡，越滑越快，越滑越快，雪坡似乎在他脚下消失了。身子下蹲得几乎倒坐在滑雪板上，尽量把重心放低，只见飞雪犹如沙暴【画面感十足】，他知道速度太快了。但他稳住了。随即一搭被风刮进坑里的软雪把他绊倒，滑雪板一阵磕磕绊绊，他接连翻了几个筋斗，然后停住，两腿交叉，滑雪板朝天翘起，鼻子和耳朵里满是雪。【酣畅淋漓，人与雪融为一体】

乔治站在坡下稍远的地方，正噼噼啪啪地拍掉风衣上的雪。

"你的姿势真美妙，尼克，"他大声叫道，【发现了吧，前面那一段描写尼克滑雪的片段来自乔治的视角】"那搭烂糟糟的雪真该死。把我也绊了一跤。"

"在峡谷滑雪什么滋味儿？"尼克挣扎着站起来。

"你得靠左滑。因为谷底有堵栅栏，所以飞速冲下去后得来个大旋身。"

"等一会儿我们一起去滑。"

"不,你先去。我想看你滑下峡谷。"

尼克赶过乔治,他的滑雪板开始有点儿打滑,随后一下子猛冲下去。他坚持靠左边滑,末了,在冲向栅栏时,紧紧并拢双膝,像拧紧螺旋似的旋转身子【精彩的比喻】,把滑雪板向右来个急转弯,扬起滚滚白雪,然后慢慢减速,跟铁丝栅栏平行地站住了。【激动人心的定格却叙述得十分冷静】【尼克采纳了乔治的滑雪技巧】

他抬头看看山上。乔治正屈起双膝滑下山来;两支滑雪杖像虫子的细腿那样荡着,杖尖触到地面,掀起阵阵白雪,最后,他一腿下跪、一腿拖随,整个身子来个漂亮的右转弯,蹲着滑行,双腿一前一后,飞快移动,身子探出,防止旋转,两支滑雪杖像两个光点,把弧线衬托得更加突出,一切都笼罩在漫天飞舞的白雪中。【这一段是尼克观看乔治滑雪,描述得非常生动,作者如果不热爱滑雪,估计描摹不出如此真切的画面。读到这里很多同学一定慌了,说好的情节呢?怎么尽是大段的描写?】

尼克用滑雪板把铁丝栅栏最高一股铁丝压下,乔治纵身越过去。他们沿路屈膝滑行,进入一片松林。路面结着光亮的冰层,被拖运原木的马儿拉的犁弄脏了,染得一搭橙红,一搭烟黄。【环境色彩变得复杂起来】两人一直沿着路边那片雪地滑行。大路陡然往下倾斜通往小河,然后笔直上坡。他们透过林子,看得见一座饱经风吹雨打【老】、屋檐较低的长形的房子。走近了,看出窗框漆成绿色。油漆在剥落【旧】。【橙红、烟黄、油漆的破旧绿色,此段环境描写与前文滑雪时的场景形成鲜明对比】

他们把滑雪板竖靠在客栈墙上,把靴子蹬蹬干净才走进去。【细节真实,记住这里,后文会有对比】

客栈里黑咕隆咚的。有只大瓷火炉在屋角亮着火光。天花板很低。屋内两边那些酒渍斑斑的暗黑色桌子后面摆着光溜溜的长椅。两个瑞士人坐在炉边,喝着小杯浑浊的新酒。【酒馆昏暗而压抑】尼克和乔治在炉子另一边靠墙坐下。一个围着蓝围裙的姑娘走过来。【小说的环境氛围发生了变化,情节也会有突转吗?】

"来瓶西昂酒,"尼克说,"行不行?"

"行啊，"乔治说，"你对酒比我内行。"

姑娘走出去了。【姑娘走过来又走出去】

"没一项玩意儿真正比得上滑雪，对吧？"尼克说，"你滑了老长一段路，头一回歇下来的时候就会有这么个感觉。"

"嘿，"乔治说，"真是妙不可言。"

姑娘拿进酒来又出去了，他们听见她在隔壁房里唱歌。【姑娘进来又出去】

门开了，一帮子从大路那头来的伐木工人走进来，在屋里把靴子上的雪跺掉【回看上文，尼克和乔治是在屋外"把靴子蹬蹬干净才走进去"】，身上直冒水汽。女招待给这帮人送来了三公升新酒，【这帮工人是这里的常客】他们分坐两桌，光抽烟，不作声，脱了帽，有的背靠着墙，有的趴在桌上。屋外，拉运木雪橇的马儿偶尔一仰脖子，铃铛就清脆地叮当作响。【本段开头作者就在强调两名滑雪者与这帮工人的不同之处。他们享受雪后的余兴，不急着喝酒，听着酒吧姑娘的歌声，与伐木工人们工作后的疲惫懒散形成鲜明对比。这段暗合的对比是作者有意而为之，目的何在呢？】

乔治和尼克都高高兴兴的。他们两人很合得来。他们知道回去还有一段路程可滑呢。【这段话有点儿突兀，看似多余……】

"你几时得回学校去？"尼克问。

"今晚，"乔治回答，"我得赶十点四十的车。"

"真希望你能留下，我们明天上百合花峰去滑雪。"

"我得上学啊，"乔治说，"哎呀，尼克，难道你不希望我们能就这么在一起闲逛吗？带上滑雪板，乘上火车，到一个地方滑个痛快，滑好上路，找客栈投宿，再一直越过奥伯兰山脉，直奔瓦莱州，穿过恩加丁谷地。"【这是一种内心的期待与呼唤，听起来让人觉得像在吟诗一般】

"对，就这样穿过黑森林区。哎呀，都是好地方啊。"

"就是你今年夏天钓鱼的地方吧？"

"是啊。"

他们喝干了剩酒。

尼克双肘撑在桌上，乔治往墙上颓然一靠。【疲惫、乏力中透露着深深的

无奈】

"也许我们再也没机会滑雪了，尼克。"乔治说。

"我们一定得滑，"尼克说，"否则就没意思了。"【生活就没意思了】

"我们要去滑，没错。"乔治说。【其实是同意某种生活状态】

"我们一定得滑。"尼克附和说。【再次强调】

"希望我们能就此说定了。"乔治说。【"希望就此说定"和"就此说定"差别很大，其实两人知道未来再次一同滑雪的可能性不大】

尼克站起身。他把风衣扣紧。他拿起靠墙放着的两支滑雪杖。【画面重现】

"说定了可一点儿也靠不住。"他说。

他们开了门，走出去。天气很冷。【天气没有变，是人的心冷了】雪结得硬邦邦的。大路一直爬上山坡通到松林里。【二人想到以后很有可能没机会滑雪，内心充满颓丧、郁闷、惘然。这种感伤与屋外的寒冷一直通向两人内心深处……怎么全文就结束了？情节的开端、发展、高潮、结局呢？这是要表达什么主题？各位同学，其实主题就在情绪和语意未尽的字里行间】

我相信，当你读到海明威的这篇《越野滑雪》的时候，脑子里面可能会出现一阵雾霾。考题说海明威的"冰山理论"将文学作品和冰山进行了类比，他说冰山在海平面上移动得很庄严，是因为它只有八分之一露在水面上。专家是这么评价这篇小说的："长于对滑雪的精彩内容和主人公细微心理的描写，试题也由此出发，引导学生突破传统思维，对作品进行深层次的感悟。"

知人论世，在感悟作品之前我们先来认识一下海明威。海明威的父亲是名内科医生，酷爱户外活动，要求孩子们讲究实际，不喜欢他们沉思、幻想。在父亲的熏陶下，海明威从小就养成了对钓鱼、打猎和自然生活的热爱。他早期的许多作品中就有以大自然为创作背景的短篇小说。

海明威当年是以精通叙事艺术获得的诺贝尔文学奖，他的小说往往只截取故事的一个时间段或时间点，即删掉小说中一切可有可无的东西，以集中反映重大的主题或历史事件。这个技巧体现在语言上就是海明威的"电报式对白"。

"我就怕大转身,"乔治说,"雪太深了。你做的姿势真美妙。"

"咱们再来一瓶好吗?"尼克问。

"我不喝了。"乔治说。

他们坐在那儿,尼克双肘撑在桌上,乔治往墙上颓然一靠。

"海伦快生孩子了吧?"乔治说,身子离开墙凑到桌上。

"是啊。"

"几时?"

"明年夏末。"

"你高兴吗?"

"是啊。眼前。"

"你打算回美国去吗?"

"八成要回去吧。"

"你想要回去吗?"

"不。"

"海伦呢?"

"不。"

乔治默默坐着。他瞧瞧空酒瓶和空酒杯。

"真要命不是?"他说。

"不。还说不上。"尼克说。

"为什么?"

"我不知道。"尼克说。

"你们今后在美国要一块儿滑雪吗?"乔治说。

"我不知道。"尼克说。

"山不多。"乔治说。

"不,"尼克说,"岩石太多。树木也太多,而且都太远。"

"是啊,"乔治说,"加利福尼亚就是这样。"

"是啊,"尼克说,"我到过的地方处处都这样。"

……

第五章 小轶老师陪伴阅读

"也许咱们再也没机会滑雪了,尼克。"乔治说。

"咱们一定得滑,"尼克说,"要是不能滑就没意义了。"

"咱们要去滑,没错儿。"乔治说。

"咱们一定得滑。"尼克附和说。

"希望咱们能就此说定了。"乔治说。

以上和高考选文有出入,原文对话中并不是乔治要回去上学,而是尼克的妻子临产而要回去照料,高考选文中没有提及,但整体上并不影响文章的主题。电报有字数限制,不能说太多的内容,也不能有过多的修饰,通过这种"电报式对白",我们可以明显感觉到对话双方的意识流动。

我们来看一下考题:在喝完酒离开客栈前有一段一再相约的情节,请结合上下文分析对话者的心理。从对话中我们可以看出:首先,两个人都喜欢滑雪,并一再相约,分别的时候又再次相约,但是由于生活所迫滑不了了。尼克的妻子怀孕了,而他还挺高兴的。作为男人肯定要抛弃自己生活中的一些兴趣和爱好,为家庭投入得更多一些,承担家庭责任,所以滑雪这个愿望确实是难以实现的。把这样一种矛盾放到现实生活中来理解,比如吴小轶老师有孩子前很喜欢唱歌,自从有了女儿就没有办法天天邀约朋友们一起去唱歌,也不能周末背着一个包四处游走。这都是身为母亲和妻子的自觉。有了新的角色和家庭责任后,可能要舍弃某些个体需求。在小说中,两位热爱滑雪的男士依依不舍,约定下次要一起滑雪。但回到现实,他们心里深知相聚是遥遥无期的,于是产生了怅惘又无奈的情绪。

咱们也可以借鉴一下电视剧《隐秘的角落》里这段让人毛骨悚然的对话。"不要钱?""不要钱。""为什么?""相信别人是要付出代价的。"张东升这番话其实是在试探张朝阳的底线。对话中暗含着说话双方不为人知的恐惧与审慎。这种技巧体现在"冰山"风格的描写上就如海明威曾说过的,如果有作家对他想写的东西心里有数,那么他可以省略所知道的东西,只要作者写得真实,读者就会强烈地感受到省略的那一部分,好像作者已经写出来似的。伏尔泰也有一句名言,他说形容词是名词的敌人。意思是什么呢?就是形容词多了反而遮蔽了事物。

还有一种说法认为海明威这种写作方式叫"零度写作",就是说作家不带主观经验来写作,只是客观反映事件本身。来看看《老人与海》中的老人是如何来杀鱼的:"他使出全身的力气,用糊着鲜血的双手,把一只好鱼叉向它扎去。他扎它,并不抱着希望,但是带着决心和十足的恶意。鲨鱼翻了个身,老人看出它眼睛里已经没有生气了,跟着,它又翻了个身,自行缠上了两道绳子。老人知道这鲨鱼快死了,但它还是不肯认输。它这时肚皮朝上,尾巴扑打着,两颚嘎吱作响,像一艘快艇划破水面。海水被它的尾巴拍打起一片白色浪花,它的四分之三的身体露出水面,这时绳子绷紧了,抖了一下,'啪'地断了。鲨鱼在水面上静静地躺了片刻,老人紧盯着它,然后它慢慢地沉下去了"。

没有对比就无法凸显特色,我们拿中国传统的小说写法与之相比,你就能明白什么是"零度写作了"。比如《水浒传》里是这么写武松打虎的:这时,武松双手抡起哨棒,向大虫劈去,没打着大虫,哨棒却断成两截。大虫又扑过来,两只前爪搭在武松面前。武松丢掉哨棒,两只手就势揪住大虫的顶花皮,把它按在地上,那只大虫想要挣扎,武松用脚往大虫的面门上、眼睛上乱踢。大虫不住地扒身子下面的泥,扒出了一个土坑。武松就势把大虫按下坑去,用左手揪住大虫的顶花皮,空出右手,抡起拳头,使尽平生气力猛打,打得那只大虫眼里、口里、鼻子里、耳朵里,都迸出鲜血来,不能动弹。武松放了手,找回哨棒,又打了一气,直到把大虫打死。

将老人杀鱼同武松打虎做个比较。比较什么呢?比较中西小说的不同写法。西方是二元对立思维,他们写景的做法和我们的融情入景全然不同,他们是静静地站在外边观看,而我们是深入其中。武松打虎生动得多,让人如临其境,作者时刻描写武松的心情,并且是白描式的写法,驱动着读者同武松一样与老虎以死相拼。而海明威却不动声色地写老人的动作与表现,力求"客观"。西方是写实主义的,而中国是情景交融的。

我们再来看《越野滑雪》里是如何进行描写的:"乔治正屈起双膝滑下山来;两支滑雪杖像虫子的细腿那样荡着,杖尖触到地面,掀起阵阵白雪,最后，他一腿下跪、一腿拖随，整个身子来个漂亮的右转弯绕了过来，蹲着滑行，双腿一前一后，飞快移动，身子探出，防止旋转，两支滑雪杖像两个光点，把弧线衬托得更加突出，一切都笼罩在漫天飞舞的白雪中。"

两个男人，在异国他乡结伴滑雪，聊人生百味，聊未来光景。滑雪无疑是让他们兴奋的，可来自现实生活的琐碎让他们感到无措、无助亦无力。所以文章中弱化了对滑雪本身快感的描述，却把兴奋之后的低靡突出得尤为明显。

海明威觉得好书都有共同点：它们比实际可能发生的生活更加真实，在你读完以后，你会产生这样一种感觉，觉得书中的一切都是你亲身经历的事，从此以后，这一切——好事和坏事、狂喜、悔恨和忧伤、人物和地点以及天气情况都属于你了。因为所有的内容都是你自己脑补的。这样的阅读确实能让读者更沉浸其中。

再比如《隐秘的角落》里朱爸和朱朝阳在冷饮店吃甜水，结果一番聊天儿后，画面切换到桌面上，观众发现竟然一直有一只苍蝇粘在朱朝阳碗里的甜品上——好恶心。一般情况下，小孩子早跳起来要求换一碗了，面对父亲，朱朝阳是有多隐忍，多无奈？剧里面的留白不露痕迹地隐藏了太多内容。

关于《越野滑雪》，考完试后很多考生吐槽说，哪怕作者在世都无法读懂。我在这里引德国学者伽达默尔的观点给大家解释一个原理。"文本一旦产生，作者就死了。"一万个读者心里有一万个哈姆雷特，答案思路是出题人给的，可以说是个游戏规则，你要遵守。考生、作者、出题人三者，对文章有不同的理解，但我们考试的时候只会考三者的交集，小众的角度尽量靠后写或不写。

海明威说很多作家都只有一本好书，他教儿子读长篇小说时不用太在意那些难记的名字，而是要"看怎么写人物的内心，情节怎么组织"；读短篇小说，比如莫泊桑和契诃夫的作品，"不要去分析，而是悠悠闲闲地读"。注重审美，用心阅读，在理解作品的过程中体会文学的妙义。

【真题全面解读】

2020 浙江卷

雪

[苏]康斯坦丁·帕乌斯托夫斯基

彼得洛芙娜搬来一个月后，波塔波夫老人就去世了。这座房子里就剩下彼得洛芙娜和她的女儿瓦丽娅。

这座只有三个房间的小屋坐落在山上，小屋后面是一座凋零的花园。

离婚后的彼得洛芙娜离开莫斯科以后，在很长一段时间里都不习惯这座空旷的小城。可是回莫斯科已经不可能了。她在这座小城的军医院找了事做，受伤的心也就暂时安定下来了。

渐渐地，她有点儿喜欢上这座小城了，喜欢上了这小城冬日里洁白、温柔的雪。她渐渐习惯了小屋里摆放着的那架走了调的钢琴，习惯了挂在墙上的那些业已发黄的照片。

她知道老人有一个儿子，如今正在黑海舰队上服役。桌上有一张他的照片。有时，她会拿起他的照片，端详一番，她总是隐约觉得似乎见过他，可是，是在哪里呢？是什么时候的事呢？

水兵那双安详的眼睛仿佛在问："喂，怎么样？难道您真的想不起来，我们是在哪里相会的吗？"

冬天到来之后，陆续有写给波塔波夫老头儿的信寄来。彼得洛芙娜把这些信都叠放在书桌上。有一天夜里，她醒了过来。窗外的白雪发出昏暗的光亮。她点燃桌上的蜡烛，小心地抽出一封信，拆开了信封，环顾了片刻，便读了起来。

"亲爱的老爷子，"她念道，"我从战场上下来，已经在医院里躺了一个月了。伤不是很重。总的来说，伤快要养好啦。"

"爸爸，我常常想起你，"她接着念下去，"我也常常想起我们家这座小屋，但这些离我似乎都非常遥远。我只要一闭上眼睛，立刻就会看到：我好像正在

第五章 小轶老师陪伴阅读

推开小门，走进花园。这是在冬天，白雪皑皑，可是通向那座旧亭子的小径被清扫得干干净净，钢琴当然已经修好啦，你把那些螺旋状的蜡烛插在了烛台上。钢琴上摆着的还是那些曲谱：《黑桃皇后》序曲和抒情曲《为了遥远的祖国的海岸……》。门上的铃还响吗？我走的时候还是没来得及把这修好。我难道还能再见到这一切吗？我明白，我在保卫的不仅是整个国家，也在保卫这个国家里的每一个角落，包括我们家的花园小屋。

"我出院后，会有一个很短的时间回家探亲。我还不能确定。不过最好别等。"

她思忖，或许就在这两天内，这个陌生人就会从前线回来。

一大早，彼得洛芙娜就吩咐瓦丽娅拿起木铲去清理通向山坡上那座亭子的小径。这座亭子已经非常破旧了。彼得洛芙娜修理好了门铃，她按了按门铃，门铃响了起来，声音很大。她显得格外精神，面色绯红，说话嗓门特别大。她从城里请来了一位老技师，他修好了钢琴，说这确是一架好钢琴。

老技师走了之后，彼得洛芙娜小心翼翼地从抽屉翻找出一包粗粗的螺旋状蜡烛。她把蜡烛插到了钢琴架上的烛台上。晚上，她点燃蜡烛，坐到钢琴前，顿时，整个房子都充满了音乐声。

还在火车上，波塔波夫中尉就算好了，留给他待在父亲那儿的时间不超过一昼夜。火车是下午到达小城的。就在车站，中尉从认识的站长那儿了解到，父亲已经在一个月前去世了，如今在这座屋里住着的是一个带着女儿从莫斯科来的陌生的女歌唱家。站长建议中尉就别回家去了。

中尉沉默了一会儿，说了声"谢谢"，便走了出去。站长看着他的背影，摇了摇头。

<u>穿过小城，一片暮霭中，波塔波夫终于走到了房子跟前。小心翼翼地打开小门，可是小门还是咯吱地响了一声。花园仿佛抖动了一下。树枝上有雪花簌簌飘落，沙沙作响。他环视四周。雪地里，一条已打扫干净的小径通向旧亭子，他不知不觉地走到了亭子里，把手放在年代已久的栏杆上。远方，森林的尽头，天空雾蒙蒙一片，呈现出粉红色的霞光，大概是月亮在云层后面慢慢升起的缘故。</u>

"怎么会是这样？"波塔波夫一脸茫然，轻声地自言自语道。

不知是谁小心翼翼地拍了拍波塔波夫的肩膀。他回过头去。在他身后站着一位年轻的女人。"进屋吧，别在这儿站着。"女人轻轻说。波塔波夫一言不发。女人拽着他的袖口，沿着打扫干净的小径走向小木屋。快到台阶的时候，波塔波夫停了下来，感到喉咙里一阵痉挛，几乎喘不上气来。女人还是那样轻柔地说道："没关系。请您别拘束。很快就会过去的。"

他进了屋子。整个晚上波塔波夫都无法消除一种奇怪的幻觉，仿佛他处在一种飘然的、影影绰绰的，但却十分真实可靠的梦境中。钢琴、蜡烛……屋子里的一切都如他当初想看见的一样。

彼得洛芙娜坐到钢琴前，小心翼翼地弹奏了几曲，转过身，对波塔波夫说："我觉得我好像在哪儿见过您。"

"也许吧，"波塔波夫答道，"不过，想不起来啦。"

几天之后，彼得洛芙娜收到了波塔波夫写来的信。

"我当然记得我们是在哪里相逢的，"波塔波夫写道，"可是我不想在家里对您说。您还记得1927年在利瓦季亚吗？在一条小道上，我只看了您一眼，您的倩影就永远刻在了我脑海里。当我看着您的背影远逝，我就知道，您是会让我的一生发生改变的人。可我当时不知为什么就是没有追上去。在这条小道上，我只看了您一眼，就永远失去了您。不过，生活看来对我还是很宽厚的，让我又遇上了您。如果能有一个美满的结局，如果您需要我的生命，那它当然是属于您的。"

彼得洛芙娜放下手中的信，两眼蒙眬地望着窗外那白雪皑皑的花园，低声说道：

"天呐，我从来没有去过利瓦季亚！从来没有！可是，现在这还有什么意义吗？该不该让他知道这一点呢？或者干脆欺骗一下我自己吧！"

她捂住自己的双眼，笑了起来。

1943年（有删改）

【核心术语·场景】

场景相当于场面。场景描写是场面描写（社会环境）和风景描写的结合，是小说中最小的构成因素。它是以人物为中心的环境描写，一般由人物、事件和环境组成。它是某一段时间内社会生活的横截面，小说就是由一个接一个的"面"构成的。场景的基本功能有：给全篇定调、营造意境与渲染气氛、导引人物出场、揭示人物性格、作为象征等。在这篇文章中，白雪多次出现，成为人物活动的背景，带给人诗意、圣洁、温暖的感受。如果没有它做背景，文章的美感便会减少很多。

设问1：赏析文中画线部分的语言特点。

【备考答案】

①使用叠词、拟声词。如用"簌簌""沙沙"等摹写环境，衬托人物心理。如描写屋外景色时，文中写到，"树枝上有雪花簌簌飘落，沙沙作响"，用"簌簌""沙沙"等摹写环境，衬托人物波塔波夫在父亲去世后回到家中的矛盾心理。

②语言具有暗示性（或具有象征色彩）。如"天空雾蒙蒙一片，呈现出粉红色的霞光，大概是月亮在云层后面慢慢升起的缘故"，通过描写月亮升起，描写霞光为"粉红色"，暗示（或象征）波塔波夫内心重燃希望。

③语言具有诗化风格。如通过"花园仿佛抖动了一下"的拟人化描写，表现波塔波夫内心的情感波澜，情景交融，充满诗意；另外，整个画线部分出现了很多细腻的景物描写，如"树枝上有雪花簌簌飘落，沙沙作响""雪地里，一条已打扫干净的小径通向旧亭子""远方，森林的尽头，天空雾蒙蒙一片，呈现出粉红色的霞光"等，通过雪地、旧亭子、天空、霞光等的描写，把景色描写得诗情画意，从而更好地表现波塔波夫复杂的心境。

【素养提升】

语言表达艺术，一般可从以下几点入手：一看修辞，没有修辞看生动的词（动词、形容词、叠词、拟声词）；再看句式长短、整散；最后看手法、表达方式以及文章语言的整体风格。

设问2：简析彼得洛芙娜这一人物形象。

【备考答案】

①体贴别人、善解人意。当她从信中得知男主人公的期待之后，彼得洛芙娜决定帮他实现愿望，"一大早，彼得洛芙娜就吩咐瓦丽娅拿起木铲去清理通向山坡上那座亭子的小径""彼得洛芙娜修理好了门铃""她从城里请来了一位老技师，他修好了钢琴"，这些都能说明彼得洛芙娜是一个心地善良、体贴别人、善解人意的人。

②多情、浪漫。比如，修好门铃后，她对即将回来的男主人公充满了期待，兴奋得面色绯红；她还小心翼翼地从抽屉里找到蜡烛，把蜡烛插到钢琴架上的烛台上；她坐到钢琴前，小心翼翼地为波塔波夫弹奏了几曲，这些说明彼得洛芙娜是一个多情而浪漫的人。

③热爱生活、积极拥抱生活的新变化。离婚后移居小城的她，由以前的抱怨变为"她有点儿喜欢上这座小城了，喜欢上了这小城冬日里洁白、温柔的雪"，说明她积极拥抱生活的新变化。她和波塔波夫素不相识，却精心为他准备好一切，见到不敢进屋的波塔波夫，主动拉他进屋，并为他弹奏钢琴，说明彼得洛芙娜是一个热爱生活、积极主动的人。

【素养提升】

概括人物形象的原则：由外而内，由一般到特殊。首先根据人物的肖像、语言、动作、心理、神态等描写分析出人物的职业、年龄、社会地位。其次，进一步通过分析人物行为，概括出基本性格。最后，着重分析文章中的特别事件，找出作者的观点态度并结合全篇，概括出人物在典型事件中突出呈现的性格特质以及精神品质。

设问3：作者用了哪些手法使小说结构紧凑？

【备考答案】

①情节前后照应。小说开头以悬念的方式提到女主人公觉得和对方似曾相识，结尾进行呼应。②利用书信来加快小说的叙述节奏。通过书信，将男女主人公的心灵迅速拉近。③利用景物进行前后勾连。雪、钢琴、蜡烛等景物反复出现并前后勾连、照应。④场景相对集中。通过压缩空间的方式，将

场景集中到波塔波夫老人的花园、小屋。

【素养提升】

本题考查学生把握小说情节手法的能力。"情节手法"指能使小说情节连贯、脉络清晰、结构紧凑的各种艺术技巧，具体包含情节叙述手法和情节结构手法。情节叙述手法指作者叙述故事的技巧，包含叙述方式和叙述人称；情节结构手法指作者在安排开端、发展、高潮、结局过程中运用的线索串联、悬念设置、前后伏笔照应等技巧。

①情节前后照应。小说开头以悬念的方式提到女主人公彼得洛芙娜觉得和波塔波夫中尉似曾相识，"端详一番，她总是隐约觉得似乎见过他"，结尾以波塔波夫中尉给彼得洛芙娜的信进行呼应，说出自己与彼得洛芙娜在利瓦季亚的偶遇及念念不忘，虽然小说已经交代彼得洛芙娜并未与他在利瓦季亚偶遇，但是文章以两个人彼此的似曾相识来前后照应，使文章结构非常紧凑。②利用书信来加快小说的叙述节奏。通过书信，彼得洛芙娜知道了波塔波夫中尉的期待，也知道了他对"自己"的情缘，所以，文章通过书信的方式将男女主人公的心灵迅速拉近。③利用景物进行前后勾连。雪、钢琴、蜡烛等景物反复出现并前后勾连、照应，比如文章前面写"小屋里摆放着的那架走了调的钢琴"，但女主人公彼得洛芙娜在波塔波夫中尉信中看到"钢琴当然已经修好啦，你把那些螺旋状的蜡烛插在了烛台上，钢琴上摆着的还是那些曲谱"这些话时，她"从城里请来了一位老技师，他修好了钢琴，说这确是一架好钢琴"，最后她为波塔波夫中尉"小心翼翼地弹奏了几曲"，钢琴的反复出现使小说结构非常紧凑。④场景相对集中。通过压缩空间的方式，将场景集中到波塔波夫老人的花园、小屋。一方面彼得洛芙娜在小屋中看到的信件、照片、钢琴等，以及波塔波夫中尉在信中提到的旧亭子、钢琴、蜡烛、曲谱等物件都集中在花园和小屋；另外，两人见面也是先从花园开始，然后到小屋，相对比较集中，这样小说结构也比较紧凑。

设问4：钢琴的修复在作品中有哪些寓意？试加以分析。

【备考答案】

①心理创伤的修复。受伤的心灵就像小说中那架走了调的钢琴，钢琴的

修复寓有人们的心理创伤得到修复并重新奏响心灵的美好乐章之意。②爱情的修复。战争背景下被冲淡的爱情乐章重新奏响。③战后家园与生活的重建。战后家园重建与美好生活的乐章重新奏响。

【素养提升】

本题考查学生理解重要词语含意的能力。理解词语的含意，必须透过词语的表面义体味其深刻的内涵：理解词语的比喻义就要就要搞清其比喻的对象，即寻找它的本体；理解词语的象征义，就要寻找词语的象征对象。当然，理解词语的含意还必须联系词语的具体语境，结合作者观点、文章主题，从所在的句、段、上下文中去找对应的阐释。

理解钢琴的修复在作品中的寓意，首先要在小说中找到钢琴出现的语段。钢琴在文中多次出现，比如最初是女主人公彼得洛芙娜眼中看到的，说她"渐渐习惯了小屋里摆放着的那架走了调的钢琴"；然后波塔波夫中尉的信中也提到了，"钢琴当然已经修好啦，你把那些螺旋状的蜡烛插在了烛台上"；女主人公彼得洛芙娜在波塔波夫中尉的信中看到这些话时，文中写她"从城里请来了一位老技师，他修好了钢琴，说这确是一架好钢琴"；最后她为波塔波夫中尉"小心翼翼地弹奏了几曲"。仔细阅读这些语段，不难发现，在这篇小说中，钢琴的修复有以下几点寓意：①寓意着心理创伤的修复。女主人公彼得洛芙娜最初是"在很长一段时间里都不习惯这座空旷的小城"的，她回不了莫斯科，受伤的心灵就像小说中那架走了调的钢琴；男主人公波塔波夫中尉去参加战斗，但是父亲却在家中去世了，这让他渴望回家的心情受到伤害，但是回到家中后他发现家中如他心中所想的那样温馨，所以，小说中钢琴的修复寓有人们的心理创伤得到修复并重新奏响心灵的美好乐章之意。②爱情的修复。女主人公彼得洛芙娜离婚了，带着女儿瓦丽娅孤零零地生活在坐落在山上的小屋中，她看到波塔波夫中尉的信后，改变了自己，修复了钢琴，战争背景下被冲淡的爱情乐章重新奏响。③战后家园与生活的重建。小说描写的背景发生在战争年代，波塔波夫中尉在战争中不忘写信，想象家中钢琴已被修复，彼得洛芙娜在战争年代流落他乡时请人修复"那架走了调的钢琴"，并"小心翼翼地弹奏了几曲"，这些都表明战后家园重建与美好生活的乐章重新奏响。

【素养拓展阅读】

丈夫支出账单中的一页

[美]马克·吐温

招聘女打字员的广告费……（支出金额）

提前一星期预付给女打字员的薪水……（支出金额）

购买送给女打字员的花束……（支出金额）

同她共进的一顿晚餐……（支出金额）

给夫人买衣服……（支出金额）

给岳母买大衣……（支出金额）

招聘中年女打字员的广告费……（支出金额）

在这篇小说中，账单上的明细像冰山一样露出水面，海平面之下的部分才是故事的详细内容，需要读者凭借露出来的部分，通过想象来填补完整的情节。小说里的人物有丈夫、妻子、女打字员、岳母以及即将招聘的中年女打字员。我们从最后招聘中年女打字员这一点，可以推出先前的女打字员因为与雇主约会而被辞退了，一场风波归于平静。这些内容作者并没写出来，是读者"脑补"出来的。能串联起如此完整的情节，可见海平面以上的部分有着巨大的力量，它暗隐并牵拉着下面的内容。

英伽登在《文学的艺术作品》中从理论角度谈论了这个问题。他说，每一部文学作品在原则上都是未完成的，是一个各种未定点以及尚需对无数未定点予以充分确定的图示化结构。这里的"未定点"就是留白，我们的国画里也有这种手法。比如齐白石画虾，并未着意画下一滴水，却让人感觉整个画面水波晃动。水这个介质，需要读者去想象，依靠想象来完成具体化的过程。

空白有几种类型：第一种是文本产生的道德冲突让作家难以决断，他不想做出道德判断，所以对不知该如何叙述的部分保持缄默，这是一种不得已而为之的空白，在文学创作中我们把它叫作"未知结构"。而第二种空白是语言的高度浓缩，用较少的语言表达较多的意义。第三种是在叙事中把事件的某些部分故意隐藏起来，这样给读者的直观阅读感受就是中断了两段情节之间的联系，这是一种有意而为之的空白。

这篇小说篇幅极其短小，方寸之间也能铸造完整的情节宇宙。这些似乎各自独立的内容在艺术构思中巧妙地组合在一起，能够让读者自行填补其间的空白，这种心理效应就是一种美感。

在阅读文学作品的时候我们要养成这样的审美习惯，按德国接受美学学派代表伊瑟尔的话来讲就是需要观看者将自己的人生经验和审美经验以及情感和思想融进作品，对艺术作品进行主动的加工、补充和创造。在这个过程中，观看者调动自己的经验和想象，对作品中有意无意存在的不确定性和空白进行填补，在脑中构建出经过自己加工后的作品情景、事件和人物形象。

康斯坦丁·帕乌斯托夫斯基在他的《金蔷薇》中说："每一分钟，每一个在无意中说出来的字眼，每一个无心的流盼，每一个深刻的或者戏谑的想法，人的心脏的每一次觉察不到的搏动，一如杨树的飞絮或者夜间映在水洼中的星光——无不都是一粒粒金粉。"在我心里，这是写作最美好的姿态。我们通过凝视文字，在相互对望中感受作者从心间流淌出来的点点光亮，我们的心与眼合而为一，我们的思绪在阅读的每一分钟里流动飞舞，每穿过一次文字的河流，思绪都会在对岸蓄积力量，最终流向奔腾的大海，获得心灵的力量。这，便是阅读最美好的姿态吧。

首先，阅读是一件极其美妙的事。

其次，才是考试。

如果你能够察觉它的美好，你会发现考分的获得本是自然而然的事。

第二节　散文部分

【真题深度解读】

2020 新高考 I 卷

<h3 style="text-align:center">建水①记（之四）</h3>

于坚

　　看哪，这原始之城，依然像它被创造出来之际，藏【拟人化】在一座朱红色的、宫殿般的城楼后面，"明洪武二十年建城。砌以砖石，周围六里，高二丈七尺。为门四，东迎晖，西清远，南阜安，北永贞"（《建水县志》）。【悠悠古意，奠定文章的基调】如果在城外20世纪初建造的临安车站下车，经过太史巷、东井、洗马塘、小桂湖……沿着迎晖路向西，来到迎晖门，穿过拱形的门洞进城，依然有一种由外到内，从低到高，登堂入室，从蛮荒到文明的仪式感，似乎"仁者人也"是从此刻开始。【通过游踪的变化巧妙地将古城的结构布局向读者交代清楚，并总结出人人心中有但笔下无的"仪式感"】

　　高高在上的是朝阳、白云、鸟群、落日、明月、星宿，而不是摩天大楼【态度倾向隐约地表达出来】。一圈高大厚实的城墙环绕着它，在城门外看不出高低深浅。一旦进入城门，扑面而来【把建筑写活了】的就是飞檐斗拱、飞阁流丹、钩心斗角、楼台亭阁、酒旌食馆、朱门闾巷……主道两旁遍布商店、酒肆、庙宇、旅馆……【古城建筑如在眼前】风尘仆仆者一阵松弛，终于卸载了，可以下棋玩牌了，可以喝口老酒了，可以饮茶了，可以闲逛了，可以玩物丧志了，可以一掷千金了，可以浅斟低唱了，可以秉烛夜游了……【"可以"一词反复出现形成排比，忙碌的城市人来到古镇，终于能卸下压力，放缓步伐，享受生活的乐趣】忽然瞥见"小楼一夜听春雨，深巷明朝卖杏花"那类女子——建水的卖花女与江南的不尽相同，这边的女性身体上洋溢着一种积极性，结

---

① 建水，县名。在云南省，旧称临安。

实、健康、天真——正挑着一担子火红欲燃的石榴，笑呵呵地在青石铺成的街中央飘着呢。【"飘"字体现出轻盈感，同时与前文提到的"松弛"相呼应，与风尘仆仆来到古城的城市人形成对比，作者带着有情的眼看这里的一草一木、一屋一人，因古城氛围的影响而身心放松，融入其中】不免精神为之一振，先去买几个来解渴。【作者被女子身上洋溢的热情、乐观开朗的个性、积极健康的心态打动】

街面上，步行者斜穿横过，大摇大摆，扶老携幼，走在正中间，俨然是这个城的君王。满大街的雕梁画栋、摊贩食廊、耄耋之辈……令司机们缩头缩脑，不敢再风驰电掣。【指建水司机们的从容与谦让，体现出尊老爱幼的文明风尚】城门不远处就是有口皆碑的临安饭店，开业都快七十年了，就像《水浒传》里描写过的那种，铺面当街敞开，食客满堂，喝汤的喝汤，端饭的端饭，动筷子的动筷子，晃勺子的晃勺子，干酒的干酒，嚼筋的嚼筋，吆五喝六，拈三挑四，叫人望一眼就口水暗涌，肚子不饿也忍不住抬腿跨进去。拖个条凳坐下，来一盘烧卖！这家烧麦的做法是明代传下来的，肥油和面，馅儿是肉皮和肉糜，大锅猛蒸，熟透后装盘，每盘十个，五角一个。再来一土杯苞谷酒，几口灌下去，夹起一枚，蘸些建水土产的甜醋，送入口中，油糜轻溢，爽到时，会以为自己是条梁山泊好汉。【老临安饭店食客满堂。民以食为天，写饮食，就是写建水城独具特色的地方风物及其历史传承；写饮食，就是写人的日常生活和城的烟火气息。这是文章所要表现的建水古城的城市品格、建水城的繁华富庶】

临安饭店后面，穿过几条巷子走上十分钟，就是龙井菜市场，那郑屠、张屠、李屠、赵屠……正在案上忙着呢。如果是七月的话，在某个胡同里走着，忽然会闻见蘑菇之香，环顾却是老墙。墙头上挂着一窝大黄梨。哪来的蘑菇耶？【设悬念，墙头上的大黄梨，一句白描看似简单却呼应了时节，想象作者环顾四周努力寻味的神情也颇有几分"寻香暗问"的痴迷与诙谐】走，找去。必能在某家小馆的厨房里找到。叫作干巴菌，正亮闪闪的，在锅子中央冒油呢。这临安大街两边，巷子一条接一条流水般淌开去。在电子地图上，这些密密麻麻的小巷是大片空白，电子地图很不耐烦，只是标出一些大单位的地点和最宽的几条街，抹去了建水城的大量细节，给人的印象，似乎建水城是个荒凉的不毛之地。其实这个城毛细血管密集，据统计，建水城3.3平方公里的范围内有30多条街巷，550多处已经被列为具有保护价值的文物性建筑。这是很粗疏的统计。【数据是冰冷的、高度概括的，后文的列举是形象而具体的】许多普通人家雕梁画栋的宅子、无名无姓的巷道并不在内。在巷子里面，四合院、水井、老树、门神、香炉、杂货铺、红糖、胡椒、土纸、灶房、明堂、照壁、石榴、苹果、桂花、兰草、绵纸窗、凉粉、米线、青头菌、炊烟、祖母、媳妇、婴孩、善男信女、市井之徒、酒囊饭袋、闲云野鹤、翩翩少年、三姑六婆、环肥燕瘦、虎背熊腰、花容月貌、明眸皓齿、慈眉善目、鹤发童颜……此起彼伏，鳞次栉比。【电子地图的"不耐烦"引出作者翻江倒海般的列举。建水的巷子丰富生动、不胜枚举，只有通过实地游走方可感知】

　　在这个城里，有个家的人真是有福啊。【直接表达对建水生活的热爱】他们还能够像四百年前的祖先们那样安居乐业。不必操心左邻右舍的德行，都是世交啦。【后文，镜头追踪到一个寻常的路人身上】有一位绕过曲曲弯弯的小巷，提着在龙井市场买来的水淋淋的草芽（一种建水特有的水生植物，可食，滚油翻炒数秒起锅，甜脆）、莴笋、茄子、青椒、豆腐、毛豆、肉糜、茭瓜……一路上寻思着要怎么搭配，偶尔向世居于此的邻居熟人搭讪，彼此请安，磨磨蹭蹭到得某个装饰着斗拱飞檐门头的大门前（两只找错了窝的燕子拍翅逃去），咯吱咯吱地推开安装着铜质狮头门环的双开核桃木大门，抬脚跨过门槛，绕过照壁，经过几秒钟的黑暗，忽然光明大放，回到了曾祖父建造的花香鸟语、阳光灿烂的天井，从供销社退休已经三十年的祖母正躺在一把支在天井中央的红木躺椅上，借着一棵百年香樟树的荫庇眯眯睡睡呢。【寻常燕子，寻常人家。推开了老宅的大门，也推开了建水古城的历史陈迹，更推开了作者心中对古城浓得化不开的诗意之门。普通人家一代代的平凡生活里蕴含着生生不息的文化传承。文章既有对历史的回味，也有对现实的客观描写，穿插了大量的议论和抒情，双线并行，移步换景。作者在时空的双线变换中游走思索，载着深厚的人文情怀，通过那些极其丰富的、绵密入微而又鲜活生动的细节，描绘出一幅流动的诗意栖居图，凸显了建水的城市品格】

（有删改）

20世纪90年代后期，在全国城市化狂飙突进的背景中，村庄灭绝的趋势迅速而不可抗拒。冯骥才说："古村哀鸣，我闻其声。巨木将倾，谁还其生？快快救之，我呼谁应！"

建水也曾展开局部的老城拆迁。于坚对城市现代化进程中传统文化的流失十分敏感。对于建水，于坚更有着一份痴迷。于坚怒斥拆迁行为，最终在各界努力之下，一个相对完好的建水被保护了下来。《建水记》是于坚在2018年出版的散文作品。书中，于坚化身建水精神文化的代言人，深情地书写这个小城的乡愁，述说着一座古城的前世今生。这是一本关于古典生活、建筑、手艺的沉思录，是于坚追问何为"诗意地栖居"之作。

谈到《建水记》，于坚表示："我想与时间、历史对话。我这本书，写的不是墓志铭，不是旅游宣传广告，我希望告诉读者我们到底失掉了什么。现在建水古城的生活方式正好是中国人向往和寻找美好生活的借鉴。"阅读古城，阅读一种生活方式。通过作者的眼睛，我们在古城四处游走，涤荡心灵，感受作品字里行间蕴含的情怀与呐喊。

曾在朋友的茶馆和于坚老师小聚，他送我们每人一副对联，并将此事定性为"文化扶贫"。我那副对联的横批是"修辞立诚"。饶宗颐教授在著作中是这么解释的："修辞"属于"美"，"诚"则包括了"真"和"善"，有"真"和"善"才有"美"之可言，有"真"和"善"然后可以"立诚"。"立诚"是"修辞"的出发点，也是"修辞"的最终归宿。

于坚曾说："作为文体，诗、散文都是平等的，文章为天地立心，心就是诗意。生活即诗。指出诗意所在，乃语言之必要。一切写作的价值都在于：修辞立其诚。"那么我们就来分析一下，作者是如何在《建水记》里体现这份生活诗意的。

首先，一起来梳理文章的意脉。

之前说过，能让散文成为散文的特性并不是抒发真情实感，而是在行文中将情感注入意象，就像水渠贯通一样，在水的走势中，我们可以看清文章意脉。散文中有些内容看似无心，但却有意，要循着脉络领会文章意蕴。

单独孤立的意象不足以表现情感特征，所以意象往往以群落的形式出现，

"东迎晖，西清远，南阜安，北永贞"四个古城大门的名字直接映入眼帘，我们的视线也随几个大门的名字绕了一圈儿。接着是抬头之后的一笔虚写：朝阳、白云、鸟群、落日、明月、星宿。白天很难看到明月、星星，我们发现作者写这些虚虚实实的意象是为了让情感动起来，将情感注入意象群落之中。接下来是一笔最重要的转折：而不是摩天大楼。这个细节暗藏着作者的态度，如果你读出来了，你就找到了文章的意脉。作者要表达的无外乎是对现代城市化进程中传统文化消逝的担忧甚至是反抗，这种反抗并没有直接写出来。作者的眼里浸润了情感态度，在观察描摹古城时看似不经意，其实每一笔都在表达自己对古老生活方式的怀念以及对人类诗意栖居的向往。这种间接的笔法在文中还有多处：写卖花女的健康结实，不直接写外貌，转而去写她们担子上挑着的"火红欲燃的石榴"；写电子地图不能穷尽建水城的细节，转而汪洋恣肆地罗列这古城的美好事物（四合院、水井、老树、门神、香炉、杂货铺）。归纳之后我们发现，作者喜爱的，引起他驻足观赏、用心聆听、细嗅乃至寻觅的，全都是些古老的、有传承的、有历史的、有烟火气的事物。最后，作者将目光锁定到一个在建水城生活的普通人身上，这随机的跟踪更能显现建水普通老百姓的生活常态。既然是常态，就非旅游景区的作秀，也不是综艺节目里有意设计出的山水田园农家生活，这样写更令人信服、向往。

  关于意脉，我们再举两个例子。比如孟浩然的《春晓》从一开始的"春眠不觉晓"，处处花开鸟鸣，到"夜来风雨声"，感叹"花落知多少"。在初春到来的喜悦中叹落花风雨，增添几分伤春的意味，在意脉变化中呈现诗人矛盾复杂的心绪，这一转折缔造了一首千古经典。再如朱自清的散文《荷塘月色》里也有一段非常明显的意脉转折：

  "荷塘的四面，远远近近，高高低低都是树，而杨柳最多。这些树将一片荷塘重重围住；只在小路一旁，漏着几段空隙，像是特为月光留下的。树色一例是阴阴的，乍看像一团烟雾；但杨柳的丰姿，便在烟雾里也辨得出。

  树梢上隐隐约约的是一带远山，只有些大意罢了。树缝里也漏着一两点路灯光，没精打采的，是渴睡人的眼。这时候最热闹的，要数树上的蝉声与水里的蛙声；但热闹是它们的，我什么也没有。"

"但热闹是它们的，我什么也没有"，夏天的荷塘固然美好，但是这些蝉声与蛙声和没精打采的困倦的眼矛盾又统一，含蓄而又委婉地抒发了作者不满现实、渴望自由、想超脱于现实又不得的复杂的思想感情。正是那一刹真实的感受，令作者拿起笔将淡淡的哀愁与喜悦倾注在了这片荷塘月色上。解读一篇含蓄蕴藉的文章，往往意脉转折处是机关之所在。

主旨又是如何显现出来的？

散文像窗户，透过它，人们可以看见更多能引起沉思和遐想的事物，具体能引发什么沉思，这和作者给你开启的那扇窗有着极为密切的关系。我去过建水古城，其实它也有现代化的建筑，只不过在这篇文章里被作者淡化了，所以接下来，我们谈谈这篇文章的选材和剪裁。

《建水记》里的细节都具有较丰富的内涵，往往以简约的笔墨描绘出一幅幅意味深长的生活图景。篇幅不长，内容也并不复杂，却将读者引向时代的深处，我们看到整个古城的生命脉络和文化记忆，使我们看到传统文化投射在生活上的那种无往而不在的氛围，使我们获得比文字本身更为丰富的生活教益。为了表现氛围和主题，作者运用大量笔墨描写了建水城临安饭店中食客满堂的场面——"铺面当街敞开，食客满堂，喝汤的喝汤，端饭的端饭，动筷子的动筷子，晃勺子的晃勺子，干酒的干酒，嚼筋的嚼筋，吆五喝六，拈三挑四"，以此表现建水城独具特色的地方风物；文章进一步写了烧卖的做法——"肥油和面，馅儿是肉皮和肉糜，大锅猛蒸"，并且说"这家烧麦的做法是明代传下来的"，以此表现建水城的饮食传承。此外，后文还重点写了小巷中蘑菇（干巴菌）的香气和小巷里的人提着蔬菜行走，并对蔬菜进行了铺陈，"草芽、莴笋、茄子、青椒、豆腐、毛豆、肉糜、茭瓜"，一一细数，突出表现建水老百姓充满烟火气的日常生活，以时间的延续为线索，将建水同时置于历史文化传承与当下的日常生活中来写，表现这座古城经久不衰的生命活力，这也是文章所要表现的建水古城的城市品格。

有了内容，还要看作者的行文安排，结构处理好了，文章的主旨才能显现出来。作者的情感态度呈现在简洁的行文框架里——本文以空间的转换为行文结构，展开对建水的描写。第一段首先从城外的临安车站开始描写建水城，然后依次写进入城门后、走到街面的上、遍布商店、酒肆、庙宇、旅馆的主道两旁。再写临安饭店后面的龙井菜市场……从开始时城外的临安车站到最后的百姓院落，看似随心行走，实际却是作者精心安排的。

高尔基说，让思想饱和在生活之中。于坚这篇散文把生活中的寻常片段写得汪洋恣肆、个性十足，用苏轼的话说即是"如行云流水，初无定质，但常行于所当行，常止于所不可不止，文理自然，姿态横生。"

【真题全面解读】

2020 北京卷

从音乐和美术认识生命

沈从文

我有一点习惯，从小时养成，即对音乐和美术的爱好。从四五岁起始，这两种东西和生命发展，即完全密切吻合。

初有记忆时，记住黄昏来临一个小乡镇戍卒屯丁的鼓角，在紫煜煜入夜光景中，奏得又悲壮，又凄凉。春天的早晨，睡梦迷糊里，照例可听到高据屋脊和竹园中竹梢百舌、画眉鸟自得其乐的歌呼。此外河边的水车声，天明以前的杀猪声，田中秧鸡、笼中竹鸡、塘中田鸡……以及通常办喜事丧事的乐曲，求神还愿的乐舞，田野山路上的唢呐独奏——一切在自然中与人生中存在的有情感的声音，陆续镶嵌在成长的生命中每一部分。这个发展影响到成熟的生命，是直觉的容易接受伟大优美乐曲的暗示或启发。

到都市中来已三十年，在许多问题上，工作方式、生活取舍上，头脑都似乎永远有点格格不入，老是闹别扭。即勉强求适应，终见得顽固呆钝，难于适应，意识中有"承认"与"否定"两种力量永远在争持，显得混乱而无章次。唯有音乐能征服我，驯柔我。一个有生命有性格的乐章在我耳边流注，逐渐浸入脑中襞褶深处时，生命仿佛就有了定向，充满悲哀与善良情感，而表示完全皈依。

音乐对我的说教，比任何经典教义更具效果。也许我所理解的并不是音乐，只是从乐曲节度中条理出"人的本性"。一切好音乐都能把我引带走向过去，走向未来，而认识当前，乐意于将全生命为当前平凡人生卑微哀乐而服务。笔在手上工作已二十六年，总似乎为一种召唤而永远向前，任何挫折均无从阻止，从风声、水声、鸟声中，都可以得到这种鼓励与激发。从隔船隔壁他人家常絮语与小小龃龉中，也同样能够得到。即身边耳边一切静沉沉的，只要生命中有这些回音来复，来自多年以前的远方，我好像也即刻得到一线微光，一点热，于是继续摸索而前。

社会给我的教育太多了，一切由都市文明形成的强制观念，总在迷乱我，压迫我。只有一件事给我生命以力量和信心回复，即具启发性的音乐。对于生命的欢欣，死亡的肯定，一个伟大作曲者必然能理解，并理解到这种生命皈依的庄肃，把它当成创造的动力。音乐教育我，实在比任何文字书本意义都重大得多。

我爱美术有相似而不同情形。认识我自己生命，是从音乐而来；认识其他生命，实由美术而起。就记忆所及，最先启发我教育我的，是黄蜂和蟢子在门户墙壁间的结窠。工作辛勤结构完整处，使我体会到微小生命的忠诚和巧智。其次看到鸟雀的作窠伏雏，花草在风雨阳光中的长成和新陈代谢，也美丽也严肃的生和死。举凡动植潜跃，生命虽极端渺小，都有它的完整自足性。再其次看到小银匠捶制银锁银鱼，一面因事流泪，一面用小钢模敲击花纹。看到小木匠和小媳妇作手艺，我发现了工作成果以外工作者的情绪或紧贴，或游离。并明白一件艺术品的制作，除劳动外还有个更多方面的相互依存关系。而尤其重要的，是这些小市民层生产并供给一个较大市民层的工艺美术，色泽与形体，原料及目的，作用和音乐一样，是逐渐浸入寂寞生命中，娱乐我并教育我，和我生命发展严密契合分不开的。

我对于美术的理解，明显即比普通美术理论大不相同，也容易和一般鉴赏家兴致异趣。加上十年流亡转徙生活教育，自然景物与人生万象，复轮流浸润于生命中。个人生命在这种错综繁复人生中发育长成，即缺少美术史的严格训练，爱好与理解，自然和普通人已经大不相同。和音乐关系二而一，我能从多方面对于一件美术品发生兴味。有一点还想特别提出，即爱好的不仅仅是美术，还更爱那个产生动人作品的性格的心，一种真正"人"的素朴的心。

到都市来，工艺美术扩大了我的眼界。不仅对制作过程充满兴味，对制作者一颗心，如何融会于作品中，他的勤劳、愿望、热情，以及一点切于实际的打算，全收入我的心胸。一切美术品都包含了那个作者生活挣扎形式，以及心智的尺衡，我理解的也就细而深。

在小小作品中，作者注入崇高的理想，浓厚的感情，安排得恰到好处时，即一块顽石，一把线，一片淡墨，一些竹头木屑的拼合，也见出生命洋溢。这点创造的心，就正是民族品德优美伟大的另一面。

（取材于沈从文《关于西南漆器及其他》）

设问1：下列对文章的理解与赏析，不正确的一项是（　　）。

A. 作者自幼年起的各种声音记忆，使其日后从直觉上更加容易理解伟大优美的乐曲。

B. 以小银匠、小木匠、小媳妇为例，文章意在说明制作者在制作过程中需全神贯注。

C. 作者多年流亡转徙，积累了错综繁复的人生经验，其审美眼光不同于普通人。

D. 作者充分调动感官来捕捉平凡生活之美，并借助生动的细节使之重现于纸上。

【核心术语·审美视角】

审美视角是创作主体对生活的属于自己的艺术发现，是作家的主体意识和审美意象的艺术外化。作品的个性特色、艺术光彩和深度，常常和作家选择的审美视角有密切的关系。

【备考答案】

B项，"意在说明制作者在制作过程中需全神贯注"错。结合原文"再其次看到小银匠捶制银锁银鱼，一面因事流泪，一面用小钢模敲击花纹。看到小木匠和小媳妇作手艺,我发现了工作成果以外工作者的情绪或紧贴,或游离。由此明白一件艺术品的制作,除劳动外还有个更多方面的相互依存关系",可知举这些人的例子意在说明艺术品的制作除劳动外还有很多东西,比如人的情绪。

设问2:作者理解的音乐和美术分别包含哪些内容?请概括说明。

【核心术语·生命形态】

第一生命形态是现实存在的,具有具体、直观、有机物理形态的生命形态,是所有物种所共有的直观表现生命形态,对人类而言,也就是我们的肉体。第二生命形态是物种智慧和生存文明表现的支持者和创建者,也可以称之为"智慧生命形态"。第一生命形态是智慧的外壳,或称为躯体,第二生命形态是智慧的核心。(参考:顾宏翔《富母之路》)

【核心术语·民间工艺美术】

我国的民间传统工艺美术是历代劳动人民为适应生活需要和审美情趣的要求,就地取材,以手工生产为主而创作制成的工艺美术品,最生动地反映了中华民族优秀文化的特征。我国民间传统工艺美术品的品种繁多,如木雕、竹编、草编、蜡染、泥塑、剪纸、民间玩具、工艺铸件等。(郭爽《中国民俗文化丛书》)

【备考答案】

①作者理解的音乐包含:自然之声、日常生活之声、作曲家谱写的乐曲。对音乐含意的理解,结合第二段"春天的早晨,睡梦迷糊里,照例可听到高据屋脊和竹园中竹梢百舌、画眉鸟自得其乐的歌呼……一切在自然中与人生中存在的有情感的声音,陆续镶嵌在成长的生命中每一部分",可见作者理解的音乐包含"自然之声";再结合第四段中"从风声、水声、鸟声中,都可以得到这种鼓励与激发。从隔船隔壁他人家常絮语与小小龃龉中,也同样能够得到",可见作者理解的音乐还包含"日常生活之声";最后结合第五段"一件事给我生命以力量和信心回复,即具启发性的音乐。对于生命的欢欣,死亡的肯定,一个伟大作曲者必然能理解,并理解到这种生命皈依的庄肃,把它当成创造的动力",可见作者理解的音乐还包括"作曲家谱写的乐曲"。

②作者理解的美术包含：动植物的生命形态、民间工艺美术、都市工艺美术。结合第六段"就记忆所及，最先启发我教育我的，是黄蜂和蟢子在门户墙壁间的结窠。……举凡动植潜跃，生命虽极端渺小，都有它的完整自足性"可知作者对美术的理解包括动植物的生命形态；再结合第六段"再其次看到小银匠捶制银锁银鱼，一面因事流泪，一面用小钢模敲击花纹。……而尤其重要的，是这些小市民层生产并供给一个较大市民层的工艺美术，色泽与形体，原料及目的，作用和音乐一样，是逐渐浸入寂寞生命中，娱乐我并教育我，和我生命发展严密契合分不开的"，可见作者理解的美术还包括民间工艺美术；最后结合第八段"到都市来，工艺美术扩大了我的眼界。……我理解的也就细而深。"可见作者理解的美术也包括都市工艺美术。

设问3：音乐和美术对作者的成长及认识生命起到了什么作用？

【核心术语·成长】

成长一般指长大成人，也泛指事物走向成熟、摆脱稚嫩的过程。简而言之，就是自身不断变得成熟稳重的一个变化过程。

【备考答案】

①成长：自幼年起，音乐和美术丰富了作者的生命体验，和他的成长密不可分，起到了教育作用；进入都市后，音乐帮助他调和工作、生活中的种种矛盾及内心冲突；音乐作为一种向上、向善的力量，给他生命以方向感、归宿感；在他困顿时，音乐给他的生命以力量和信心回复。②认识生命：作者从音乐中认识自己的生命，从美术中认识其他的生命；美术使作者体会到微小生命的完整自足性；理解工艺美术中包含的制作者的素朴的心。

【素养提升】

本题问音乐和美术对作者的成长及认识生命起到了什么作用，首先要理解什么是成长，成长包括哪些内涵，哪些内容属于对生命的认识。界定好"成长"和"认识生命"这两个关键词以后，只要逐段筛选出体现作者成长和对生命认识的句子并加以概括就可以了。一般可以分为两种情况处理：

①用自己的话概括。比如成长方面的作用，结合"一切在自然中与人生中存在的有情感的声音，陆续镶嵌在成长的生命中每一部分。这个发展影响

到成熟的生命,是直觉的容易接受伟大优美乐曲的暗示或启发"可概括出,自幼年起,音乐和美术丰富了作者的生命体验,给予他启发,起到教育作用;结合"唯有音乐能征服我,驯柔我。一个有生命有性格的乐章在我耳边流注,逐渐浸入脑中襞褶深处时,生命仿佛就有了定向,充满悲哀与善良情感,而表示完全皈依"可概括出,进入都市后,音乐帮助作者调和工作、生活中的种种矛盾及内心冲突,让他内心变得更加稳重而柔和。作答这类题目,如果能够在原文中找到作者的议论就用原句,如果没有就自己概括,概括时一定要注意词语的选用,比如"教育作用"在原文里并未提及,我们通过"暗示或启发"可以概括出这其实是音乐的教育作用之所在。

②直接概括。比如在认识生命方面,我们就可以通过文章中作者表达观点的句子直接概括出答题要点:"认识我自己生命,是从音乐而来;认识其他生命,实由美术而起",美术使作者体会到"微小生命的完整自足性"理解工艺美术中包含的"制作者的素朴的心"。

【素养拓展阅读】

窗外一本芭蕉

刘新昌

立夏刚过,雨水便多了起来。

昨天清晨,晨光熹微,微风拂面,忽然想去乡下访友,于是驱车前往。本来只想小坐片刻就走,无奈俩人谈兴太浓,遂搬来一桌两椅,置于朋友家门前的大石榴树下,烹茶煮酒,谈天说地,好不快活。欢快的语言你来我往,就如头顶正在盛开的石榴花,噼里啪啦,忽然这个枝头炸开一朵,忽然那个枝头炸开一朵,绽放的全是红艳艳、香喷喷的开心往事。

石榴树前一口小池塘,池塘边青草如茵,如潮蛙鼓隐于草丛之中;池塘里水清见底,各色游鱼戏于睡莲之下。池塘的不远处,还有两棵枇杷树,绿叶丛中,透着点点金黄。

当时庆幸，真是天好、景好、人好、心情好。可没想到，中午时分，忽然下起了雨，稀里哗啦，动静还不小，我俩淋成了落汤鸡，只得撤到屋内。

朋友住的房子是座老宅子，白墙灰瓦木轩窗，亭台轩榭长回廊，颇有苏州园林的味道。庭院中，栀子含苞待放，修竹疏影横斜，蔷薇争芳吐艳，墙角一丛芭蕉，满枝满树，透着莹莹碧绿，过雨生凉。

我和朋友来到书房，正好芭蕉叶从轩窗外斜溢过来，我看见窗外雨打蕉叶，摇曳婆娑，滴答有声。忽然觉得，它就像个犹抱琵琶半遮面的古代女子，探出半个温柔的头来，静静地打量着这个世界，静静地面对着世间的风雨，不悲戚，不念叨，那么寂静含蓄，那么静气安然，静静地生，静静地活，静静地在俗世的烟火里，固守着那份绿意盎然，如此坚韧豁达地度过一生，是何等的不易。

莫名想起《聊斋志异》里那个叫"翩翩"的仙女，是她用芭蕉叶缝制成锦衣给沦为乞丐的罗一浮穿，是她用温暖的爱将浪荡公子罗一浮感化。可罗公子最后还是要走，她心痛、她落泪，但她还是用树叶剪了匹驴子送他回家，这样静气纯善的女子，在仙界也没有几个吧。

朋友见我发呆，笑着问，想什么呢？

我尴尬地笑笑，思绪收了回来。抬头看见墙上挂着一幅画，是老树画作的影印件，画里，一位少女面对着窗外的芭蕉，手抚云鬓，倚靠在藤椅上，不悲不喜。老树的画作里，很少画女人，大部分人物形象都是一个无脸长衫男。老树的题诗颇有韵味："无事才好自处，有情怎能寂寥。案头几枝新竹，窗外一本芭蕉。"

"为何是一本芭蕉？不是一丛或一棵吗？"我问朋友。

"读过李益的《逢归信偶寄》吗？'无事将心寄柳条，等闲书字满芭蕉。'古时候缺纸，芭蕉叶可以当宣纸写字，一叶写满了再写一叶，摞在一起不就是一本吗？因此古代芭蕉不叫一棵、一树，叫一本。"

"怀素种芭蕉练字的故事，你应该听说过吧？他的狂草圆劲有力，奔放流畅，一气呵成，对后世影响极为深远。相传，怀素自幼喜欢书法，且聪颖好学，因为买不起纸，他便在寺院附近种了一万棵芭蕉，芭蕉长大后，他摘下芭蕉叶，铺在桌上临摹挥毫。由于他写得又多又快,老芭蕉叶剥光了,小叶又不舍得摘,于是干脆带笔墨站在芭蕉树前,对着鲜叶书写,他的努力和坚持,最终成就了他的伟大。那是何等的耐得住心、沉得住气,我觉得这才是真正的风雅,相比现在的我们,活得太浮躁、太粗陋了。"

朋友是个书法爱好者,亦擅长画画,我想,他的解释应该靠谱。

说实在的,也许是受小时候背古诗的影响,以前,只要看到"芭蕉"二字,就会觉得那是更深露重、愁深寂寞、惆怅清寂的代名词,现在想想,一本芭蕉,何尝不是静气豁达、安然纯善、坚韧持久的人生表达?

但愿你心中拥有那"窗外一本芭蕉"。

诗歌创作需要丰美的联想和想象,创造诗情画意水乳交融的优美意境,启发读者的想象,以自己的艺术再创造去补充和丰富诗的形象。诗意的散文何尝不是这样呢?散文家杨朔曾说:"好的散文就是一首诗。"

托物言志,触景生情。《窗外一本芭蕉》一文通过芭蕉,把叙事、写景、抒情、议论融合在一起,情景交融,见物见人。好的散文是有气氛的,读的时候自然能感受到作者的生命气息,而这种气氛往往凭借一些事物展开。比如我们读柳宗元的《小石潭记》,不仅看到了小石潭中游鱼戏石、皆若空游的清澈之美,同时也深深地体会到了作者贬谪后的孤独寂寞。人物的活动、心理围绕着小石潭的展开,我们通过文字感受"凄神寒骨,悄怆幽邃"的氛围和意境。李元洛说:"散文的诗意主要体现在深刻新颖的思想和优美充沛的感情,丰富美丽的想象和耐人寻味的意境,精炼鲜明富于美感的语言。"

芭蕉是中国古典文学作品里的传统意象,作者在文章结尾也提到:"也许是受小时候背古诗的影响,以前,只要看到'芭蕉'二字,就会觉得那是更深露重、愁深寂寞、惆怅清寂的代名词,现在想想,一本芭蕉,何尝不是静气豁达、安然纯善、坚韧持久的人生表达?"《窗外一本芭蕉》这篇文章清晰地呈现出了意象形成的过程。芭蕉在本文中的情韵义有别于传统,接下来,我们就这篇文章谈谈作者是如何将自己的个人体验凝固成情韵义并附着在芭蕉上的,读明白后,我们也就能更好地理解意象的形成过程了。

窗外一本芭蕉，内外之间有扇窗。推开这扇窗你就读懂了作者的情志，意象是人的理智与情感在瞬间的复杂经验。有我之境以我观物，所以物物皆着我之色彩。文章就是一步步向我们展示了作者内心的感受与变化。开篇作者"忽然想去乡下访友，于是驱车前往。本来只想小坐片刻就走，无奈俩人谈兴太浓，遂搬来一桌两椅，置于朋友家门前的大石榴树下，烹茶煮酒，谈天说地，好不快活"，去乡下访友，欣然起行，毫无铺垫。这让人想到苏轼的《记承天寺夜游》：夜不能寐，苏轼去寻好友张怀民，刚好朋友也没睡，如此便有了后文的庭中赏月和感叹。刘新昌和朋友在石榴树下谈天说地，可巧就下了雨，于是搬进老屋里避雨。看到芭蕉叶正好从轩窗外斜溢过来，进而联想它就像个静气安然的古代女子，固守着那份绿意盎然，在风吹雨打中坚韧豁达地度过一生。赞美芭蕉的品质的同时又展开了联想，想起《聊斋志异》里静气纯善的仙女感化浪荡公子的故事，又感叹这样的女子仙界也难有。思绪被朋友打断后，目光落到屋内的挂画上，和朋友聊起"一本芭蕉"的由来，不禁感叹古人真正的风雅：耐得住气，沉得住心，豁达开朗，心存善念。这一系列的情韵义就在生活经验里一层层地涂抹在了作者心里这"本"芭蕉上。作者选取的都是生活中的平常素材，但却让人有别样的感触与思考。同样是院子里的树，同样是写日常的生活细节，归有光《项脊轩志》却有所不同。作者把老屋中的景致和自己的家庭变化、身世之感联系起来，写自己对童年的回忆，写对逝去亲人的怀念，还巧妙地通过老乳母的转述，把自己从小就失去的伟大母爱也注入到文章当中，读起来令人非常感动。同样是用老屋串联这些复杂感情，《项脊轩志》重在怀人，而《窗外一本芭蕉》重在咏物。

　　南京大学黄政枢教授说："古今中外所有的文学作品的主体就是志和情。"要通过文字表现出来，无外乎这两类：或明述事理，直抒胸臆；或托物言志，借景抒情。这篇文章就是托物言志、借景抒情的佳作。读《窗外一本芭蕉》就像走进苏州园林，格局虽小，却峰回路转，意境深邃，咫尺之间，尽览烟波云海。文章每个段落所描绘的画面都充满诗意，文章的意境也在一层层的意脉流转中显露出来。好的散文读来就像农家地里的水蜜桃，现吃现摘，饱含果汁，无添加，有营养，果味醇厚，巴不得一口气吃完。可要注意的是，无论怎样品读，它必须是而且只能是一个桃子。但是考场上太多同学答题答得天马行空，答题语言不规范，得分点更是"塌方"，撂下笔，以一副举目无亲的架势走出考场，誓死不再学语文。其实，这就是在文本解读中没有把握住自身和文本的定位。

　　作为普通读者，我们应该抱着思辨态度探求文本蕴涵的丰厚意义。我们在自由阅读的同时调动原有的阅读储备进行文本比较，其目的在于提高分析的有效性，从正面说就是要接受文学经典的"唯一性"。所谓唯一性就是这篇文章它之所以成为经典，最独特的、最应该被提取出来的欣赏的点在哪里。

　　作为考生，我们应该相信高考选入的经典文本蕴涵着更为丰富、深刻的意义。从某种意义上说，阅读就是发现和确认文本意蕴的过程。固然，因为读者视界的差异和阅读语境的不同，可能造成读者对于文本意蕴的不同阐发，但是，这种种的阐发的基点还是文本，无论是日常的消遣式阅读，还是考场上带着作答目的的阅读，读者或者考生都是受到了文本的启发才联想或者领悟了更多的意蕴，而不是凭空设想、无端生疑。

　　一定要牢记，高考的目的在于选拔，选拔就有规则，我们要学会捕捉考点，带着任务去阅读，用规范的语言去作答。文本解读的焦点应落在作者、出题人和读者的交集上。其实高考阅读的方向和文学批评有着巨大差别，难度因题目而定，在考场上，我们不但要有探究文本、解读"唯一性"的精神，同时还要多角度思考，根据分数给出有梯度的答案。